KB195277

"제대로 독서하면
진짜 공부가
저절로 된다"

※ 글 속에 인용된 도서는 제목 뒤에 번호를 붙이고 책의 뒷부분에 지은이와 출판사, 출간 연도를 밝혀 적었습니다.

※ 인용된 학생의 글은 모두 저작권자의 동의를 얻어 기재했습니다.

사교육으로는 절대 해결할 수 없는 자기주도학습의 비결

제대로 독서 진짜 공부

권일한 지음

라이브러리안 LIBRARY

들어가며

10년 동안 주말 독서토론반에서 학생들을 가르쳤다. 자녀 둘도 4년 정도 참여했다. 첫째(민하)가 고등학교 1학년, 둘째(서진)가 중학교 3학년일 때 『왜 자본주의가 문제일까?』*[1]와 『다수를 위한 소수의 희생은 정당한가?』*[2]를 읽고 토론했다. 민하를 포함해서 고등학생 세 명, 서진이 또래의 중학생 여섯 명이 참여했다. 책 내용을 바탕으로 '학교가 변해야 사회가 변할까, 사회가 변해야 학교가 변할까?'와 '학교는 우리가 자유롭게 살아갈 힘과 용기를 주는 곳인가, 사회가 원하는 사람을 만드는 곳인가?'를 토론한 뒤에 물었다.

"성적이 개인의 능력에 달려 있을까?"

학생 일곱 명은 성적이 개인의 능력에 달렸다고 주장했다. 내 자녀 둘, 민하와 서진이만 아니라고 했다.

"난 학원에 한 번도 가지 않았다. 그래도 성적이 좋다. 아빠와 책만 읽었는데도 성적이 잘 나온다. 이건 내 능력이 아니다. 아빠 잘 만난 덕이다. 어떤 부모를 만나느냐에 따라 성적이 달라진다."

"맞다. 우린 학원에 가지 않았다. 시험 기간에도 그다지 공부 안 해도 됐다. 아빠 덕에 책을 많이 읽었더니 성적이 좋다."

일곱 명이 말도 안 된다며 반대한다.

"그건 너희 둘이 책을 좋아하기 때문 아니냐? 다른 아이라면 책을 읽지 않았을 것이다. 어떤 부모를 만나든 마찬가지다."

두 아이가 똑같은 논리로 반박했다.

"누가 오더라도 우리 아빠를 만나면 다 책을 읽을 것이다."

내 이야기여서 그냥 지켜보기만 했다. 순순히 물러설 학생들이 아니다. 고등학생 둘은 민하보다 학년이 높고, 대한민국 독서토론대회 본선에 몇 번이나 참여한 아이들이다. 강력하게 반박한다.

"책 싫어하는 아이가 어떻게 책을 읽겠는가? 말이 안 된다."

"우리 집에 아이가 셋인데 나만 책 읽는다. 동생 둘은 안 읽는다. 주위 사람이 책을 좋아해도 안 읽는 아이는 결코 안 읽는다."

"책이라면 쳐다보지도 않는 아이가 분명히 있다. 우리는 책을 좋아해서 독서토론에 나오지만 내 친구들은 거의 다 책을 안 읽는다. 그런 애들은 너희 집에 가도 책을 안 읽을 거다."

"맞다. 학교에서 책을 읽으면 선생님들이 공부 안 하고 쓸데없는 짓 한다고 나무란다. 이런 분위기에서 누가 책을 읽겠나!"

그래도 민하와 서진이는 계속 똑같은 주장을 되풀이한다.

"우리 집에 오면 안 읽을 수 없다. 아빠가 읽도록 꼬드긴다. 누구라도 무조건 넘어간다."

어떻게 꼬드겼는지 소개한다.

차례

4부, 제대로독서, 진짜공부

5부, 아이를 기른다는 것

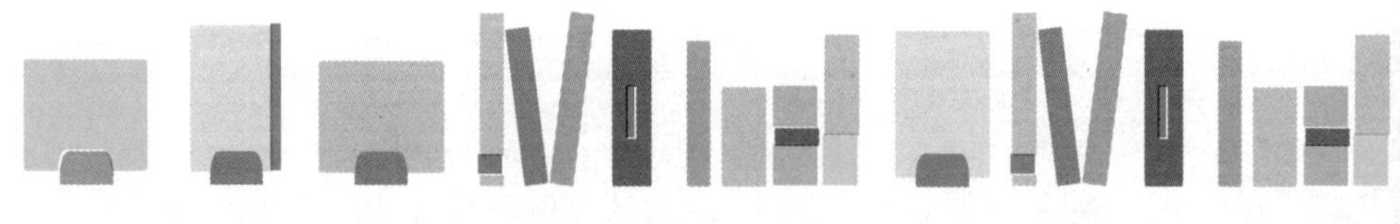

1부

읽어주며 함께 놀기

민하가 고등학교 2학년, 서진이가 고등학교 1학년이었을 때다. 두 아이는 평일에 학교에서 저녁을 먹고 공부하다가 9시 넘어 집에 왔고, 주말에는 내내 집에서 지냈다. 어느 토요일, 저녁을 먹다가 『나니아 연대기』 이야기가 나왔다.

서진	오늘 재미있는 사실을 알았어요. 『나니아 연대기』 영화에 출연한 에드먼드(알렉산더 애민 캐스퍼 케인즈, 당시 캠브리지 대학교 재학)가 다윈과 케인즈의 후손이래요. 다윈의 손녀딸과 케인즈 동생의 아들이 결혼했대요.
나	진화론을 주장한 다윈과 경제학자 케인즈 말이야?
서진	맞아요. 다윈은 금수저였는데…… (다윈은 영국 명문가의 자제였고, 외가는 본차이나 도자기로 이름난 웨지우드 가문이었다. 다윈은 단 한 번도 생계를 위해 일한 적이 없을 정도로 금수저였다.)
민하	케인즈도 완전 금수저였는데…… (다윈만큼은 아니어서 재산을 물려받지는 못했지만 그 역시 금수저였다.)

다윗과 케인즈 이야기, 에드먼드 이야기를 조금 더 하다가 물었다.

나	너희도 금수저잖아?
민하, 서진	네?
나	책이 최고의 보물이고, 난 너희에게 책을 물려줬잖아.
민하, 서진	아!

| 1장 |

아이는 들으면서 자란다

결혼하고 아이가 생겼어요. 무얼 해야 할까요? 누군 아내가 좋아하는 음식을 사러 다녔다 하고, 누군 태교 음악 들었다고 해요. 예쁘고 잘생긴 아이를 기대하며 연예인 사진을 붙이기도 한대요. 제 아내는 음식을 사달라 하지 않았어요. 우린 연예인 사진도 안 붙였지요. 바흐와 모차르트를 들었지만 특별한 일도 아니었고 열심히 듣지도 않았어요. 아빠로서 제가 할 일이 많지 않았어요.

'그럼 무얼 할까? 그래, 내가 좋아하는 책을 읽어줘야지! 아빠 목소리를 들려주면 좋다고 하던데…….'

저녁에 아내 곁에서 책을 읽어주었어요. 아이를 위한답시고 아내가 싫어하는 책을 읽어줄 정도로 어리석진 않아서, 아내가 좋아하는 책을 소리내어 읽었어요. 아이 눈높이에 맞는 책을 읽어주어야 한다고 생각하진 않았어요. 어떤 책이건 태아가 이해하지는 못할 거예요. 다만 제가 읽는 소리를 들으면서 엄마 기분이 좋으면 아이도 기분 좋을 거라 생각했어요. 책을 한 장 한 장 읽으면서 처음으로 아빠 노릇을 했어요.

책을 읽으면서도 실감이 나지는 않았어요. 생명이 자라는 놀라움을 느끼는 사람도 있다는데 전 그런 느낌 없이 그저 의지로 읽었어요. 태교하는 시간이 다시 돌아오지 않을 테니까 꾸준히 읽어주려 했지요. 무엇보다 제가 좋아하고 잘하는 일이 독서여서 읽어주었어요. 어차피 날마다 책을 읽으니까 이왕이면 아내 곁에서 소리내어 조금씩 읽으려고 노력했어요. 즐겁게 읽었고, 지쳐서 읽었고, 때론 졸면서 읽었어요.

아빠가 책을 읽어주었을 때 태아가 어떤 반응을 보이는지 관찰한 연구도 있다고 해요. 다만 그냥 책을 읽어주면 아이가 들을 거라고만 생각했어요. 물론 읽어주는 책 내용을 태아가 이해하진 못할 거예요. 한 개의 낱말을 수백 번 들어야 그 낱말을 이해하게 될 텐데 처음 듣는 말을 이해하지는 못할 테니까요. 다만 사랑이 느껴지는 목소리나 분위기 때문에 기분이 좋아질 수는 있을 거라고 생각했어요. 책을 읽어주어서 얼마나 똑똑해졌는지, 태아의 두뇌가 얼마나 향상되었는지도 중요하지 않았어요. 그저 아이에게 좋을 거라는 기대만으로도 충분했어요.

책을 읽어준 것은 오히려 저에게 도움이 되었어요. 책을 읽으면서 '내 아이구나!' 하는 생각이 점점 커졌지요. 아이를 위해 무언가 하면서 진짜 내 아이로 느껴졌어요. 아내는 태에서부터 품었으니 존재 자체로 사랑하는 것 같았어요. 저는 책을 읽어주면서 아이가 느껴졌어요. 엄마는 아이를 무조건 사랑해요. 아이를 안고 웃어요. 힘들어도 참아요. 참는다는 생각도 하지 않고 살아가는 엄마도 있어요. 엄마는 위대해요. 저는 달라요. 저는 아이를 위해 무언가를 하면서 사랑이 생겨요. 아이를 안고, 먹이고, 놀아주면서 함께 시간을 보낼수록 더 사랑하게 됐어요. 사랑하기 때문에 사랑을 표현하는 사람이 있고, 사랑을 표현하면서 사랑이 생기는 사람도 있어요. 전 후자예요.

"옛날에 어떤 할아버지가 살았는데……."

"배를 타고 멀리 여행하다가 폭풍우를 만났단 말이야!"

"사람들과 다르게 행동한다고 미움을 받았어."

하며 읽은 내용이 나한테는 꼭

"넌, 내 아이야. 내 아이라고!"

"내가 네 아빠야. 내가 아빠가 된다고."

"아빠가 기다리고 있어. 건강하게 만나자!"

하는 말로 느껴졌어요. 아이를 위해 무언가 한다는 게 좋았어요.

배움의 시작은 듣기

아빠의 무관심과 엄마의 정보력으로 자녀를 기르는 집이 많아요. 아빠는 가끔 한 마디 하고 엄마가 자녀교육에 관심을 쏟지요. 실패 사례가 많은데도 소수의 성공사례를 내세우며 진리라고 믿어요.

내 자녀만큼은 성공사례를 따를 거라고 기대해요. 아이가 보이는 약간의 변화를 과장해서 받아들이고, 실패의 신호를 무시하지요.

제 눈에는 그럴 듯해 보이는 거짓에 가려진 모순이 보였어요. 아내에게 "아이에게 알맞게 가르칠게. 즐겁게 놀면서 공부도 잘하게 할 테니 걱정하지 마!" 하며 큰소리쳤어요. 그리고 저녁마다 책을 읽어주었어요. 초등학교 입학하기 전에 아이들에게 해 준 일은 이야기를 들려주는 것뿐이었어요. 아이들은 저녁마다 제 이야기를 들었어요. 궁금한 게 생기면 아빠를 찾아요. 지식도 쌓였겠지만 아빠를 찾는 마음이 소중해요.

저는 아이가 몇 살에 어느 정도는 해야 한다고 생각하지 않았어요. 어느 날 문득 아이의 변화를 보고 놀라고, 계속 변하는 모습 보며 웃었어요. 자라는 아이를 지켜보며 앞으로 함께 무언가를 하겠구나 생각했지요. 그래서 당장 눈에 보이는 결과로 아이를 평가하지 않았어요. 옆집 아이가 글씨를 더 빨리 읽고 유치원 아이가 구구단 외운다 해도 그러려니 했어요.

1학년 때 받아쓰기를 40점 받았어요. 웃으면서 괜찮다고 했지만 '괜찮다는 말이 40점을 나쁘게 생각하는 마음을 드러내는 게 아닐까?' 하는 생각이 들었어요. 그만큼 아이를 점수로 평가하지 않으려고 신경 썼어요. 많은 부모가 불안한 마음에 일찍부터 자녀를 밀어붙입니다. "네가 공부만 잘하면……" 하며 매달리면 아이는 부모의 소망을 짊어지고 끙끙대요. 공부 잘하는 아이도 부모를 실망하게 할까 봐 두려워해요. 부모의 기대에 떠밀리다가 결국 부모에 대해 나를 믿지 못해 그런 거라 생각해요.

부모의 요구에 짓눌려 이상 증상을 보이는 아이도 있어요. 미래를 꿈꾸지 않고 공격적 성향을 보이며 자극이 강한 말이나 영상에 빠져요. 나중에는 부모도 감당하지 못해 끙끙댑니다. “어릴 때는 괜찮았는데 왜 저렇게 되었는지 모르겠어요.”라고 하면서.

자녀는 부모의 소망을 매달고 달리는 존재가 아닙니다. 사랑스런 작품이지요. 저는 초등학교 2학년 때까지는 마음껏 놀게 했어요. 먹고 자고 놀면서 ‘듣는 능력’만 기르면 됩니다. 공부의 기본으로 지능(IQ)을 언급하지만 사실 진짜 공부는 ‘듣기’에 달렸어요. 지능 지수가 20~30점 더 높은 것보다 잘 듣는 태도가 훨씬 중요해요. 일타 강사의 공통점은 수강생들이 잘 듣도록 가르친다는 점이에요. 새 학기 첫날, 학교에서 만나는 아이들에게 묻습니다. “얘들아, 공부 잘하는 비법이 있어. 뭘까? 어떻게 해야 공부 잘하지?” 아이들 대답에 ‘듣기’가 없어요. 아이들은 듣는 태도가 얼마나 중요한지 몰라요. 잘 듣지 않고도 공부 잘하는 아이는 없어요.

사람들이 따르는 자녀교육 방법이 제게는 마음에 들지 않았어요. 쉽고 좋은 방법 두고 어렵게 멀리 돌아가는 것처럼 보였지요. 공부할 능력을 길러 주면 저절로 공부를 잘할 텐데 사람들은 어린아이에게 당장 결과부터 요구했어요. 채 자라지도 않은 나무에서 열매를 찾는 셈이지요. 공부하는 능력을 길러야 할 때에 결과만 기대하며 요구하는 게 불안 때문인 것 같았어요. 부모의 닦달은 아이에게 부담만 지웁니다. 미래를 담보로 현실을 어둡고 무겁게 만드는 행동이지요.

저는 배움터를 넓히려고 노력해요. 듣는 능력은 배움터를 넓힙니다. 잘 듣는 아이는 이야기를 들으면서 배워요. 사람들이 하는 말을 들으면서 배워요. 같은 책을 읽어도 작가가 하려는 말을 더 많이 깨달아요. 아이들은 듣기를 좋아합니다. 아이가 들을 만한 방식으로 이야기하면 어떤 아이든 잘 들어요. 아이들이 듣지 않는다면 말하는 방식을 바꾸어야 해요. '아이가 싫어하는 말투나 태도로 말하는 건 아닌가? 내 말이 잔소리로 들려서 귀를 막는 건 아닌가?' 생각해보세요.

부모는 자녀가 안심하며 자라나도록, 올바른 가치를 따라 살아가도록 안내하는 사람입니다. 또한 아이가 편안하게 공부하도록 돌보는 사람이지요. 자녀가 불안해할 때 멀리 바라보며 아이가 가야 할 길을 안내하는 사람입니다. 지금 가져온 점수 40점, 60점에 흔들리지 말고, 나중에 자기 인생을 즐겁게 살아가도록 도와주어야 해요. 물론 점수를 더 잘 받게 도와주는 방법도 있어요.

자녀 귀를 막는 부모는 아닌지

초등학교 입학 전 아이들은 아빠를 조건 없이 좋아해요. 키가 작아서 고민인 아빠도 아이 눈에는 커 보여요. 재산, 지위, 외모는 상관없어요. 어린아이에게 아빠는 곁에 있으면 좋은 사람이에요. 『꼭 안아주세요』*3에서 아이들이 교도소에 간 부모를 기다려요. 아이들은 부모를 범죄자로 생각하지 않아요. '아빠', '엄마'를 만나려고 교도소에 찾아가지요. 면회장에서 아빠를 만나고 기뻐해요. 아이들은 그래요. 어릴 때 아이들은 아빠가 들려주는 이야기를 재미있게 듣습니다. 이때가 아빠들의 황금기예요. 초등 저학년 시기에도 아빠의 인기가 유지되지요. 아빠가 화내지 않는다면 술에 취해 들어가도 재잘재잘 떠들며 아빠에게 다가와요. 그러나 황금기는 지나가기 마련, 고학년이 되면 자녀가 아빠를 조금씩 멀리해요. 중학생이 되면 벽이 생기고, 고등학생이 되면 서로 눈치를 보는 경우가 많아요. 평화를 위해 거리를 유지하는 관계로 바뀝니다.

독서 강의를 하러 갔다가 강의안을 잘못 가져간 적이 있어요. 아이들이 집에 있는 시간이라 전화해서 강의안을 이메일로 받았어요. 곁에 있던 선생님이 물으셨어요.

"딸이 몇 살이에요?"

"고 2입니다."

"아니, 고 2가 그런 부탁을 들어줘요?"

깜짝 놀랐어요. 그럼 아빠 부탁을 아이가 안 들어준단 말인가요? 저는 전화만 하면 아이가 부탁을 들어주었어요. 중고등학생, 대학생일 때도 귀찮아하지 않고 들어주었어요. 서로에게 늘 귀를 기울여주지는 못하지만, 들어야 할 때는 서로 잘 듣습니다.

엄마들이 네다섯 살 아이들을 영어 유치원에 보낸다고 해요. 어릴 때부터 기초를 잡아주어야 한다며 아이에게 하는 걸 보면서 저는 과연 이런 엄마가 아이 말을 듣고 있을까 생각했어요. '아이 말을 듣지 않는 게 습관이 되어, 언젠가 아이가 중요한 신호를 보내는데도 듣지 않으면 어떻게 될까? 아이가 크면 엄마 말을 들을까?' 하고 말이지요. 유치원 다니는 아이는 잘 놀며 건강하게 지내면 돼요. 책을 좋아하면 공부는 저절로 잘할 거라고 생각했어요. 초등학교 고학년이 되면 아이와 이야기를 많이 할 테고, 책 읽은 아빠랑 자주 대화하면 공부 잘할 거라 믿었어요. 사춘기도 대화를 이기지는 못할 거예요.

학원에 보내고 스마트폰 주면 편해요. 하지만 저는 아이를 학원에 보내지 않고 스마트폰도 주지 않았어요. 눈 딱 감고 5년간은 아이와 놀아야겠다고 생각했어요. 돌이켜보면 그때가 좋았어요. 아이와 함께 지낸 시간은 무엇과도 바꾸지 못할 선물이었습니다.

마음을 살피는 준비

"아이가 어떻게 살아갈지 알려면 무얼 살펴야 할까요? "

사람마다 대답이 다릅니다. '어떻게 살지'를 사람마다 다르게 생각하거든요. 직업이나 연봉을 생각하는 부모가 많아요. '착하게'나 '이웃을 도와주며' 같은 대답은 점점 줄어듭니다. 아이가 이렇게 대답하면 걱정하는 부모도 있어요. 고귀한 가치를 내세우는 분조차 성적이 중요하다고 믿습니다. 공부가 인생의 전부는 아니라고 말하는 사람이 별로 없어요.

공부 실력으로 아이의 미래를 예상하는 건 기계적인 과정이에요. 점수가 높으면 행복하게 살 거라고 믿어요. 점수가 낮으면 "너, 어떻게 살려고 그러니?" 같은 잔소리가 뒤따릅니다. 자녀가 행복하게 잘 사는 모습을 보고 싶은 부모의 바람이 이렇게 표현되지요. 그러나 아이의 미래에 가장 큰 영향을 주는 건 시험 점수가 아닙니다.

6학년 아이가 쓴 <동생 놈>이라는 글이에요.

동생이 갑자기 와서 날 때린다.
같이 게임하다가 지면, 지 잘못도 내 잘못이라고 한다.
그냥 갑자기 화를 낸다. "이게 다 누나 때문이야!"

동생이란 존재는 참 수학책 같다.
문제는 많은데 답이 없다.
자주 봐도 정말 이해할 수 없다.
난 수학 따위 포기했으니 동생도 포기해야겠다.

자녀가 이렇게 글을 썼다면 부모가 어떻게 말할까요? 수학도 포기하고 동생도 포기한다는 말에 저는 잘했다고, 포기하라고 말해주었어요. 동생은 6학년 누나가 사춘기인 줄 모르고 놀아달라고 졸라요. 얼마나 귀찮을까요? 포기하겠다고 썼지만 이 표현은 화풀이하는 말이에요. 게다가 수학을 포기할 아이가 아닙니다. 말로는 포기한다고 하면서도 수학 공부를 열심히 해요. 동생을 귀찮아하지만 결코 포기하진 않아요.

아이 마음에는 길이 있어요. 아이가 쓴 글을 읽을수록 길이 점점 다양해집니다. 아이를 가르치며 알아갈수록 아이가 만날 갈림길이 많이 보였어요. '이렇게 살 수도 있고, 저렇게 살 수도 있겠구나!' 생각해요. 어디로 갈지는 부모(특히 엄마)와의 관계가 결정합니다. 아이에게 가장 힘이 되어주는 분이니까요.

갈림길을 무시하고 직진만 선택하는 부모가 많아요. 이런 부모는 수학을 포기하면 아무것도 못 한다고 엄포를 놓고 공부하라고 다그쳐요. 아이가 당신의 뜻대로 살아야 한다고, 당신이 생각한 길이 최선이라고 고집합니다. 그런 태도가 아이를 길 끝으로 몰아붙이는 것임을 알았으면 해요.

엄마 말씀에 순종하며 한 길로만 달리던 아이가 언젠가 다른 길을 발견하면 어떻게 될까요? 살다 보면 여러 번 갈림길을 만난다는 것을, 그리고 갈림길에서의 선택이 새로운 삶을 만든다는 것을 알게 되면 아이는 당황합니다. 늘 정해진 길로 달리던 아이가 갑자기 어디로 가야 할지 모르는 아이가 되고 맙니다. '지금까지 무얼 하며 산 거지? 난 나를 위해 산 걸까? 난 누구지? 앞으로 무얼 위해 살아야 하나?' 때론 분노해요. '엄마는 왜 자기가 원하는 길만 보여줬을까? 왜 앞만 보고 달리다가 자신이 누군지도 모르는 아이로 만들었을까? 내 인생인데 왜 당신의 뜻대로 이끌었을까?'

아이는 좌절, 혼란, 갈등, 분노와 다툼을 겪으며 자신이 갈 길을 정합니다. 이런 마음을 알아주는 부모가 아이를 잘 이끌어요. 마음의 길은 신비로 둘러싸여 있어요. 시킨다고 마음대로 되지 않는다는 사실을 아는 부모가 많아지면 좋겠습니다. 그래서 훗날 아이 마음에 귀를 막고 눈을 감지 말았어야 한다고, 후회하지 않았으면 좋겠습니다.

등불 기억

민하가 '등불 기억'이라는 제목으로 쓴 글이에요.

책과 관련된 내 기억 중 가장 오래된 것은 무엇일까? 바닥에 털썩 주저앉아서 그림책을 보던 기억인 것 같기도 하고, 아빠가 <사자와 마녀와 옷장>을 읽어주었던 기억 같기도 하다. 밤이 되면 잠자리에 나란히 누워서 아빠의 이야기를 들었다. 마주 보고 앉거나 엎드리고, 아빠가 읽고 있는 책을 같이 보겠다고 고개를 들이밀 때도 있었다. 이불 속에서 뒹굴고 동생이랑 조용히 놀기도 했다. 책 내용에 대해 생각을 말하고 질문하는 건 기본이었다.

아빠 옆에서 이야기를 듣기만 한다면 그 시간에 뭘 하든 괜찮았다. 우리가 어떤 자세로 있든, 가만히 있지 못하고 꼼지락거리든 상관없었다. 책장을 뒤적거리고, 의자를 흔들면서 삐걱거리는 소리를 냈다. 별로 집중력이 좋은 편이 아니었는데도 아빠는 뭐라고 한 적이 없다. 엄청 방해가 될 정도는 아니었지만 한 마디 할 수도 있었을 텐데. 하루는 졸려서 이불을 덮고 눈 감고 있었다. 아빠는 열심히 책을 읽어주시는데 그러고 있는 내가 치사하다고 느끼긴 했지만 일어나지는 않았다. 아빠도 나보고 일어나라고 하지 않았다. 그냥 모르셨던 건가? 아니면 내가 기억을 못 하는 건가?

책을 읽어주는 사람이 아빠다 보니 책 읽어주기 시간의 주도권은 아빠에게 있었다. 아빠가 책을 읽자고 하면 우리는 모였다. 하루는 세 명이 함께 큰 베개를 벴다. 다른 날은 각각 베개를 하나씩 안고 모여 앉았다. 모이는 장소도 계속 달라졌다. 서재, 안방, 거실, 우리(나랑 동생) 방……. 장소와 시간 선정은 아빠 마음대로였다. 아빠는 늘 한 장씩만 읽어주셨는데, 가끔은 "한 장(chapter, 15쪽 내외) 더 읽을까?" 하고 물어보셨다. 대답은 무조건 "네!"였다. 아빠는 목이 아프다고 힘들어 하셨지만 나는 이야기가 짧다고 생각했다.

우리는 『나니아 연대기』*4를 전부 읽었다. 정확히 말하자면 아빠가 읽고 나와 동생은 들은 거지만. 책을 읽는 도중에 아빠는 이런 저런 이야기를 덧붙여주셨다. <말과 소년>에서 브레가 나니아에 가고 싶어 하면서도 칼로르멘의 방식에 길들여 있다는 것, <캐스피언 왕자>에서 일행이 왜 루시의 말을 듣지 않고 잘못된 길로 갔을지, 사과를 훔쳐 가라는 말에 디고리가 어떻게 대처해야 할지……. 아빠는 많은 질문과 설명으로 우리를 생각하게 만들었다. 지금 생각해보니 『나니아 연대기』는 잠자리에 들기 전 읽어주기 딱 좋은 책이다.

어쩌면 내 사고 깊은 곳에는 『나니아 연대기』를 기반으로 하는 무언가가 아직 남아 있을지도 모른다. 무언가 판단을 내려야 할 때, 내가 루시의 말을 무시하고 편한 길로 가고 싶어 했던 수잔과 같은지 생각한다. 자려고 누우면 그림자에 불과한 지금 세상이 아닌 진짜 세상을 상상한다. 나니아는 학교에 대한 내 생각도 잘 표현한다. 디고리 교수가 말했다.

"요즘 학교에선 도대체 뭘 가르치는 건지!"

어휴, 내 속이 다 시원하다. <캐스피언 왕자>에서처럼 아슬란이 와서 학교에 있는 학생들을 해방시켜 주면 좋을 텐데 말이다.

무엇보다 『나니아 연대기』는 악인을 동정하는 법을 가르쳐주었다. 요즘 미디어는 악인에게 분노하는 법만 알려주지, 악인을 동정하는 법은 도무지 가르쳐 주질 않는다. 학교에서 사형제도에 관한 토론을 했는데 나는 당연히 반대가 많을 거라고 생각했다. 그런데 의외로 찬성하는 사람이 많아서 충격받았던 게 기억난다. 사실 지금까지도 범죄자는 죽어 버리는 게 낫다는 말을 들으면 머리가 어질어질하다. 가끔은 사회가 예전으로 회귀하고 있다는 생각이 든다. 가문을 모욕했다고 칼을 뽑고 달려들던 그 시대로 말이다.

나는 나니아 하면 등불 황야가 가장 먼저 떠오른다. 우리 집 앞에는 산이 있는데, 거기에 있는 가로등 등불이 나니아를 떠올리게 해서 거기를 등불 황야라고 부른다. 눈이 왔을 때 몇 번 가 봤는데, 진짜로 등불 황야 같아 보였다. 등불 황야는 루시가 나니아에 와서 처음 본 장소이고, 지구로 돌아가기 전에 남매는 등불 황야에서 가로등을 본다. 등불은 옷장과 마찬가지로 나니아와 지구를 잇는 상징이다.

아빠가 나니아 연대기를 읽어주셨던 기억을 나는 '등불 기억'이라고 하겠다. 나와 책 사이를 연결하는 기억이라는 뜻으로. 우리가 『나니아 연대기』를 다 읽는 데 시간이 얼마나 걸렸는지는 모르겠지만, 오랫동안 쌓인 기억이야말로 독서를 위한 원동력이었다.

_ 권민하, <등불 기억>

두 아이가 초등학생이 되기 전에 읽어준 책이 꽤 많았는데 일부만 기억합니다. 그림책은 『사과가 쿵!』*5, 『강아지똥』*6만 생각나네요. 『백설공주』, 『신데렐라』, 『잠자는 숲속의 공주』 같은 이야기나 『헨젤과 그레텔』, 『이솝 우화』, 『안데르센 동화』를 읽어주었어요. 초등학교 저학년 때는 로알드 달의 동화 『멋진 여우씨』*7, 『백석 동화시』*8, 『팥죽 할머니와 호랑이』*9, 『하하호호 공생, 티격태격 천적』*10도 읽어준 것 같아요. 여덟 살 이전에 들었던 책은 아이들도 기억이 안 난다고 해요.

고학년 때는 『나니아 연대기』, 『찰리와 초콜릿 공장』*11, 『마틸다』[*12], 『샬롯의 거미줄』[*13], 『내 이름은 삐삐 롱스타킹』[*14], 『사자왕 형제의 모험』[*15], 『미오 나의 미오』[*16], 『황금 열쇠』[*17]를 읽어주었어요. 책을 읽어주며 질문했던 내용을 저는 기억하지 못하는데 아이들이 10년 전에 들은 질문을 기억하는 게 놀랍네요.

제가 사는 영동 지방은 눈이 많이 옵니다. 집 앞에 작은 산이 있는데 눈이 오면 저녁에 아이들을 꼬드겼어요. "눈 온다! 등불 황야에서 툼누스 씨가 기다릴 거야. 찾으러 가자!"

<사자와 마녀와 옷장>은 주인공 루시가 파우누스(신화에 나오는 존재, 상체는 인간이고 하체는 염소)를 만나면서 이야기가 시작돼요. 눈 덮인 숲에서 툼누스 씨가 루시를 동굴로 데려가지요. 초등학생일 때 아이들은 즐겁게 따라 나섰어요. 중학생 때도 같이 눈을 밟으며 가로등 불빛 아래에서 툼누스 씨를 이야기했고, 고등학생일 때도 저녁에 산에 올랐어요. 민하가 대학생이고 서진이가 고 3이었을 때 마지막으로 갔네요. 아, 마지막은 아닐 거예요. 또 갈 테니까!

읽어주세요, 마음껏

아이에게 책을 읽어주는 건 귀한 일이에요. 읽어주세요. 아빠 목소리로 이야기를 들려주세요. 잔소리를 내던지고 읽어주기를 즐기세요. 아이가 잘 듣지 않는다고 잔소리할 만큼 하찮은 일이 아니에요. 책 읽어주는 자체가 보석 같아서 아이가 의자를 삐걱거리며 듣건, 꼼지락거리건, 동생과 놀면서 듣건 상관없어요. 아이가 안 듣는 것 같아도 다 들어요. 아이들은 놀면서도 듣지요. 듣는 것만으로도 너무나 귀한 일이거든요.

우리의 삶은 이야기입니다. 우리는 이야기책을 실제로 살아냅니다. 우리가 사는 장소가 이야기예요. 만나는 사람도 이야기지요. 사람과 사람이 만나면 이야기가 쌓여요. 새로운 이야기가 마음을 설레게 하지요. '오늘'은 지금 이야기이고, '내일'은 새롭게 펼쳐질 이야기입니다. '어제'는 아름답게 남은 이야기고요. 어떤 이야기인지는 그때그때 달라요. 슬픈, 기쁜, 다시 떠올리고 싶은, 기억하기 싫은, 멋진, 부끄러운, 뿌듯한, 안타까운 이야기들이 모여 내가 됩니다. 책을 읽으며, 책을 들으며 이야기에 빠지는 건 아이들이 살아갈 삶에 표준을 세우는 일이에요. 읽어주세요.

아빠와 엄마가 함께 길러야

미국의 기상학자 제임스 마셜 셰퍼드가 TED 강연에서 세계관을 형성하는 세 가지 편향을 말했어요. 첫째, 우리가 이미 믿는 것을 뒷받침하는 증거를 찾는 성향인 확증 편향, 둘째, 모르는 것을 과소평가하고 자신이 아는 것을 더 많이 안다고 착각하는 성향인 '더닝크루거 효과', 셋째, 자기 신념과 일치하지 않는 생각이나 행동을 접하면 불편해 하는 인지 부조화.

사람은 자기 생각이 옳다고 믿으며, 반대 증거가 제시되어도 자기 신념에 부합할 때까지 합리화해요. 이런 성향은 부모가 자녀를 대할 때 잘 드러납니다. 부모는 자기 생각이 옳다고 믿고 자녀가 당연히 자기 말을 들어야 한다고 확신해요. 부모의 선택이 옳다고 여기며, 자신이 다 안다고 생각하고, 자기 생각을 지지하는 증거만 찾아 자녀를 기르면 어떻게 될까요?

자녀가 성공하려면 할아버지의 재력, 아빠의 무관심, 엄마의 정보력이 필요하다고 말해요. 맞는 말일까요? 물려받은 돈이 없으면 가정을 유지하기 위해 부모가 바쁘게 일해야 하고, 그러다 보면 자녀교육에 소홀해져 자녀가 성공할 가능성이 줄어든다는 말이지요. 그래서 할아버지의 재력이 필요하다고들 하지만, 실제로 손자가 성공할 때까지 뒷받침해주는 할아버지는 그리 많지 않습니다.

아빠의 무관심과 엄마의 정보력이 필요하다는 말은 어떨까요? 남성은 대체로 관계보다 성취를 중요하게 여긴다고 해요. 자신이 하는 일이 중요하다고 생각하며, 승진하려고, 월급을 더 받으려고 노력해요. 취미로 시작한 일도 잘하고 싶어 해요. 낚시를 좋아하는 사람은 더 큰 고기를 더 많이 잡으려 해요. 몇 센티미터짜리를 잡았다고 자랑해요. 군대에서 더 고생했다고 자랑하고, 심지어 더 이상한 교사를 겪었다고, 더 가난하게 살았다고 자랑해요. 반면 여성은 대체로 관계를 중요하게 여겨요. 관계를 중시하는 사람은 대화를 좋아해요. 이야기가 관계의 기본이기 때문이지요. 회사에서 일하다가 늦게 들어오는 남편은 '가족을 위해 열심히 일했다'고 내세우고 자신의 수고를 아내가 알아주기를 바라요. 아내는 다를 수 있어요. 남편이 회사에서 힘들게 일했으니 집에서는 쉬어야 한다고, 피곤하다고 가족을 외면하면 아내는 관계가 단절되었다고 느껴요. 자신과 가족을 소홀히 대한다고 생각해요.

처음에 저도 관계보다 성취를 중요하게 생각했어요. 관계가 중요하다고 생각하면서도 자꾸만 성취 쪽으로 마음이 기울었어요. 하지만 한두 살 아이를 통해 무얼 성취할까요? 기저귀를 깔끔하게 가는 기술을 자랑할까요? 온도를 완벽하게 맞추어 우유를 탈 줄 안다고 자랑해 봐야 팔불출 소리를 듣기 십상이에요. 어린아이는 아빠의 성취와 상관 없는 존재예요. 아이가 어릴 때 아빠가 해준 일을 아이는 기억하지도 못할 거예요.

아이를 키우면서 지금 당장 아이를 통해 성취할 게 없다는 점이 마음에 들었어요. 저는 아이가 잘 먹고 잘 자고 많이 웃으면 된다고 생각해요. 아빠는 잘 먹이고 재우고 배에 바람 '뿌우' 해주면서 아이가 웃게 하면 된다고 생각했어요. 아이가 빨리 영어를 배우고 글을 술술 읽어야 한다고 생각하지 않았어요. 아이의 미래를 위해 현재 고생해야 한다는 건 제 가치관과 달랐어요. 미래를 위해 준비한다는 이유로 현재를 충분히 누릴 시간을 줄이면 슬퍼요. 엄마가 아이를 위해 뭐라도 해보자고 할 때 저는 "괜찮아. 잘 클 거야."라고 말했어요.

엄마는 열 달 동안 아이와 같은 몸으로 지내요. 아이를 자신의 일부로 생각해요. 아빠가 집안일을 많이 한다고 해도 아이를 더 많이 돌보는 건 엄마예요. 아이와 지내는 시간이 많아지면서 엄마는 아이와 관계가 점점 깊어지고 가까워져요. 배우자와 아이 중에서 더 소중한 존재를 물으면 아내를 선택하는 아빠도 있지만 대부분의 엄마는 아이를 선택해요. 시간이 지날수록 남편에 대한 기대는 줄어들고 아이에 대한 기대가 커져요. 아이 성적이 곧 엄마 인생의 성적이라고 믿어요. 남편에 대한 실망을 아이에게서 보상 받으려는 사람도 있어요. 엄마의 마음은 저절로 아이에게 기울어요. 아이를 위해 엄마가 나서요. 자식에게 좋은 일이라면, 자녀교육에 도움이 된다면 자존심도 꺾어요. 내 아이가 잘 된다면 어떻게든 해주려 해요. 일을 마치고 지친 몸으로 돌아와서 또다시 아이를 위해 뛰어요. 정보를 많이 아는 이웃집 엄마 말을 들으면 마음이 기울지요. 맘까페에 가입하고 새로운 정보를 접할 때마다 기뻐해요. 맘까페에서 말하는 대로 하면 아이가 잘될 것 같은 마음이 들어요. 가끔 아빠가 반대하지만 괜찮아요. 아빠는 잠깐 그러다 말아요. 아이에게 기대하며 아이를 위해 더 많이 수고하는 사람은 엄마니까요.

맘까페는 있는데 왜 파더까페는 없을까

우리나라 가정 모습을 살펴봅시다. 아빠는 대체로 늦게 들어와요. 일찍 들어와도 잠깐 놀아주는 일 외에는 자녀와 거의 시간을 보내지 않아요. 자녀가 중학생이 되면 아빠와 일상적인 대화도 안 해요. 점점 어색해져요. 아빠는 집에서 이야기할 사람이 없으니 밖에서 기쁨을 찾아요. 직장에서 성취감을 얻거나, 취미생활에 빠지거나, 친구를 만나며 시간을 보내요. 아이와의 거리가 더 멀어져요.

일하는 엄마가 많아요. 부부가 함께 집안일을 하고 자녀를 함께 돌봐야 해요. 엄마뿐만 아니라 아빠도 학부모회나 공개수업, 운동회와 학예회에 가야 해요. 그러나 아직도 엄마의 가사노동 시간이 더 많아요. 아빠가 집안일을 하는 시간이 과거에 비해 조금 늘었지만 자녀교육은 여전히 엄마 몫이 크지요. 엄마가 맘까페와 모임에서 정보를 찾아다녀요. 학교 행사나 입시설명회에도 엄마가 가요. 자녀를 기르고 가르치는 일을 주로 엄마가 맡는 집이 많아요. 그러면 아빠는 돈 버는 사람이 되고 말아요. 아무리 직장에서 유능한 사람이라도 집에 오면 쓸모가 없어져요. 그러면 아빠는 성취감을 주는 다른 일에 빠져들어요. 아빠와 자녀의 거리가 멀어지는데 자녀가 잘될 수 있을까요? 아무리 일을 열심히 하고 돈을 잘 번다고 해도 이런 아빠를 아이가 좋은 아빠라고 생각할까요?

맘까페는 많은데 파더까페는 없어요. 아빠는 파더까페가 아니라 등산 모임, 낚시 모임, 조기축구회, PC방을 찾아가요. 자녀의 성공을 위해 최대한 자녀에게 무관심해지리라 결심한 사람처럼, 자녀가 자랄수록 자녀에게서 멀어져요. 숙제를 도와주고, 책을 읽어주고, 자녀와 이야기하는 아빠가 되면 나쁜 일이라도 일어날까요? 큰일 하는 아빠에게 어린 자녀를 돌보는 것은 너무 작은 일이라 어울리지 않는 일일까요?

사춘기는 아이를 다른 사람으로 바꿔놓아요. 말 잘 듣던 아이도 이 시기만큼은 부모를 거부하고 반항할 때가 많아요. 엄마 혼자 감당이 안 되어서 아빠에게 도움을 요청해요. 아빠는 권위가 있으니 아이가 말을 들을 거라 기대해요. 하지만 지금까지 자신에게 아무 관심도 기울이지 않던 아빠의 말을 아이가 들을까요? 오히려 지금까지 아무 관심도 없다가 왜 갑자기 간섭하냐고 대들기 쉽지요.

사춘기에 대비하기 위해 평소 아빠 역할을 잘 해 둬야 한다는 말이 아니에요. 아이는 부모가 같이 길러야 해요. 아빠가 해 줘야 하는 일, 엄마가 해 줘야 하는 일이 있어요. 그게 무엇인지는 부모가 같이 결정해야겠지만, 부모가 함께 자녀를 길러야 한다는 사실은 틀림없어요. 엄마와 아빠가 생각이 달라 가치관이 부딪치면 힘들지요. 그래서 부부가 서로의 생각을 듣고 조율하며 자녀를 기르는 과정이 진짜 중요해요.

아이는 소유물이 아니라 인간이에요

아이가 다섯 살 정도 될 때까지는 저 역시 아빠 역할에 그리 많은 시간을 쏟지 않았어요. 아내보다 먼저 출근하고 늦게 퇴근했어요. 평소에 자주 놀아주고 공원에도 가끔 같이 갔지만 아내가 아이들을 돌볼 때가 훨씬 많았어요. 네 살, 다섯 살 아이와 지내는 시간을 즐겨야 하는데 잘 안 됐어요. 잠깐 놀아주고는 이만큼 놀아주었으면 됐다 생각했어요.

민하가 걸어다니고 서진이가 보행기 타며 움직일 때 저는 "폭탄이다!" 외치며 푹신한 베개를 보행기 주위로 던지곤 했어요. 서진이는 깔깔대며 웃었고 민하는 베개를 내게 갖다주며 웃었어요. 저는 소파에 기대 앉아 베개만 던졌지요. 아이가 아프다고 칭얼거리면 '호~' 하며 두 손 사이에 점점 커지는 풍선을 가진 듯 흉내 내고는 아이에게 휙 던졌어요. 그러면 아이는 까르르 웃었어요. 이렇게 그때그때 생각나는 대로 아이를 대했어요.

사실 무얼 어떻게 해야 할지는 몰랐어요. 아이가 초등학교에 가면 무언가 가르쳐야겠다고 생각했지만 그때는 아이를 기르는 일이 처음이라 그저 막연했어요. 육아 관련 책이나 강의 영상도 거의 보지 않았어요. '이렇게 하면 아이가 똑똑해지고 성공합니다.' 하는 게 싫었어요. 아이를 잘 조작해서 성능 좋은 2세로 만들라는 뜻으로 들렸어요. 더구나 책과 영상은 '내 아이'가 아니라 '보통 아이', 아니 '당신의 특별한 아이'를 두고 말했어요. 책이나 영상이 하라는 대로 똑같이 했는데 결과가 안 좋으면 내 아이가 보통이 못 된다는 뜻일까요? 결코 동의할 수 없었어요. 부모와 자녀가 좋은 관계를 갖게 해준다는 책도 보지 않았어요. 부모가 불안한 마음을 잔소리로 드러내지만 않아도 자녀와의 관계가 나빠지지 않을 거예요. 자녀가 자라면서 부모를 싫어하는 때가 온다는 걸 몰랐기 때문에 불안할 때마다 잔소리를 하는 것이지요. 하지만 저는 제 고민이 컸기 때문에 아이의 성공을 위해 이것저것 할 에너지가 적었어요.

저는 취미가 책 읽기예요. 차, 운동, 낚시 등에 관심이 없어요. 술도 마시지 않아요. 퇴근하면 밖에 나가지 않아요. 틈만 나면 읽고 생각하고 씁니다. 사람들이 가볍게 말하는 내용을 혼자 무겁게 생각해요. 혼자 있을 때 편안해요. 한 마디로 우울질이에요. 잠깐 아이들과 즐겁게 놀다가도 갑자기 조용해지며 생각에 빠져들어요. 학교에서 가르치는 일을 하면서도 학교의 역할에 대해 부정적으로 생각했어요. 죽음, 고통을 붙들고 씨름했던 적이 있어요. 홀로코스트를 겪은 작가들이 쓴 책을 읽었어요. 평범한 사람이 왜 거리낌 없이 사람을 죽이는지 탐구한 책을 읽으며 인간이란 무엇일까 고민했어요. 아내와 아이가 밝게 웃는 모습을 보며 '나만 심각한가?' 생각하기도 했고, '저 아이가 자라면 힘든 일을 겪을 텐데…….' 하며 괜히 울적해지기도 했어요. 쓸데없이 심각한 아빠를 아이들이 웃게 만들었어요. 아이들이 아빠를 부르며 안기면 '아이들 덕분에 생각의 늪에 빠지지 않고 사는구나!' 하며 감사했어요.

아내는 아이들에게 배울 기회를 주려고 가정방문 놀이 같은 걸 알아보았어요. 하지만 저는 이런 방식이 마음에 받아들여지지 않았어요. 교사로서 자녀를 공부 관련 학원에 보내는 것도 별로였어요. 예부터 자기 자식은 못 가르친다고들 했지만, 자기 자녀도 가르치지 않으면서 다른 사람들 자녀를 가르치는 건 말이 안 된다고 생각했어요. 다만 지금은 아이가 잘 놀면 그만일 때라고 생각해서 무언가 가르치려 하진 않았어요. 아이가 더 자라기를 기다렸어요.

두 아이가 대학생이 된 지금 돌이켜 보면 '인간이란 무엇인가'를 고민한 게 아이를 키우는 데 도움이 많이 되었어요. 아이도 인간이고 부모도 인간이에요. 아이와 부모 사이에도 관계가 생겨요. 아이를 잘 가르치려면 아이를 한 인간으로 이해해야 해요. 아무리 작은 아이라도 로봇이 아니라 인격을 지닌 인간이거든요. 옆집 아이에게 통한 메뉴얼대로 똑같이 대해도 다르게 반응할 수 있어요. 무엇보다 아이를 대하는 부모 자신부터 인간으로 이해해야 해요. 그래야 아이에게 상처를 주지 않아요.

요즘 아빠는 집에서 온라인으로 독서 강의를 하곤 한다. 예전에는 아빠의 독서 강의를 들을 기회가 별로 없었는데 이제는 일 주일마다, 한 달마다 들을 수 있다. 나는 아빠가 강의하고 있으면 내 방에서, 거실에 앉아서, 아니면 아빠 책상 옆에 자리를 차지하고 내용을 듣는다. 내 방에서 들으면 소리는 좀 작아도 편하게 들을 수 있고, 아빠 옆에서는 소리가 잘 들리지만 바닥에 앉아야 해서 좀 불편하다. 그래도 나는 아빠 옆이 좋다. 한 시간 동안 바닥에 꼼짝없이 앉아서 매일 듣는 아빠의 목소리로 거의 다 아는 내용을 듣는 게 좋다. 아빠가 글쓰기와 토론에 대해 말할 때면 나는 행복에 빠진다. 아빠가 자랑스럽고, 나도 자랑스럽고, 책을 읽고 토론하고 글을 쓰던 기억에 빠져서 허우적댄다. 그 순간을 떠올리며 글을 쓰는 지금도 난 웃고 있다.

책, 도서관, 토론, 글쓰기. 이 말들은 사람마다 다른 감상을 불러일으킬 것이다. 누군가는 딱딱하고 지루하다고 생각할 테고, 다른 누구는 가까이하고 싶지만 다가서기 힘든 무언가라고 말할지도 모른다. 어떤 사람은 그것들을 죽을 만큼 싫어하거나 좋아하기도 한다. 나로 말하자면, 책이나 글과 같은 말을 듣기만 해도 저절로 입꼬리가 올라갈 정도로 행복해진다. 기분이 나쁠 때 내가 쓴 글을 떠올리면 마음이 풀린다. 사소한 일에도 짜증내며 모든 게 필요 없다는 전혀 합리적이지 않은 생각에 빠져 있을 때 글은 나를 부정적인 생각에서 끌어올린다. 더 이상 머릿속에 뭔가를 더 집어넣지 못할 정도로 온갖 감정과 생각으로 터져나가는 중만 아니라면. 그럴 때는 말 그대로 아무 생각도 안 하는 것 말고는 방법이 없다.

나는 왜 책을 떠올리기만 해도 마음이 좀 너그러워지고 문제를 해결할 의지가 생길까? 왜 무슨 일만 있으면 글로 써서 간직하고 싶어 하고 독서토론을 하던 때를 잊지 않으려 머릿속을 뒤지곤 할까? 중요한 건 기억이다. 그것들이 어릴 적 가장 행복한 기억 중 하나로 남아 있는 한, 나는 절대 글을 싫어할 수 없다. 우리가 어떤 책을 어떤 인상으로 기억하느냐에 따라 평생 책을 좋아할 수도 있고 싫어할 수도 있다. 책과 관련된 인상을 남겨야 한다. 아빠 옆에 딱 달라붙어서 이야기를 들을 때의 포근하고 따스한 느낌. 만화책이나 나보다 한참 어린 애들을 위한 책을 봐도 아무도 뭐라고 하지 않을 거라는 걸 알 때만 생기는 자유. 함께 읽은 책에 대해 이야기하며 낄낄

거렸고, 책 속 이야기를 꺼내어 주변에 덮어 씌우면 눈에 보이는 모든 게 얼마나 재미있어 보였는지. 책 하나에 얼마나 좋은 것들이 담겨 있는지 모른다.

책 말고도 즐거운 기억은 많다. 가족이 함께 텔레비전을 봤을 때 나는 어느 때보다도 크게 웃었지만, 그게 딱히 좋은 추억으로 남지는 않았다. 놀이공원에서 기구를 탄 것보다 동네 놀이터에서 한 놀이가 더 재미있었다. 정해진 활동을 하는 것보다 우리가 스스로 무언가를 만들어 나가는 게 훨씬 낫다. 책은 그런 일을 하기 딱 좋은 자원이다. 재미있는 기억으로 모든 걸 채워 버리자.

_ 권민하, 〈자유롭게 누리는 기쁨이 삶을 따뜻하게 해요〉

솔직히 민하가 아주 어린 아이들이 읽는 책을 보는 건 괜찮지 않았어요. 책을 읽어줄 때 장난치거나 둘이서 속닥거리고 있으면 잔소리하고 싶었던 적도 있어요. 만화책만 보고 있을 때는 만화책을 다 없애 버리고 싶었어요. 그러나 겉으로 드러내진 않았어요. 강압과 명령으로는 좋은 가치를 배울 수 없다는 걸 알았으니까요. 좋은 가치일수록 좋은 방법으로 누려야 해요. 어릴수록 자유롭고 따스한 분위기에서 누린 것들로 마음을 채워 나가요. 아빠 옆에 달라붙어 이야기를 들을 때 포근하고 따스한 느낌을 주어야 해요.

요즘 아이들에겐 고향이 없어요. 학교, 학원, 놀이 공간을 오가며 자라요. 한 마을에서 오래도록 만나는 친구도 거의 없고, 추억이

깃든 공간도 별로 없어요. 그러니 거실, 안방, 부엌에서 고향을 느끼게 해주어야 해요. 저는 바닷가 마을에서 자랐어요. 대학을 다닐 때 늘 바다가 그리웠어요. 도시가 아무리 넓어도 바다가 주는 해방감과 시원함을 주진 못해요. 버스가 대관령을 지나 내려갈 때 바다가 보이면 가슴이 뻥 뚫린 것처럼 시원해지며 누군가 '난 네 편이야.' 하고 소리치는 것 같았어요. 요즘 아이들에게 이런 곳이 있을까요?

저는 혼자 진지하게 고민하면서도 아이에게는 티를 내지 않으려 애썼어요. 사람이 무엇인가에 대한 제 가치관 때문이에요. 우리는 인격입니다. 인격으로 반응해요. 우리가 만나는 아이도 인격이에요. 인격과 인격은 상호작용해요. 기계처럼 명령을 입력한다고 움직이지 않아요. 마음이 어떻게 움직이는지 알아야 해요. 아이가 무엇에 마음이 끌리는지 알아야 해요. 그래서 책으로 놀았어요. 아이들은 놀아야 사는 존재잖아요. 아이들은 놀면서 배워요. 놀면 즐거워하고, 즐겁게 배우면 잊지 않아요.

6학년 아이들과 가정의 역할에 대해 이야기하다가 게임을 하게 됐어요. 말하는 내용에 해당하면 손가락을 하나씩 접고, 손가락 다섯 개를 모두 접으면 지는 게임이에요. "우리 집에서 없어지면 좋겠다는 사람, 있다, 접어!" 아이들이 우르르 손가락을 접었어요. 주로 형과 누나, 동생이에요. 왜 없어지면 좋은지 하소연하며 떠들어 댔어요. "스트레스를 많이 주는 사람, 있다, 접어!" 동생을 흉보는 와중에 부모가 스트레스 주는 사람으로 등장해요. "동생이 잘못하면 엄마 아빠가 저를 혼내요. 동생 잘 가르치라고요." 저는 흥분한 척 하며 일부러 소리를 높였어요. "아니, 너한테 동생을 가르치라니! 말이 안 되지. 아이를 가르치는 건 부모가 해야 할 일인데 왜 그걸 오빠한테 시키냐?" 하니 아이가 감격하며 고개를 끄덕여요. "앞으로 부모님이 또 너한테 동생 잘 가르치라고 하시면 이렇게 말해라. '우리 선생님이 그러는데 아이는 부모가 가르치는 거래요. 저는 동생을 가르치는 사람이 아니래요.'라고 말이야." 아이가 무척 좋아해요.

부모는 자녀가 온전히 독립하기 전까지 자녀를 돌보고 길러요. 그러다 보니 자녀를 자신의 손바닥 안에 있는 존재로 생각해요. 아이가 태어날 때부터 돌봤기 때문에 아이를 잘 안다고 착각해요. 권위와 힘으로 자신의 가치관을 자녀에게 강요해요. 하지만 부모가 권위와 힘으로 강요할수록 자녀는 오히려 반발하며 부모처럼 살지 않겠다고 생각해요.

저는 제 말과 태도가 아이에게 어떤 영향을 미칠지 고민했어요. 저 역시 다른 사람의 말과 태도에 상처를 받는 성격이에요. 아이가 저 때문에 상처받게 하고 싶지 않았어요. 그래서 자녀를 대할 때 제 자신을 교관이나 주인이 아니라 상담가라고 생각했어요. 부모가 아이를 상담하는 태도로 대하면 아이가 상처를 받지 않을 거예요. 고민이 생기면 상담가를 찾는 법이니까요.

대학생이 된 두 아이는 지금도 제게 도움을 요청해요. 고민을 말하며 '엄마에겐 비밀이에요.'라고 할 때도 있어요. 엄마와 말하며

'아빠에겐 비밀이에요.'라고도 하겠지요.

아빠의 삶에 자녀의 시간이 어느 정도는 포함돼 있어야 해요. 자녀의 가치관에도 아빠의 생각이 어느 정도 포함돼 있어야 하지요. 작고 유치하고 미미해 보이지만 아이가 아빠에게 손을 내밀어요. 아이도 인격이라서 인격의 반응을 바라는 거예요.

| 2장 |

책은 씨앗이고 디딤돌이다

어떤 책을 읽을까

아내의 임신 소식을 들었을 때부터 책을 읽어주기 시작했어요. 드문드문 읽어줄 때도 있었지만 아이가 커서 중학생이 될 때까지 계속 읽어주려고 했어요.

아이들은 좋아하는 책을 반복해서 계속 읽어달라고 했어요. 같은 이야기를 수십 번 읽어주다 지쳐서 다른 책을 사기 시작했어요. 유아 때 어떤 책을 샀는지는 저도 아이들도 잊었어요. 그림이 많고 글이 적은, 아마 집집마다 있는 책이었을 거예요. 그러다 세계 문학 내용을 줄여 그림책으로 만든 전집을 샀어요. 한동안 숨통이 트였습니다. 아이들은 『헨젤과 그레텔』, 『거인의 정원』, 『빨간 모자』, 그리고 공주가 나오는 책을 좋아했어요.

아이들이 초등학생이 될 무렵 도서관에서 책을 빌리기 시작했어요. 제가 읽어주고, 그 책을 가져다가 아이 혼자 다시 읽곤 했어요. 민하는 읽어주지 않은 책까지 골고루 읽었고, 서진이는 제가 읽어준 책과 좋아하는 공주 책을 읽었어요. 민하는 한 권씩 차례대로 모두 읽는 편이었고, 서진이는 좋아하는 책을 읽고 또 읽었어요.

도서관에서 읽은 책 중에서 아이들이 좋아하는 책은 따로 구입했어요. 『가방 들어주는 아이』[*18], 『갯벌에 뭐가 사나 볼래요』[*19], 『까막눈 삼디기』[*20], 『꽃이 들려주는 동화』[*21], 『동화 밖으로 나온 10분 과학』[*22], 『마법의 설탕 두 조각』[*23], 『멋진 여우씨』, 『소피가 학교 가는 날』[*24], 『숨쉬는 도시 꾸리찌바』[*25], 『우체부가 사라졌어요』[*26] 등이었어요. 『어진이의 농장일기』[*27]는 하도 닳도록 읽어서 새 책을 구했어요.

그림책 전집을 읽어줄 때마다 '이건 헨젤과 그레텔이 아니야. 잭과 콩나무가 아니라 그냥 잭과 콩이네. 세계 명작이 아니라 편집자의 책으로 바꿔버렸어!' 하고 생각했어요. 한두 권만 샀다면 좋았을 텐데 전집을 사서 아까웠어요. 다음에는 한 권씩 읽어보고 사야겠다고 생각했지요. 조지 오웰은 헌책방에서 한 권, 두 권 모은 책을 아꼈습니다. 소중하다고 말했지요. 서점에 취직한 뒤에는 책이 천 권, 이천 권씩 덩어리로 느껴져서 읽기 싫어졌다고 썼습니다. 전집은 책 덩어리입니다. 아이들은 전집을 부담스러운 책 덩어리로 생각해요. 부모는 전집을 사면서 '아이가 이걸 다 읽으면 좋겠다, 다 읽게 해야겠다.' 생각해요. 그리고 아이가 몇 권이나 읽었는지 확인합니다. 아이가 읽지 않으면 묻는 횟수가 늘어나고, 그럴수록 아이는 전집을 싫어해요. 수십 권이 아이를 노려보면서 읽으라고 외쳐대는 것 같거든요. '넌 아직 멀었어. 다 읽어야 해. 어림도 없다고!' 하는 것 같아요. 거실 벽을 책으로 채우며 '이렇게 하면 책을 읽겠지!' 생각하시나요? 아이는 '엄마가 책 무늬 벽지를 하셨네!' 생각해요. 책은 덩어리가 아니라 한 권씩 줘야 합니다.

그 뒤에도 몇 번 전집을 샀어요. 1~2학년 때 『역사를 만든 여왕 리더십』*28 시리즈 1권을 빌려왔어요. 재미있게 읽기에 몇 권을 더 빌려왔더니 책을 사 달라고 합니다. 영어 동화 영상을 30분씩 1주일 동안 들으면 사 주겠다고 했더니 다 들었어요. 너무 재미있다고 꼭 사 달라고 해요. 이 정도면 전집을 사 줄 만하지요. 3~4학년 때 『오즈의 마법사』*29 1권을 읽고는 2권 있냐고 물어요. 14권까지 있어서 차례차례 빌려 읽었어요. 이렇게 좋아하는 걸 확인하고 나서야 전집을 샀어요.

읽어줄 수 있다면 전집도 괜찮아요. 아무리 책이 많아도 아이는 듣기만 하면 되니까 기분이 좋지요. 그러나 아이가 직접 읽을 거라면 아이가 좋아하는지 꼭 확인하고 전집을 사세요. 아이들은 오랫동안 『역사를 만든 여왕 리더십』 시리즈를 아꼈어요. 고등학생이 되자 이 책은 안 사도 괜찮았을 거라 말했지만요. 대학생 때 『오즈의 마법사』가 책꽂이에 꽂힌 모습을 보기만 해도 기분이 좋다고 말한 적이 있어요. 제 마음대로 전집을 사서 읽으라고 강요했다면 이런 마음을 느끼지 못했을 거예요.

전집을 사면 편합니다. 좋은 책을 한 번에 많이, 싼 가격에 사면 좋지요. 하지만 전집을 사면서 '이거 다 읽으면 참 좋겠다. 다 읽게 만들어야지!' 하지 마세요. 부모가 안달하면 아이는 부담에 짓눌립니다. 아이가 좋아하는지 확인하지 않고 전집을 사게 된 경우라면 책을 감춰두세요. 그리고 아이가 좋아할 것 같은 한두 권만 꺼내서 아이를 꼬드기세요. 덩어리가 아니라 한 권씩 책을 느끼게 해주세요. 그러면 아이가 부담 없이 읽습니다. 『역사를 만든 여왕 리더십』 시리즈(20권), 『오즈의 마법사』(14권), 『해리 포터』*30(23권) 모두 책을 한 권씩 읽어보고 난 뒤에 산 전집이에요. 제가 갖고 있던 『나니아 연대기』까지 아이들은 손때 묻혀가며 즐겁게 읽었어요.

중학생이 되자 『로마인 이야기』*31를 샀어요. 좋아하는 책을 쓴 작가의 책도 여러 권 샀어요. 로알드 달이 쓴 책을 두세 권 읽더니 로알드 달의 책을 왕창 사서 읽었어요. 딕 킹 스미스, 강무홍 작가 책도 많이 읽었어요. 초등 고학년 때 힐러리 매케이에 빠졌고 중학생이 되어서는 로마 관련 책이라면 덥석 잡았지요.

이야기에 너희도 나와!

동생이 조카 둘과 함께 가끔 놀러왔어요. 나이가 비슷해서 넷이 잘 어울려 놀았어요. 조카들이 오면 저는 아이들과 놀았습니다. 산에 가고, 블록을 쌓고, 그림을 그리고, 이야기하며 놀았어요. 잘 때가 되면 네 아이에게 책을 읽어주었어요. 가끔 내용을 각색해서 들려주었는데 네 아이를 이야기에 등장시켰죠. 말수가 적은 민하는 조용한 아이, 말 많은 서진이는 수다쟁이, 한 살 많은 오빠는 까불이, 서진이와 나이가 같은 조카는 수다쟁이 친구로 등장시켰어요. 아이들은 자기들이 나오는 이야기를 좋아했어요.

아이들은 '내 이야기'로 다가오는 책을 좋아해요. 모험심이 강한 아이는 모험 이야기를 읽으며 자기가 책에 들어간 것처럼 즐거워해요. 파충류 책만 읽거나 물고기만 찾는 아이가 있죠? 그 아이들은 파충류와 물고기를 자기 이야기로 받아들여요. 다른 책 읽으라고 해도 어느새 파충류나 물고기 책을 읽어요. 아이 마음을 끌어들이는 매력 포인트가 그 책에 있다고 생각하세요.

옛날 아이들에겐 '할머니가 들려준 이야기'라는 좋은 아이템이 있었어요. 할머니는 옛날에 있었던 일, 마을 사람과 나무와 골목을 이야기로 들려주었어요. 똑같은 일상이 되풀이되는 가난한 시절에 할머니가 들려준 이야기는 아이들 마음에 새로움을 일으켰어요. 현재를 견디고 미래를 꿈꾸게 해주었죠. 저도 아이들이 따뜻한 이야기를 간직하게 해주고 싶었어요. 그래서 아이를 이야기에 등장시켰고, 아이가 좋아하는 이야기를 찾았어요. 아이들은 자기들을 등장시켜 준 이야기가 좋았다고 지금도 말해요. 제자들도 우리가 함께 겪은 이야기들을 추억으로 말해요.

2학년들이 이면지를 동그랗게 말아서 팔에 끼우고 아이언맨 놀이를 해요. 하늘을 날면서 지구를 지킵니다. 종이로 만든 수트를 입고 말이죠. 쉬는 시간마다 지구를 구하던 아이가 어른이 되면 꿈을 꾸지 않아요. 어른이 되면 상상력을 잃어 버리나 봐요. 꿈꾸는 능력을 잃은 사람에겐 뻔한 이야기만 남아요. 뻔한 결론을 당연한 결말이라 생각하며 뻔한 말로 자녀를 가르치지요.

아이들은 뻔한 이야기에 귀를 기울이지 않아요. '아이'라서 그래요. 사춘기 자녀는 고민이 생기면 부모가 아니라 친구를 찾아요. 부모에게 말해 봐야 뻔한 이야기만 한다고 생각하거든요. 말이 안 되는 내용을 말하는 친구 이야기를 듣는 건 공감해주기 때문이에요. 부모가 하는 말은 공감과 거리가 멀어요. 뻔하게 들리기 때문에 자녀들은 그 말이 좋은 해결책, 맞는 말이라고 생각하지 않아요.

온갖 영상이 아이들을 유혹해요. 아이들은 유튜브로 놀고 유튜브로 배워요. 이야기 세계에 발을 들여놓기 전에 영상이 목덜미를 확 쥐고는 꼼짝 못 하게 만들어요. 영상이 아이에게 말해요. "상상하지 마, 내가 다 보여줄게. 내가 보여주는 것만 생각해. 더 상상하고 싶다면, 내가 보여주는 걸 바탕으로 상상해."

영상은 아이를 볼모로 잡아 계속 자기들 영상을 보라고 해요. 작정하고 덤벼들어요. 한 번 보면 또 보게 만들어요. 손가락을 위아래로 휙휙 넘기며 숏츠(짧은 영상)에 빠진 아이는 책 읽기를 힘겨워합니다. 위에서 아래로 휙휙 넘기려 합니다. 한 글자 한 글자 천천히 읽는 게 버겁습니다. 휘리릭 읽고 무슨 내용인지 모르겠다고 해요. 아이가 영상에 사로잡히기 전에 이야기를 들려주어야 해요. 영상이 보여주는 모습으로 만족을 느끼기 전에 이야기의 재미를 느껴야 합니다. 이야기를 들려주세요. 아이를 등장시켜 책을 읽어주세요.

어릴 때 읽는 책은 씨앗입니다

어릴 때 겪은 일은 두뇌와 마음에 강력한 견인력을 만들어요. 추억이 되고, 습관이 되어 어떤 일을 결정할 때 판단이 그쪽으로 기울어지게 만들죠. 어릴 때 소피를 재미나게 읽으면 소피 시리즈를 다 읽고, 책이 아닌 다른 곳에서 소피라는 이름을 봐도 좋아해요. 역사를 재미나게 읽으면 고등학교 역사도 좋아하죠.

초등 2~3학년 때 『(어린이) 살아있는 세계사 교과서』*32 시리즈를 빌려 읽었어요. 『100년 전 아이는 어떻게 살았을까?』*33 같은 역사책도 읽기 시작했지요. 역사에는 이야기가 많아요. 아이들은 역사에 빠져들었고 고학년 때는 『창경궁 동무』*34 같은 역사 동화를 읽었어요. 중학생 때 『식탁 위의 세계사』*35, 『체를 통과하는 물』*36, 『오이디푸스 왕, 안티고네』*37, 『카이사르 내전기』*38를 읽었어요. 카이사르에서 시작해서 이슬람 왕국을 만든 살라하딘까지 긴긴 역사를 독파했어요. 고등학생 때는 『호모데우스』*39를 즐겼죠. 대학생 때는 해외 여행을 계획한 나라의 역사를 읽습니다.

중학교 때 아이돌 이야기가 나왔어요. 좋아하는 아이돌이 생겼다고 해서 카이사르만큼 좋아하느냐고 물었지요. 그랬더니 "어떻게 아이돌 그룹을 카이사르와 견줄 수 있어요? 감히, 카이사르인데!"

하는 거예요. 이상하죠? 춤 잘 추고 노래 잘하는 오빠들이 아무리 멋져도 카이사르와의 비교는 말도 안 된다고 하네요. 지금도 두 아이와 역사 이야기를 나눕니다. 카이사르가 멋지다 하면 살라하딘도 멋지다 하고, 사자왕 리처드를 말하다가 발리앙 이벨린이 나와요. 얼마 전에는 대학교 서양문화사 수업이 재미있다고 해서 둘이 보두앵 4세 이야기를 했어요.

어릴 때 읽는 책은 씨앗입니다. 책 씨앗을 많이 뿌리면 곳곳에 강한 자석을 두는 것과 같아요. 책을 견인하는 능력이 생기죠. 어릴 때 겪는 일은 추억을 만들고, 어느 순간 그리움의 대상으로 바뀝니다. 책과 관련된 추억이 많으면 그걸 그리워하는 사람으로 자라요. 그러면 책을 읽습니다.

아이들이 저학년 때 『어린이를 위한 레미제라블』*[40]을 우연히 읽었어요. 제가 『레미제라블』 원작을 감탄하며 읽었던 터라 할 이야기가 많았어요. <레미제라블 25주년 기념 뮤지컬>(2010년) 영상을 함께 보았죠. 영화가 개봉(2012년)되었을 때 영화관에서 입이 근질거리는 걸 참으며 봤어요. 뮤지컬에서 부른 노래를 인쇄해서 영어로 노래를 불렀어요. 무언가 도전하는 분위기가 되면 누구랄 것 없이 "Do you hear the people sing~" 하며 노래를 불렀어요.

<레미제라블>에 나오는 <A heart full of love>를 부르다가 'A heart'를 'my heart'로 불렀고 발음이 '마하~'가 되었어요. 첫째 이름이 민하여서 장난처럼 '마하'로 불렀는데 그러다 보니 <A heart full

of love>는 민하에게 사랑을 고백하는 노래가 됐어요. 민하 얼굴을 바라보며 "마하~full of love~" 하면 "민하야, 사랑해!"가 전해졌어요. 가끔 이 노래를 부르며 민하를 바라보았어요. 중고등학생 때 힘들어하는 기색이 보이면 "마하~full of love~"를 외쳤죠. 횟수는 줄었지만 대학생이 되어서도 불렀고, 나중에 할아버지가 되어서도 부를 것 같아요.

어릴 적의 기억은 오랜 시간 영향을 미친다. 추억이 가진 막연한 이미지 때문일까?

얼마 전 대학교 미술 수업을 듣다가 19세기 낭만주의의 작품을 보았다. 화가와 작품 이름이 기억나지 않아도 굉장히 눈에 익은 그림이었다. 내가 유년 시절 즐겨 읽었던 동화책 중에는 <엘로이즈 시리즈>가 있었다. 뉴욕 프라자 호텔에 사는 6살짜리 꼬마 숙녀 엘로이즈는 엄마를 보러 파리에 방문했고 그곳에서 그 그림을 보았다. 정확히 기억나는 건 아니지만, 적군이 쳐들어오자 왕이 후궁과 신하들을 죽이고 도망치는 장면을 묘사한 그림이었다. 이름을 확인해 보니 들라크루아의 '사르다나팔루스의 죽음'이라 적혀 있었다.

굉장히 극적인 죽음이 묘사되어 있는 그림이지만 그 그림을 보면 괜히 애틋해진다. 그림의 내용이나 이미지와 전혀 상관없이 엘로이즈가 떠오르며 귀여움이 느껴져 웃게 된다. 사람을 죽이는 어두운 내용인데 말이다. 수많은 그림이 있어도 이 그림에 눈이 간다.

말괄량이 꼬마 숙녀 엘로이즈와 함께 처음 관람했기 때문일까?

_ 권서진, 〈엘로이즈와 사르다나팔루스의 죽음〉

서진이가 온라인 강의를 듣더니 들라크루아 이야기를 해요. 수업 시간에 봤대요. 그림이 어둡고 비극적인 내용을 다루었는데도 밝고 귀여운 이미지가 떠오른대요. 어릴 때 읽었던 『엘로이즈』*[41]에 그림이 나오기 때문이에요. 제가 읽어주기도 했지만 스스로 읽기도 했어요. 초등학교 가기 전에 수십 번은 읽었고, 중학생이 되어서도 가끔 읽었어요. 저는 들라크루아의 그림이 전혀 기억나지 않는데 서진이는 또렷하게 기억했어요.

『엘로이즈』는 생기발랄한 일곱 살 엘로이즈가 자유분방하게 사는 이야기예요. 플라자 호텔을 돌아다니고, 파리에서 사건을 일으키죠. 상류 사회의 이야기라 현대판 공주 느낌이 나요. 여자아이들이 좋아해요. 엘로이즈를 버릇없고 이기적인 아이로 보는 분도 있어요. 아이가 엘로이즈처럼 행동하겠다고 하면 진지하게 이야기해야겠지만, 우린 그냥 즐겁게 읽었어요. 책에 나오는 건물과 거리, 그림을 집에서 보는 것처럼 친근하게 생각하게 되었지요.

어릴 때 보고 듣고 만진 건 씨앗과 같습니다. 사르다나팔루스의 죽음은 서진이 마음에 뿌려진 씨앗입니다. 서진이는 들라크루아의 그림을 보면 엘로이즈가 생각나요. 엘로이즈와 놀던 어린 시절의 행복한 기억이 떠올라요. 적에게 궁궐을 빼앗길 위험에 처하자 왕이

애첩과 애마를 죽이고 보물을 불사르며 자신도 불에 타죽는 그림이 따뜻한 기억으로 받아들여졌어요. 책과 함께 뿌려진 씨앗이 아이와 함께 행복한 열매를 맺습니다. 아이의 마음에 책 씨앗을 뿌리면 때마다, 곳곳에서 꽃이 피어요.

추억은 냄새로 남아요. 소리로 남아요. 맛으로 남고 색깔로 남아요. 기억에 깊이 남은 추억은 사람을 움직여요. 달리던 사람을 멈추게 하고, 주저앉아버린 사람을 일으켜요. 저는 잔소리하지 않았어요. 당장 결과를 보려고 닦달하지도 않았어요. 대신 씨앗을 심었어요. 책을 읽어주고 책으로 놀아주었어요. 행복한 기억을 담는 그릇을 많이 안겨준 셈이에요. 나중에 필요할 때마다 그릇을 꺼내 생각의 폭을 넓혀나가겠지요.

개에게 먹이를 주기 전에 종소리를 계속 들려주면 종소리만 들려도 침을 흘린다고 한다. 적합한 예시인지는 모르겠지만 내게도 비슷한 경험이 있다. 아빠는 클래식, 특히 첼로를 좋아하셨다. 그래서인지 어릴 적부터 우리를 앉혀놓고 공부시킬 때면 항상 클래식을 트셨다. 잔잔한 음악이니 공부하는 와중에 듣기도 괜찮은 소리였다.

몇 년 동안 계속 클래식을 반복해서 듣다 보니 내 몸에 체화된 것 같다. 클래식을 들으면 훨씬 공부가 잘된다. 나는 집중력이 좋은 편이었지만, 너무 하기 싫은 날이 있기 마련이다. 이럴 때 그냥 의자에 엉덩이를 붙이고 있으면 딴짓을 하게 된다. 다만 클래식을 틀어

놓으면 집중력이 생기는 듯한 기분이 들면서 정말 집중하게 된다.

고등학교 때 나 혼자 교실에 남은 적이 있다. 교실은 공부가 잘되는 곳이니 조용히 공부하려고 했다. 하지만 교실이 줄줄이 이어진 긴 복도에 사람 한 명 없다 보니 무서워졌다. 낮에 한 층 전체에 혼자 있던 적도 있고, 밤에 교실에 나 혼자 있던 적도 있다(이때는 다른 반에 서너 명이 있었던 걸로 기억한다). 아무리 학교에서 공부가 잘된다 해도 개방되어 있다 보니 신경이 쓰였다.

학교 컴퓨터로 아빠가 좋아하는 바흐의 <G선상의 아리아>를 틀었다. 괜히 마음이 편안해지며 집에서 공부하는 듯한 느낌이 들었다. 집중력도 다시 올라갔다. 클래식이라는 배경음악과 학교라는 장소가 합쳐져 배의 효과를 내었다.

클래식이 아니라도 괜찮다. 공부할 때 자주 듣는 외국 노래가 있었다. 팝송일 때도 있었고, 그냥 멜로디가 좋은, 아예 모르는 언어의 노래도 있었다. 공부할 때 자주 듣다 보니 지금도 그 노래를 들으면 내 방의 작은 초록색 책상에서 공부하던 기억이 난다.

집 냄새를 맡으면 순식간에 마음이 안정되는 것처럼 공부할 때 더 집중하게 하고 의지하게 하는 소리가 있다.

_ 권서진, 〈소리와 집중력〉

나무를 심듯 씨앗을 심어요

익숙한 맛이 무섭다, 아는 맛이 무섭다는 말이 있어요. 먹어본 음식, 익숙한 음식이 맛있게 느껴지는 걸 나타내는 말이지요. 책 읽어주는 아빠 목소리에 익숙해지면 어떨까요? 아이가 엄마 품을 따뜻하게 기억하고 그리워하듯 아빠와 함께 음악 듣고, 책 읽던 기억을 가지면 어떨까요? 따뜻한 추억은 씨앗이 되어 열매를 맺습니다. 성적뿐만 아니라 건강한 가치관, 좋은 관계에서 나오는 성품도 길러집니다.

아빠와 엄마가 함께 자녀를 길러야 해요. 자녀를 기르는 건 정말 소중한 일이잖아요! 어설프고 어색해도 아빠가 아이를 위해 책을 읽어주세요. 엄마만 말하면 엄마는 지치고 시간이 지날수록 아이는 엄마 말을 잔소리로 생각해요. 이때는 아빠 목소리로 다르게 말해주세요. 물론 이 역할이 바뀔 수 있어요. 부모 중 누구 한 사람은 할머니처럼 이야기를 들려주세요. 이야기로 아이를 품어주세요. 그럼 아이가 건강하게 자랍니다.

책을 읽어주면 참 좋아요. 책은 아이의 눈길을 책으로 돌려요. 아이를 꼬드기는 유혹 거리에서 책으로 눈을 돌리게 해요. 너무 좋아서 읽고 또 읽어달라고 해요. 같은 책을 수십 번 읽어줘도 또 읽어달라고 하지요. 너무 좋아서 그래요. 책을 좋아하기 전에 영상에 빠지면 책을 좋아하기 어렵습니다. 책을 좋아하는 아이가 되면, 뒤늦게 영상에 빠지더라도 책을 읽어야 할 때는 휴대전화를 내려놓게 됩니다. 책은 힘이 세거든요.

제가 읽어줄 때마다 아이가 가져오는 책이 있어요. 서진이가 공주 책을 계속 읽어달라고 해서 저는 공주가 나오는 책을 수백 번 읽어줬어요. '지겨워서 안 되겠다. 공주 책 안 읽는 방법 없을까?' 고민하고 또 고민할 정도로 읽어줬어요. 그러다가 어느 날 공주 이야기에서 벗어날 방법이 떠올랐습니다. 이 방법이 서진이를 책으로 이끌었습니다.

왜 공주만 좋아할까

어릴 때 민하는 책을 잘 읽었어요. 추천해주는 책을 모두 펼쳐 봤지요. 제가 책을 읽으면 곁에서 책을 넘기며 놀았죠. 책을 읽어주면 차분하게 들으며 좋아했어요. 특별한 노력을 기울이지 않아도 민하는 책을 읽었어요. 권해주는 책을 안 읽은 적도 있지만 민하 손에는 늘 책이 들려 있었어요. 민하가 책을 잘 읽어서 서진이도 책을 좋아할 거라고 생각했어요.

하지만 예상이 빗나갔지요. 서진이는 공주가 나오는 책을 너무 좋아했어요. 유치원 시절, 잠잘 때가 되면 책을 읽어주었는데 서진이는 다섯 권을 꼭 가져왔어요. A4 사이즈만큼 큰 판면에 그림이 가득하고 글씨는 달랑 세 줄만 있는 책이었어요. 『백설 공주』, 『신데렐라』, 『잠자는 숲속의 공주』, 『인어 공주』. 마지막 한 권은 엄지 공주인지, 다른 공주였는지 기억나지 않아요. 같은 책을 되풀이해서 읽어주는 건 좋은 일이라 생각했어요. 아이는 같은 책을 읽고 또 읽으며 책에 빠져들기 마련이니까요.

그러나 하루 이틀도 아니고 한 달, 두 달 계속 같은 책을 읽어주니 지겨워졌어요. 아이가 읽어달라고 책을 가져올 때 지겨운 표정을 지으면 아이가 책을 싫어할지도 몰라요. 그래서 내색하지 않았어요. "공주 책 한 권 읽고 다른 책 읽어줄게."하며 다른 책을 번갈아 읽어주었어요. 그래도 힘들었죠. 똑같은 책을 몇 달 동안 읽어주다가 문득 '얘가 왜 공주만 좋아할까? 왜 공주 이야기를 좋아하지?' 하고 생각하게 됐어요.

나는 어릴 때 공주 이야기를 좋아했다. 그때까지만 해도 나와 다른 아이들 사이에 큰 차이점이 존재하지 않았다. 난 공주 드레스를 입는 걸 좋아했고, 모든 물건을 무조건 분홍색으로만 골라 샀다. 예쁜 그림이 가득 차 있고, 글씨는 거의 없던 공주와 왕자가 나오던 아름다운 동화가 내가 가장 좋아하던 책이었다. 초등학교에 들어가기 전까지 계속 『신데렐라』, 『백설 공주』, 『인어 공주』, 『잠자는 숲속의 공주』와 같은 책들만 읽었다. 시련을 극복하고 잘생긴 왕자를 만나는, 현실에서 이루어지지 않을 이야기들을 좋아했다.

나와 한 살 터울인 언니는 그 당시 『하늘을 나는 돼지』*42나 로알드 달의 책들을 읽었다. 언니는 딱히 책을 편식하지 않았고, 책을 좋아하는 아빠가 권해주는 책을 대부분 읽었다. 하지만 나는 항상 다섯 공주를 붙잡고 놓지 않아서 아빠가 걱정이 많으셨다. 문학 비문학을 가리지 않고 잘 읽던 언니에게 익숙해져 있던 아빠에게 난 걱정거리일 수밖에 없었을 것 같다.

아빠가 아무리 많은 책을 추천해주어도 나는 다섯 공주를 놓을 수 없었다. 내가 꿈쩍도 하지 않자 아빠는 공주를 좋아하던 내게 어울릴 거라 생각하며 『키다리 아저씨』*43를 권해주셨다. 주인공인 주디가 여자인 것도, 고아원에서 나와 키다리 아저씨를 기다리는 모습도, 왕비든 새어머니든 시련을 이겨내며 왕자를 기다리는 공주와 아주 닮아 있었으니. 그런 예상은 잘 맞아들어가 나는 『키다리 아저씨』를 하루 만에 읽어 버렸다. 아름다운 만남이 존재하는 『키다리 아저씨』가 내게는 아주 잘 맞았다.

그 뒤에 추천해주셨던 『작은 아씨들』*44도 대성공! 활기찬 말괄량이 조와 자매들의 힘은 내게도 영향을 끼쳤던 모양인지 나는 며칠을 책만 붙잡고 앉아 읽어치워 버렸다. 엄마는 저녁도 먹지 않고 계속 책을 붙들고 있는 둘째 딸이 걱정스러우셨던 모양이지만 아빠는 저럴 때는 내버려 두는 게 더 낫다고 이야기하셨다고 한다.

그 후 나는 책을 편식하던 습관을 버리고 아빠가 추천해주던 로알드 달의 책들과 딕 킹 스미스의 책들, 『나니아 연대기』와 『공주와 고블린』*45, 『샬롯의 거미줄』 등을 비롯한 수많은 책을 읽기 시작했고 아빠의 계획은 성공적으로 실현되었다. 다양한 책들을 읽으면서 『토지』*46에 빠졌다. 어린이 동화 『토지』*47, 청소년 『토지』*48를 읽고 가족 여행을 갔다. 『토지』의 배경이 되는 최 참판 댁으로 가자고 아빠를 졸랐다고 한다. 병수가 서희를 훔쳐보던 장면을 따라 해보겠다고 담장 반대편으로 달려가 틈새로 아빠를 훔쳐보겠다고 했던 일이 가장 기억에 남는다고 아빠가 말해주셨다.

그 후에 『해리 포터』에 빠져들었다. 2학년 때 해리 포터가 인기몰이를 시작하면서 우리 학교 도서관에도 책이 들어왔었다. 아빠의 영향으로 자주 도서관에 들락날락하던 나는 사람들이 왜 그렇게 『해리 포터』를 많이 빌려 가는지 궁금했다. 인기가 많아 책을 빌리기 힘들던 그때 우연히 시간대를 잘 맞춘 난 『해리 포터』 제1권 <마법사의 돌>을 집어 들었고, 푹 빠져들어 시리즈 순서에 상관없이 눈에 보이는 책부터 읽기 시작했다. 한 해 동안 해리 포터는 나를 지배했다. 도서관에서 수십 번을 반복해서 읽고 또 읽었고, 아빠를 조르고 졸라 해리 포터 전권을 구매했다. 『해리 포터』는 나의 일상생활도 바꾸어 놓았다.

2학년 때 담임 선생님은 아침 시간마다 간단한 주제로 글을 쓰게 시키셨는데, '내 친구를 소개합니다'라는 주제의 글을 쓸 때 나는 "제가 가장 좋아하는 친구는 책입니다."하며 글을 썼다. 그렇게 써서 2학년 선생님들을 놀라게 만들었다고 아빠가 나중에 얘기해주셨다. 또한 나는 2학년 때 길을 걸어가면서 책을 읽는 방법을 터득하게 되었다. 아직도 추가된 신간이나 관련 도서가 나오면 구매할 정도로 열정적이다.

『해리 포터』에 빠진 이후 판타지 세계관에 눈을 뜨게 되었고 아무 생각 없이 읽었던 『반지의 제왕』*49과 『나니아 연대기』도 판타지라는 장르에 속한다는 것을 알게 되었다. 판타지는 세계관이라는 것이 존재해서 한 대륙의 역사를 새로 써 내려간다. 나는 단 한 번도 들어본 적이 없는 신화가 스쳐 지나가는 배경과 같이 나오는 판타지에 눈을 떴고, 직접 설명하지 않고 간접적으로 느끼게 되는 세계관들에 푹 빠져서 헤어나올 수 없게 되었다. 아마 역사와 같은 장대한 이야기를 좋아하는 것이 판타지를 좋아하게 된 큰 까닭 중 하나였을 것이다. 나는 『해리 포터』 이후로도 『룬의 아이들』*50을 비롯한 『타라 덩컨』*51, 『세월의 돌』*52, 『그림자의 제국』*53 등의 판타지 소설들을 읽어 나갔다. 또한 아빠 후배(작가 지망생)들이 쓴 판타지 글을 읽고 평가하는 일도 가끔 생겼다.

『해리 포터』의 영향을 받아 좋아하게 된 판타지 장르의 책들처럼 『키다리 아저씨』의 영향을 받아 좋아하게 된 책들도 있다. 가장 대표적인 두 가지가 『초원의 집』*54 시리즈와 『빨간 머리 앤』*55 시리즈이다. 개척 시대에 각각 미국과 캐나다에 살던 두 소녀의 성장 과정을 그대로 담고 있는 작품인데, 무언가 소박하면서도 자연친화적이고 처음 들어보는 생활 방식과 그 시대의 사회상들이 은근히 드러나고 있어서 그런지 자연스럽게 빠져들게 되었다. 또한 사춘기에 접어들면서 은근히 모습을 드러내기 시작한 로맨스에 대한 동경 역시 소소하게 충족시킬 수 있는 책들이기도 하다.

요즘은 『로마인 이야기』를 비롯한 일본 작가 시오노 나나미의 책들을 읽고 있다. 세계사, 특히 로마사에 능통하신 분인데 다른 책들과 달리 로마의 인프라를 비롯한 소소한 삶의 모습들과 연관해 설명해주셔서 그런지 모르겠지만 너무 재미있다. 로마의 유구한 역사 속에 등장하는 수많은 위인도 『로마인 이야기』를 좋아하게 되는 이유 중 하나이다. 알프스 산맥을 넘은 한니발 장군이나 제정을 완성시킨 아우구스투스, 후대에 재평가된 티베리우스나 팍스 로마나를 구축한 오현제, 그리고 로마 역사상 유일한 창조적 천재였던 율리우스 카이사르, 다들 하나같이 위대한 사람들이다.

지금껏 그래왔듯이 앞으로도 내게 큰 영향을 끼치는 책들이 등장할 것이고, 나는 그 책을 쓴 작가에게 열광할 것이다. 내겐 그 점이 너무 큰 다행이다. 앞으로도 율리우스 카이사르 같은 인물을 만날 수 있을 거란 소리니까. 나는 앞으로도 책과 함께 살아갈 것이고, 내게 책과 함께하는 삶을 알려 준 아빠에게 영광을 돌린다.

서진이가 중학생 때 쓴 글이에요. 공주 책만 읽던 아이에게 어떤 책을 주어야 할지 고민한 덕분에 서진이의 독서 연대기를 받았어요. 책과 함께하는 삶을 알려준 비결은 '아이가 좋아하는 책으로 시작하라!' 였습니다. 어릴 때 서진이는 다른 책을 소개해도 좋아하지 않았어요. 제가 읽어줄 때 재미나게 들었던 책이라 해도 스스로 읽지는 않았어요. 공주 이야기가 주는 매력이 너무 컸으니까요.

"다른 책도 재미있어. 읽어 봐!"

아무리 말해도 이미 공주 이야기에 빠진 서진이의 눈에 들어오는 책이 없었어요. 서진이처럼 로봇, 곤충, 공룡, 살아남기 등 한 가지 종류의 책만 읽고 또 읽는 아이들도 있어요. 이럴 때 화를 내거나 다른 책을 떠밀며 강요하면 아이가 책을 억지로 읽게 돼요. 그러면 독서가 오래가지 못합니다.

어느 날 문득, '아이가 왜 공주를 좋아할까?' 생각했어요. '뭐가 있어서 공주 이야기에 빠져들까? 왕자가 나오기 때문이겠지. 백설공주가 난쟁이 집에서 십 년, 이십 년 살아도 왕자가 오지 않으면 어떨까? 재미없겠지. 잠자는 숲속의 공주를 찾아오는 왕자가 없다면? 공주가 계속 잠만 잔다면? 내년에도, 30년 뒤에도 계속 잠만 잔다면 재미없을 거야. 왕자가 공주를 만나고, 공주가 왕궁에서 행복하게 사는 이야기로 끝나니까 좋아하겠지! 그럼 서진이는 아름다운 만남이 있는 이야기를 좋아하는 거구나! 우리 집에 아름다운 만남이 나오는 이야기가 있을까?' 하고 찾아보았어요. 마침 『키다리 아저씨』가 눈에 띄었어요. "아름다운 만남이 있는 책이야! 읽어 봐!" 하며 서진이에게 『키다리 아저씨』를 주었어요.

몰입을 경험하면 몇 단계를 뛰어넘는다

유치원 수준의 책을 1단계, 초등 1~2학년 수준을 2단계, 3~4학년 수준의 책을 3단계라고 해봅시다. 전문가가 읽는 책은 10단계죠. 책을 읽을수록 한 단계씩 올라갈까요? 1단계인 아이가 책을 읽으면 2단계, 더 읽으면 3단계가 될까요? 그렇지 않아요. 독서 능력은 단계에 따라 차례로 올라가지 않습니다. 1단계에 머물다가 어느 정도 채워지면 단번에 3단계나 4단계로 갑니다. 3~4단계에 머물다가 다시 6~7단계로 건너뛰어요.

서진이가 공주 책만 읽을 때는 독서 수준이 1단계였어요. 『키다리 아저씨』는 160쪽 분량으로 3~4단계 책이에요. 세 줄짜리 책을 읽던 아이에게 160쪽은 무리일까요? 저는 갑자기 많아진 분량이 걸림돌이 아니라고 생각했어요. 좋아하면 무슨 수를 써서라도 읽으니까요.

서진이는 저녁 내내 『키다리 아저씨』를 읽었어요. 100쪽 넘는 책을 처음 읽었죠. 아니, 50쪽 넘는 책도 처음일 거예요. 활발하고 수다스러운 아이가 아무 소리도 내지 않고, 꼼짝도 하지 않고 책에 빠져들었어요. 몇 시간이 지난 뒤에 너무 재미있다며 또 읽겠다고 했어요. 세 줄씩 삼십 쪽으로 쓴 공주 이야기에는 간단하게 요약한 줄거리뿐이지만, 160쪽짜리 책에는 설명과 묘사가 많아요. 주디가 키다리 아저씨를 상상하는 모습, 기다리는 모습, 궁금해하는 모습이 이어져요. 1단계 수준의 책에서 맛보지 못한 것들이 넘쳐나요.

서진이는 『키다리 아저씨』에 마음을 빼앗겼어요. 이제는 1단계 책이 유치해 보일 거예요. 『키다리 아저씨』를 좋아하는 모습을 보고 실험해보고 싶은 마음이 생겼어요. '1단계 아이가 2단계를 건너뛰고 3단계 책에 빠져들었단 말이지? 6단계로 올려볼까? 초등학교 1학년 아이에게 400쪽 되는 책을 주면 어떻게 될까?' 어른이 읽는 완역판 『작은 아씨들』을 꺼냈어요. 당시 시대를 설명하는 내용이 곳곳에 있어서 만만치 않아요. 글자도 작아요. 어제까지 읽던 공주 이야기와 견주면 글자가 500배나 많은 책이에요.

"『키다리 아저씨』 재미있었지? 이 책도 읽어 봐."

『작은 아씨들』을 받아들더니 저녁 먹을 시간이 되었는데 밥 달라고 하지 않았어요. 꼼짝하지 않고 『작은 아씨들』에 빠져들었어요. 밥 먹을 때 책을 읽으며 먹기에 '잘한다고, 괜찮다고, 실컷 읽으라고' 했어요. 입으로 먹는지, 코로 먹는지 모른 채 식사를 마치고 다시 책을 읽었어요. 잠자는 시간이 지났는데도 계속 읽자 엄마가 아이를 재우려 했어요. 그래서 얼른 말렸죠. "지금은 놔둬야 해. 오늘은 처음으로 책에 빠진 날이야. 이런 날에는 완전히 몰입하게 놔둬야 해." 하며 실컷 읽으라고 했어요. 서진이는 잠자는 시간을 두 시간이나 넘길 때까지 책을 읽었어요. 다음날 학교에서 돌아오자마자 『작은 아씨들』을 다시 붙잡았고, 저녁 먹으며 읽었고, 잠자는 시간을 넘기고 두 시간이 지나 잠들었어요.

'몰입의 순간'이라 해요. 처음으로 어떤 일에 빠져들어 시간 가는 줄 모르고, 먹는 것과 자는 것도 귀찮아지고, 계속 그것만 하고 싶은 순간을 책으로 느꼈어요. 세 줄짜리 공주 이야기만 읽던 아이가 160쪽을 읽더니, 곧바로 깨알 같은 글씨로 된 400쪽이나 되는 책에 빠져들었어요. 몰입의 경험은 아이를 계속 끌어당겨요. 사흘 동안 서진이가 책 읽는 걸 보면서 '일 년 내내 읽어주던 공주 책은 이제 졸업이다! 이젠 혼자 책을 읽겠구나!' 생각했지요. 이 순간 덕분에 서진이가 앞에서 본 글을 쓰게 되었어요.

물론 반대 현상도 같은 단계로 일어납니다. 책을 잘 읽던 아이가 어느 순간이 되면 책을 안 읽어요. 줄이는 게 아니라 아예 손에서 놔 버려요. 책 읽는 능력이 1단계에서 2단계로, 다시 3단계로 차례차례 좋아지지 않듯 독서 흥미도 9단계에서 8단계, 7단계로 서서히 줄어들지 않습니다. 급격히 확 줄어들지요. 이럴 때 독서토론을 해야 합니다. 한 권을 깊이 읽어야 할 때가 온 것이지요.

디딤돌 놓아주기

개울에 돌로 만든 다리가 있어요. 한 번에 건너지 못하는 곳에 돌을 순서대로 놓아 만든 다리예요. 비가 와서 물이 불어나면 다리가 잠겨요. 때론 돌이 떠내려갔고, 그때마다 사람들이 다시 돌을 쌓았어요. 이런 돌다리는 지금은 거의 사라져 볼 수 없지만 이따금 관광지에 가면 볼 수 있어요. 아이들은 돌다리를 보면 좋아해요. 흐르는 물 사이에서 조마조마하며 건너뛰는 게 재미있기 때문이죠.

아이와 함께 돌다리로 개울을 건너 맞은편으로 간다고 생각해 봐요. 처음부터 잘 건너는 아이는 많지 않아요. 첫 번째 돌 위에 발을 올리는 것부터 힘들어하는 아이도 있어요. 무섭다고 말해요.

"해 봐, 괜찮아. 아빠가 잡아 줄 거야."

이 말을 여러 번 되풀이해야 해요. 아이가 용기를 내서 건너거나, 이번에 못 건너면 조금 더 자란 뒤에 건너기도 해요. 아이가 한 발을 떼고 첫 번째 돌에 올라서면 두 번째는 조금 쉬워집니다. 어느 순간 폴짝 건너뛰면서 즐겁게 다리를 건너지요.

아이가 책을 읽기까지의 과정은 돌다리 건너는 일과 비슷해요. 스스로 능숙하게 책을 읽는 수준에 이르려면 돌다리를 여러 번 건너야 해요. 쉬운 책, 아이가 좋아하는 책만 읽다가 한 발 내디뎌 조금 어려운 책을 읽고, 다시 한 발 내딛다 보면 어느새 건너편에 가요. 아이가 딛고 선 곳에서 아이 보폭만큼 떨어진 곳에 책을 놓아두어 아이가 계속 건너도록 도와주는 게 부모의 역할이에요.

어떤 책을 놓아야 다음 발을 내디딜까요? 요즘 아이들은 개성이 강합니다. 부모가 추천하는 책이라고 해도 마음에 들지 않으면 읽지 않습니다. 학교에서 아이들에게 책을 추천하면 슬쩍 훑어보고는 다른 책을 추천해 달라고 해요. 마음에 드는 책을 만날 때까지 계속 책을 꺼냈다 넣었다를 되풀이합니다. 책 디딤돌을 놓아줄 때는 아이 성향에 맞는 책을 골라야 합니다. 『키다리 아저씨』 같은 책 말이에요.

남자아이들은 모험을 좋아해요. 과장된 행동, 선악의 대결, 장난을 즐겨요. 그래서 곤충 책, 공룡 책, 로봇과 자동차 책을 찾아요. 살아남기 시리즈만 읽어요. 남자아이 셋을 기르는 분이 책을 소개해 달라고 해서 '로알드 달'이 쓴 책을 권했어요. '로알드 달'은 과장과 장난, 익살로 이야기를 만듭니다. 얼마 뒤에 아들 셋이 책을 잘 읽는다고 메시지를 보내주셨어요. 아이와 함께 도서관에 가서 아이가 어떤 책을 찾는지 가만히 지켜보세요. 아이가 고른 책을 살펴보고 우리 아이를 책으로 이끌어 줄 '키다리 아저씨'는 무엇일까 찾아보세요. 그럼 아이가 책을 읽을 거예요.

다음에는 아이가 건너뛸 정도의 거리가 필요해요. 아이가 어느 정도 건너뛸 수 있는지 파악하세요. 아이 수준보다 너무 쉬운 책만 주면 시시해합니다. 실력이 늘지 않아요. 하지만 어려운 책을 주면 흥미를 잃습니다. 이때 말하는 수준은 학원에서 치르는 레벨 테스트와 다릅니다. 책이 다루는 주제, 분량, 삽화, 종류를 봐야 해요. 아이가 이야기책을 좋아하는지, 지식책을 좋아하는지 살펴야 해요. 이걸 파악하기 어려우면 베스트셀러를 주세요. 많은 아이가 재미있게 읽었으니 어느 정도 검증되었다고 믿을 수 있습니다. 다만, 아이가 그런 책조차 싫어하면 이상하게 생각하지 말고 다른 책을 찾으세요.

아이를 인정하기

부모가 자녀를 낳아 길러요. 부모는 아이가 태어나던 순간, 아팠던 때, 생일날 등 이런저런 상황을 마음 속에 간직해요. 그러면서 이렇게 생각해요. '너는 나요, 내 것이요, 내 꿈을 이루어 줄 소망이다.' 하지만 이런 생각은 아이가 자라는 신비를 보지 못하고 지나가게 만들어요. 아이는 그런 장면들을 대부분 기억하지 못해요. 아이는 부모와 한 몸으로 태어났지만, 자라면서 계속 부모와 멀어져요.

아이가 자라는 건 자기 자신을 찾아가는 거예요. 당연히 부모에게서 멀어지죠. 부모가 권하는 책을 거부하고 자기가 책을 고르겠다고 해요. 이 모습을 부모는 인정해야 합니다.

아이는 부모가 모르는 길을 걸을 거예요. 아이는 부모의 소유물이 아니에요. 아이가 자라면서 점점, 계속 부모가 모르는 사람으로 바뀝니다. 부모가 예상하지 않은 모습으로 살아갈 거예요. '이 아이가 내 아이 맞나?' 할 때가 와요. 아이가 부모 생각과 다르게 생각하고 결정하면 서운하죠. 당황스러워요. '왜 내 마음을 몰라주나?' 말해도 자녀가 잘 듣지 않아요. 부모가 생각을 말해도 아이는 부모 마음을 이해하기 어려워요. 하물며 아이에게 제대로 알려주지 않으면서 아이가 알아서 잘하기를 바라는 건 무리예요. 자녀가 저절로 부모 마음을 알아주기 바라는 건 지나치지요. 부모가 생각을 자주 말해서 자녀가 기억한다 해도 그 마음을 알까요?

아이를 인정하세요. 아이가 좋아하는 게 마음에 들지 않아도 우선 인정해주세요. 아이 마음을 사로잡는 게 무엇인지, 아이가 왜 빠져드는지 알아보세요. 이야기하며 아이 마음을 이해하세요. 이 마음이 다른 무엇보다 소중합니다. 아이를 이해하는 마음으로 책을 권해주세요. 그럼 아이가 읽을 거예요.

어릴 적 나는 공주를 좋아하는 아이였다. 지금 되돌아보면 부끄럽기만 한 기억이지만 그땐 이상하리만큼 공주가 좋았다. 딱히 왕자가 좋았던 것은 아니다. 공주가 시련을 겪은 후 극복하고 왕자를 만나 영원히 행복하게 사는 건 부수적으로 딸려오는 이야기일 뿐이었다. 난 그냥 예쁜 옷을 입고 돌아다니는 공주가 좋았고, 그때 난 공주가 되고 싶었다.

친척 어른들과 만나 이야기를 나눌 때면 그때 얘기를 많이 하신다. 내가 집에서 너무 뛰어다니자 이모가 공주는 뛰지 않고 가만히 앉아 있는 거라 말씀하셨다. 나는 그 말에 몇 시간 동안 소파에 가만히 앉아 있었다고 한다. 소파에 앉아 있던 일은 기억나지만 그때 당시였는지는 잘 모르겠다. 하지만 아직도 우리 이모는 나를 만나면 이 사건을 입버릇처럼 얘기하신다. 정확히 기억할 수는 없지만 그런 일이 있었다는 건 부정할 수 없다. 조금 창피한 사건들이지만 그 당시 난 분명 그런 아이였다.

유치원생이던 다섯, 여섯 살 때 일이라 정확하게 기억나지는 않지만 난 항상 다섯 권의 공주 동화책을 들고 다녔다. 우리 집에 동화책이 다섯 권뿐인 것도 아니었는데. 『신데렐라』, 『백설 공주』, 『인어 공주』, 『잠자는 숲속의 공주』, 『엄지 공주』는 내 유년 시절 가장 많이 읽은 책이다. 이런 공주 동화책들에 『미녀와 야수』나 『라푼젤』 같은 책이 포함되었는지는 확실하지 않다. 아빠는 책들이 다섯 권이었다고 말하지만 아빠도 정확하게 책 제목을 기억하는 게 아닌 만큼 그보다 많았을 가능성도 배제할 수 없다. 물론 내 기억에도 저 다섯 권의 책을 가장 좋아했던 것 같다. 그래서 정확하지 않은 기억

속에서 딱 다섯 권을 선정할 수 있던 것이다.

어찌되었든 난 공주 동화책들만 계속 읽었다. 아직 어렸던 만큼 읽어달라고 한 적도 많았다고 한다. 사실 읽어달라고 한 기억은 존재하지 않는다. 하지만 틀림없는 사실이겠지. 아빠는 이 책을 계속 읽고 또 읽고 다시 읽은 후, 그러고도 한참을 더 읽은 후 공주들의 돌림 지옥에서 벗어날 방법을 궁리하기 시작했다. 아빠는 아주 현명한 선택이었다며 우리 어린 시절 얘기를 할 때면 항상 그 얘기를 꺼내고는 한다.

아빠는『키다리 아저씨』를 꺼냈다. 그림이 대부분을 차지하는 동화책을 읽던 아이에게 적합한 책은 아니었지만 공주 같은 주디와 왕자 같은 저비스 씨가 나오니 내가 좋아할 것이라고 생각했던 것이다. 그 계획은 단번에 성공했고 그 길로 난 다섯 공주에서 졸업했다. 아빠가 계속 얘기하는 이야기지만『키다리 아저씨』를 처음 읽은 기억은 나지 않는다. 그 몇 년 후 오래간만에 다시 읽어야지 하면서『키다리 아저씨』를 꺼낸 기억과 다 알고 있는 내용을 재밌게 읽은 기억뿐이다.

그래도 그 다음에 아빠가 준 책은 기억난다. 바로『작은 아씨들』이다. 이건 전형적인 공주와 왕자의 로맨스라곤 할 수 없지만 내가 좋아한 것은 그런 사랑이 아니라 예쁜 언니인 공주가 다였기에 같은 느낌이라 해도 무방하다. 난 이 책을 이틀에 걸쳐 다 읽었다. 시간 가는 줄 모르고 읽었던 기억이 난다. 그날이 아마 내가 어릴 적자의로 가장 늦게까지 깨어 있던 날일 것이다. 너무 열중해서 읽었던 탓인지 그때의 기억은 펼쳐진 책장과 배경이 되는 침대 위 분홍색 이불밖에 없다. 아빠는 그날 우리가 저녁을 일곱 시 반에 먹었다고 얘기한다.

아빠가 완벽한 전략의 승리라고 자부하는 말을 할 때마다 조금 재수 없다는 생각이 들기는 하지만 공주 동화책에서 졸업했다는 건 엄청난 성과이긴 하다. 실제로 지금의 난 『키다리 아저씨』와 『작은 아씨들』은 좋아하지만 옛 공주들은 질겁하는 편이다. 평범하게 살아가는 모습을 묘사한 책들을 좋아하게 된 것이다. 아무리 왕자라 한들 만나자마자 사랑에 빠져서 결혼한다니……. 정신이 똑바로 박힌 사람이면 그렇지 못할 텐데라는 생각도 든다. 물론 그마저도 추억이지만 그 시절의 나는 마음의 준비도 하지 않고 떠올리기는 약간 당혹스럽다.

_ 권서진, 〈공주 동화책과 키다리 아저씨, 작은 아씨들〉

| 3장 |

효과 만점 책 놀이

아이에게 가장 좋은 선물이 사랑으로 주는 추억이라 생각해요. 어릴 때 만난 따스한 기억은 아이가 살아갈 힘이 될 거예요. 민하와 서진이에겐 따뜻한 기억으로 남는 추억이 많아요. 책으로 만난 추억도 많지만, 놀거나 여행하면서 생긴 추억도 많아요. 민하가 쓴 글에서 '재미있는 기억으로 모든 걸 채워 버리자' 했어요. 놀이는 아이들의 기억을 기쁨으로 채웁니다. 우리가 했던 놀이를 소개해요.

【 블록 쌓기 】 블록으로 정말 많이 놀았어요. 블록으로 성을 쌓고, 마을을 만들었어요. 며칠 동안 블록을 쌓고 또 며칠 동안 등장인물을 만들어 이야기했어요. 책을 읽어줬기 때문인지 여자아이들이어서 그런지 모르겠지만 이야기가 끝없이 흘러나왔어요. 낡고 색이 바랜 블록을 오래도록 보관했지요.

【 보드게임 】 초등 1학년 때부터 보드게임을 했어요. <카탄의

개척자>, <카르카손>, <젬블로>, <루미큐브>를 자주 했어요. <할리갈리>는 몰랐고, <부루마블>은 부동산 투기하듯 땅과 건물을 사들여야 이기는 방식이 싫어서 알려주지 않았어요. 처음 할 때는 아이들 수준에 맞춰 많이 양보했어요. 1~2년 뒤에는 제가 열심히 하고도 지는 경우가 늘었어요. 초등학생에게 <루미큐브>를 지게 되면 기분이 묘했어요.

【 놀이터 찾아다니기 】 아파트 놀이터와 공원을 찾아가서 놀았어요. 아파트마다 놀이터가 조금씩 달라서 아이들이 좋아했어요. 어릴 때는 좋은 곳, 멋진 곳보다는 자기들끼리 이야기를 만들며 노는 곳이 좋다고 생각해요. 동네 놀이터가 딱이지요!

【 땅따먹기 】 예전에는 어떤 놀이를 했는지 묻기에 자치기, 구슬치기, 땅따먹기, 비사치기, 공기놀이, 물수제비, 다방구 등을 말해줬어요. 그리고 전지를 펼쳐놓고 땅따먹기를 했어요. 전지에 남은 선들이 멋지게 보여서 그 위에 그림을 그리기도 했어요. 꽤 오랫동안 전지 그림을 간직했어요.

【 눈이 오면 】 제가 사는 곳은 눈이 많이 옵니다. 눈으로 굴을 파고, 옥상에 눈 미끄럼틀을 만들고, 산에서 눈썰매를 탔어요. 눈이 1미터 넘게 오면 차가 오가지 않는 도로 가운데에 앉아 사진을 찍었어요. 산에 올라가서 비료 포대 눈썰매를 타며 놀았어요.

이 외에 날다람쥐 놀이(산에서 뛰어다니는 놀이), 스무고개, 공기

놀이, 여왕 놀이, 한복 입고 노는 놀이, 인형 놀이, 한 발 두 발, 무궁화, 술래잡기, 심봉사, 소꿉놀이, 왕국의 전사 놀이(산에서 샛길을 걸어가며 하는 병정놀이), 가계도 그리기(인물을 설정해서 관계를 만들어가는 놀이)도 좋아했어요.

재미있는 말놀이

초등학생을 데리고 현장학습을 가면 차 안에서 끝말 이어가기를 자주 해요. 시골 아이, 도시 아이, 저학년, 고학년 가리지 않아요. 한 명이 시작하면 사방에서 끝말을 이어가며 놀아요. 민하, 서진이와 끝말잇기를 자주 했어요.

처음에는 단순하게 끝말을 이어갔어요. 그러다가 아이가 한 말을 뒤집어 말했어요. 아이가 '장군'이라 하면 저는 '-군장'이라 했지요. '군장 — 장소 — 소장 — 장구 — 구장 — 장판 — 판장(어판장을 줄여 부르는 말) — 장사 — 사장……' 아이는 '장'으로 바꾸지 못하는 낱말을 찾으려 했고, 저는 어떻게 해서든 낱말을 뒤집어 말하려고 했지요. 아이가 말한 낱말을 뒤집기 어려우면 '장'으로 끝나게 말했어요. '장난 — 난장 — 장독대 — 대장 — 장미 — 미장 — 장호(마을 이름) — 호산장(삼척시 호산읍에 열리는 전통 시장)……' 세 글자 이상으로만 대답하기도 했어요. 최대한 네 글자로 대답하다가 막히면 세 글자로 말했어요. 제가 두 글자로 말하면 틀린 거라는 규칙이 저절로 생겼죠. '이사 — 사필귀정 — 정수기 — 기고만장 — 장난감 — 감언이설 — 설치류 —

유(류)언비어—어묵—묵묵부답……' 끝말잇기 하다가 아이가 모르는 낱말이 나오면 설명해주었어요. 외국 지명이나 사람 이름은 계속 말하기도 했고, 특정 주제와 관련된 낱말만 말하기도 했어요. 아이들이 어찌나 좋아하는지 가끔 중고등학생일 때도 끝말잇기를 하자고 할 정도였어요.

특히 우리가 함께 읽은 책에 나오는 낱말을 말할 때는 끝말잇기 하다가 책 세상에 빠져들었지요. 아스트리드 린드그렌(삐삐 시리즈 저자)—랜섬(C.S.루이스가 쓴 우주 3부작 주인공)—섬터 요새(남북전쟁의 발단이 된 장소)—새피(『새피의 천사』 주인공)—피노키오—오딧세우스—스네이프 (『해리포터』 등장인물)를 말하면서 책 이야기를 줄줄이 했지요.

같은 낱말로 시작하거나 끝내고, 네 글자로만 대답하고, 외국 이름이나 책에 나오는 낱말로만 말하면 아이들은 제가 재미나게 놀아준다고 생각했어요. 공부를 생각하지 않았고, 공부에 도움이 된다는 생각도 하지 않았어요. 낱말을 생각하며 이리저리 꺼내는 게 우리 집 문화가 되었지요. 끝말 이어가기에서 제가 말한 낱말을 아이들이 궁금해하면 뜻을 알려줬어요. 곧바로 뜻을 설명하면 아이들이 좋아했어요. 평소에 물어볼 때는 곧바로 설명하지 않았거든요. 저는 늘 아이가 묻는 말에 제가 다시 질문하고, 아이가 대답하면 다시 질문해서 스스로 답을 찾게 했어요. 예를 들어볼게요. 질문왕 서진이가 과학 관련 책을 읽다가 물어요.

"자갈, 모래, 흙에 똑같은 씨앗을 심으면 어떻게 돼요?"

"흙에 심은 씨앗이 가장 잘 자라는 건 알잖아! 대체 뭐가 궁금한 거야?"

"셋 다 싹이 날까요?"

"싹이 나지."

"왜요?"

아이가 초등학생일 때는 이렇게 대답했어요.

"무와 당근 조각을 담은 접시, 무와 당근과 양파와 고기 조각을 담은 접시, 앞의 재료로 요리를 해 놓은 접시, 이 셋 중에 무얼 먹을 거야?"

"그야 요리를 해 놓은 접시죠!"

"왜?"

"다른 두 접시에 담긴 걸 먹을 수는 있어도 요리가 아니잖아요. 먹기도 어렵고."

"그래서 씨앗도 흙에 심어야 하는 거야."

"자갈은 무와 당근만 있는 접시인 거죠?"

"그렇지."

"흙에는 씨앗이 좋아하는 게 많이 있겠네요."

"내가 답을 알려주지 않아도 다 아는구나!"

"히히~"

낱말 뜻을 묻거나, 단순한 내용을 알려달라고 할 때는 이런 방식으로 다시 물었어요. 아이가 스스로 답을 깨닫게 해주었지요. 지금은 그냥 대답해주는 경우가 많아요. 어려운 걸 묻기 때문에 질문으로 대답을 찾아내게 하기 어렵거든요. 흙에는 씨앗이 좋아하는 게 많다는 대답을 듣고 정리해주었어요.

"자갈에 심으면 싹은 나지만 키만 삐죽 크다가 죽을 거야. 모래에서는 싹이 나서 자라지만 열매를 맺긴 어렵겠지. 흙에 심으면 자갈이나 모래보다는 천천히 자라지만 잎과 가지를 넓게 펼치고 열매를 맺겠지."

"콩은요?"

서진이가 갑자기 콩을 물어요. 무슨 뜻인가 했더니 "콩은 스스로 질소 영양분을 만들잖아요."라고 하네요.

『물구나무 과학』[*56]을 읽고 식물과 질소의 관계를 토론한 적이 있어요. 식물에 필요한 질소는 자연 상태에서 만들어지기 어려워요. 번개가 치는 정도의 에너지가 공급되어야 공기 중 질소가 식물에게 영양을 공급할 비료처럼 바뀌어요. 자연 상태에서 질소 공급이 어렵기 때문에 농부는 질소 비료를 뿌리죠. 다만 콩을 심을 때는 비료를 주지 않아요. 콩은 척박한 땅에 심어도 잘 자랍니다. 콩은 뿌리에 혹박테리아가 생기는데 여기서 스스로 질소를 만들어요. 콩을 몇 년 동안 심으면 땅이 조금씩 비옥해져요. 실제로 농부들은 보리를 베고 콩을 심고, 콩을 베고 보리를 심어요. 이 밭에는 비료를 뿌리지 않아요. 그러니까 모래에 심어도 콩은 자라지 않느냐는 질문이에요.

"콩은 예외지!"

이렇게 말하고는 콩 이야기를 더 했어요. 서진이가 콩 요리를 좋아하거든요. 콩 이야기를 하다가 덜컥 물었어요.

"그럼 누가 콩이지?"

"아빠네! 엄마도."

아빠와 엄마가 자기에게 영양분을 공급하는 사람이래요. 책벌레 집에서 통하는 사랑 고백, 감사 인사가 훅 들어왔어요. 그래서 "너도 얼른 콩이 돼라. 나도 좀 얻어먹자." 했더니 웃었어요.

책 이야기를 우리 곁으로

아이에게 책을 읽어주고 아이와 함께 책을 읽으며 대화에 책 내용이 조금씩 많아졌어요. 우리가 살아가는 과정에 책 이야기가 점점 많아지면서 책 추억이 계속 쌓였어요.

책을 읽는 것은 가만히 책상에 앉아 있는 것만은 아니다. 우린 집 앞 산을 걸으면서도 함께 읽은 책을 떠올리곤 했다. 고등학생이 되면서 산을 자주 가지 않게 되었지만 지금도 산에 가면 그때 기억이 생생하다.

우선 처음 나오는 가파른 등산로는 등불 황야 구간이다. 오래된 가로등이 서 있는데 눈 오는 날이면 올라가 나니아 연대기에 나오는 등불 황야라며 놀았다. 포대를 들고 가 썰매도 탔다. 눈이 온 날은 그 위까지 올라가는 게 힘들었지만, 눈에 뒤덮인 나무들과 그 사이에서 빛나는 가로등을 보는 게 그렇게 좋았다.

다음엔 갈라드리엘 구간으로 빠진다. 큰 포장길이 아니라 옆에 난 샛길로 빠져 걸어가는데 그 길을 우린 '갈라드리엘 구간'이라 부른다. 갈라드리엘이 로스로리엔을 다스리는 여왕이라는 이유로 그 흙길은 갈라드리엘 구간이 되었다. 사실 여행을 가서 비슷한 길을 걸을 때마다 나오는 단골 레파토리 중 하나이다. 아마 처음 갈라드리엘 얘기를 한 것은 아빠였겠지만 이제는 우리도 항상 갈라드리엘 이야기를 한다.

다음은 마법의 성 구간이다. 데크로 된 길이 놓여 있는데 지금은 바뀌었지만, 옛날엔 난간이 참 멋졌다. 당시 우린 키가 작아서 그 길이 마치 나무로 만들어진 성 같았다. 특히 멋들어진 다리를 지나갈 때가 그랬다. 내가 기억하는 모든 순간 아빠, 언니와 같이 그 길을 지나가면 우린 항상 <마법의 성> 노래를 불렀다. 노래 가사를 곱씹으며 노래를 부르진 않았지만 분위기가 어울려서 좋아했다.

내려올 때는 갈라드리엘 구간 반대편에 더 긴 오솔길을 따라 내려왔다. 그 길은 날다람쥐 구간이었다. 언니와 나는 산에만 오르면 날다람쥐 놀이를 했다. 처음 시작은 아마 친사촌들과 함께였던 것 같지만 그 둘을 항상 만날 수 없으니 우리 둘만의 날다람쥐 놀이도 생겨났다. 무릉계곡을 가면 우리는 날다람쥐 왕국의 장군과 재상이 되었다. 숨겨진 성을 향해 올라가며 곳곳에 숨어 있는 병사들을 격려했고, 내려오면서는 결계를 치고 통과했다(왕국의 전사 놀이). 날다람쥐 왕국은 봉황산에도 자리 잡았는데 전쟁이 한창이던 무릉계곡과는 달리 평화로웠다. 물론 가끔 소규모 전투가 일어날 때도 있었지만 대체로 허허실실 내려왔다. 아마 숲속 평화로운 흙길과 바위가 가득한 계곡 길의 차이 때문이었던 것 같다.

나이가 들면서 학교에서 앉아있는 시간이 많아지고, 자연스레 뛰어놀지 않게 되어 산을 오르는 일은 줄었다. 또 예전처럼 모든 곳을 놀이터 삼는 상상력이 사라지기도 했다. 하지만 어릴 적 집 앞 봉황산을 계속 오르면서 작은 길 하나하나에 추억이 스며들었다. 지금도 다시 오르면 그때 생각에 절로 기분이 좋아진다.

_ 권서진, 〈봉황산에서 책 추억 쌓기〉

저는 책을 좋아하는 사람이라 아이들과 놀 때도 책이 튀어나와요. 눈 내리는 숲길을 걷다가 '여기 꼭 등불 황야 같다. 아이들 데리고 와야겠다!' 생각했어요. 그래서 앞산에 등불 황야 구간이 생겼지요. 나무가 울창한 곳에 가면 『반지의 제왕』에 나오는 황금숲의 주인 갈라드리엘을 이야기해요.

독일에 사는 친구가 아들을 데리고 우리집에 왔어요. 활발한 남자아이라서 가만히 있지 못해요. 『해리 포터』를 좋아하기에 산에 데려가서 해리 포터 놀이를 했어요. 막대기를 하나씩 골라 주고 주문을 외웠지요. 어두운 곳에서는 '루모스'를 외쳤고, '디핀도'를 외치며 나뭇잎을 내리쳤어요. 내리쳐도 되는 풀 몇 가지를 알려주었더니 이 풀이 그 풀 맞느냐며 졸라댔어요. 그때마다 저는 아군과 적군을 잘 가려내야 훌륭한 용사라고 말해주었어요. 친구 아들이 너무 떠들면 '실렌시로!'로 침묵하게 했고, 갖고 싶은 게 보이면 '아씨오!'라고 했어요. 산에서 이리저리 뛰어다니며 어찌나 재미있게 놀았던지 손에 물집이 생겼는데도 또 하자고 했어요.

저는 독서 수업을 자주 해요. 우리 학교뿐만 아니라 다른 학교에 가서도 수업해요. 처음 만나는 아이들도 잠깐만 놀면 금방 친해져요. 책놀이를 하면 어색함이 사라지고, 내용을 알아보는 놀이를 하면 책 내용을 이해하면서 마음도 열려요. 아이들은 놀아야 삽니다. 아이들은 놀아주는 사람에게 마음을 열어요. 놀이를 책과 연결해주면 책을 좋아합니다. 공부도 마찬가지예요.

책을 삶으로 쏟아내기

아이들과 책으로 놀았더니 민하와 서진이가 자기만의 책놀이를 만들어 냈어요. 민하의 책놀이는 독특해요. 책을 생각하는 놀이, 책에 나오는 걸 만드는 놀이를 하다가 책 내용으로 농담하는 수준에 이르렀어요. 민하가 쓴 글이에요.

> 책은 무한한 자원이 들어 있는 놀이 도구나 다름이 없다. 한 문장에서도 엄청 많은 것들을 쏟아 낼 수 있다. 책 한 쪽을 읽고 몇 분

동안 생각하고 또 한 쪽 읽고 몇 분 동안 생각하기를 반복하곤 했다. 생각을 정리하고 내용을 곱씹어보았다. 한 글자 한 글자 뜯어보다 보니 읽는 속도가 자연스레 늦어졌다. 그러면 아빠는 책을 얼마나 꼼꼼히 읽기에 이렇게 오래 걸리느냐고 감탄했다. 나는 칭찬에 기분이 좋아져서 느리게 읽기를 계속했고. 꼼꼼하게 읽다 보니 기억하는 것도 많아져서 어떻게 그런 걸 다 기억하냐고 아빠가 또 감탄했다.

작은 책 한 권에서 얼마나 많은 것들이 나오는지 모른다. 처음에는 내용, 줄거리만 보였다. 다음에는 다양한 인간상, 스쳐 지나가는 사건들, 나에겐 새로워서 기억해 두고 싶은 소재들이 쏟아져 나온다. 그런 사소한 것들이 눈에 들어오기 시작하면 책 속에만 있던 것들을 내 삶에 쏟아 내고 싶어진다.

『초록맨 스퍼드, 지구를 구해 줘!』[*57]에서 스퍼드는 친구 앤디와 버려야 하는 종이로 크리스마스 장식을 만든다. 크리스마스 분위기를 제대로 느껴 본 적이 없던 나는 책에 나온 색색의 장식을 만들고 싶어졌다. 마침 두꺼운 종이로 된 팸플릿이 집에 많이 있었다. 나는 일일이 종이를 잘라 붙여서 고리 사슬을 만들었다. 스퍼드와 앤디처럼 집 두 채를 모두 휘감을 정도로 많이 만들지는 못했지만 내 방을 한 바퀴 감을 수 있었다. 장식이 너무 마음에 들었던 나머지 몇 달 동안 내 방은 그 상태로 남았다.

책에 나온 행동만이 아니라 말도 따라 할 수 있다. 인물이 한 말이 아니라 그냥 서술도 삶으로 끄집어 낼 수 있다. 같은 책을 읽은 사람끼리는 그들끼리만 아는 공감대가 생긴다. 책뿐만이 아니라 영화나 만화를 봐도 똑같지만, 책을 통한 공감대는 뭔가 더 멋져 보인다는 장점이 있다. 같은 책을 읽고 공유하는 지식이 생기면 그걸 어떻게든 활용하고 싶어진다. 밥 먹던 중간에, 길을 가다가, 아무 때나 불쑥 책 이야기를 떠올린다.

우리 집 독서 인원 세 명이 공통으로 좋아하는 책은 많지만, 평소에 많이 언급하는 책은 『수요일의 전쟁』*58이 아닐까 싶다. 아빠는 무언가에 긍정을 표할 때 "더할 나위 없이 좋아."라고 말하곤 하신다. 『수요일의 전쟁』에서 주인공이 많이 하는 말이다. 아빠가 그 말을 하면 나는 『수요일의 전쟁』을 떠올린다. 다만 기분이 좀 미묘해지기도 하는데, 책에서 그 말은 진짜로 더할 나위 없이 좋은 상태뿐 아니라 나쁜데 좋은 척을 할 때도 쓰이기 때문이다.

물을 쏟거나, 물건을 와르르 떨어뜨리거나, 또는 잃어버려서는 안 될 무언가가 사라졌을 때 내가 하는 말이 있다. 화가 나고 당황스러워서 뭐라 표현해야 할지 모를 감정이 들 때, 책에 나온 표현을 쓴다. 과레스키 교장 선생님은 쥐덫을 놓던 중 사다리에서 떨어지자 욕을 했는데, 주인공은 욕을 "앗"이라고 바꿔서 알려준다. 그래서 나도 "앗!"을 자주 썼다. "앗"이라는 한 마디에 가려진 실제 감정과 의미를 상상해보면, 이보다 완벽한 욕이 또 있을까? 평범한 욕을 하는 것보다 훨씬 고상하고 건전하기도 하다.

다른 예시도 있다. 우리 엄마는 자기 생각이 옳다고 확고하게 믿으시는 편인데, 실제로는 옳지 않을 때가 많다. 내가 좋아하는 것과 싫어하는 것, 다른 사람의 생각, 내일 날씨까지 자기 마음대로 결정지어 버리신다. 거기까진 이해할 수 있다. 문제는 우리가 오류를 바로잡아줘도 계속 자기 생각이 옳다고 주장하신다는 거다. 마치 과레스키 교장 선생님 같다. 과레스키 교장 선생님은 자기 마음대로 주인공 이름을 바꿔 부르고, 폭설이 내려도 스쿨 버스를 운행하는 독재자다.

어느 때 엄마와 옥신각신하다 말고 외쳤다.

"엄마는 과레스키 교장 선생님이야! 엄마가 나는 뭘 좋아한다고 말하면, 나는 그래야 돼. 내가 뭘 싫어한다고 말하면, 내 마음과 상관없이 그렇게 해야 돼! 엄마는 우리 모두의 지배자야!"

이후 엄마는 그 정도였냐고 하면서 앞으로 내 말을 잘 들어주겠다고 약속하셨다. 나는 과레스키 교장 선생님이 우리 모두의 지배자라고 대니 하퍼가 말하는 장면을 좋아한다. 우리 주변에는 자기 생각에 다른 사람들을 끼워 맞추려는 사람이 너무 많다.

책을 일상으로 꺼내오는 방법은 무수히 많다. 특정 상황에 책을 떠올리기만 하면 된다. 기숙사에 가서 가족과 떨어져 있게 되었을 때 나는 작은나무가 기숙학교에서 매일 늑대별을 보던 것을 떠올렸다. 나는 언제든지 연락할 수 있었으므로 작은나무처럼 가족이 그립지 않았으나, 떠올리는 것만으로도 마음이 따뜻해졌다. 『내 영혼이 따뜻했던 날들』*59이라는 제목이 딱 어울린다. 다양한 상황에 떠올릴 다양한 책이 있다면 무슨 일을 하든 더 깊은 인상을 남길 수 있다. 책을 삶에 쏟아내면 내 삶을 싫어하지 않는 한 책을 싫어할 수 없다.

민하가 수학여행으로 며칠 동안 집을 떠났을 때 농담 삼아 "집이 그리우면 늑대별을 봐. 나도 늑대별을 보며 너를 생각할게!" 했어요. 늑대별은 『내 영혼이 따뜻했던 날들』에서 할아버지와 작은나무(주인공이자 할아버지의 손자)가 서로를 그리워하며 바라본 별이에요. 그 당시에는 학교 행사로 잠시 집을 떠났던 것이지만 대학생이 되어 오랫동안 집을 떠날 때에는 민하도 늑대별을 생각했다고 해요. 우린 이 책을 읽으며 함께 울었고, 함께 문장을 나누었고, 함께 늑대별 추억을 만들었어요.

저는 책을 사랑해요. 아이들과 낱말을 말하고, 문장을 나누어요. 낱말을 말하며 놀고, 책에 나온 문장으로 일상을 즐겨요. 우리가 함께 누린 문장을 응용해서 문자를 보내요. 민하와 서진이는 제가 보낸 문장을 선물처럼 간직했어요.

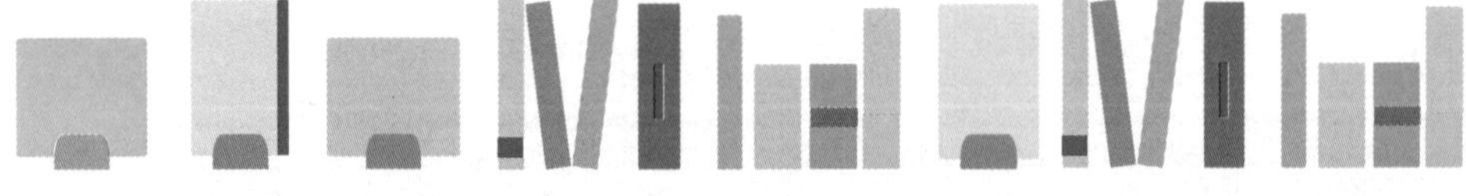

2부

함께 읽고 이야기하기

중간고사 시험이 끝난 뒤에 집에서 아이들과 나눈 대화다.

서진 시험 끝나고 야자 시간에 『십자군 이야기』[*60]를 읽었는데 탄크레디가 와~

아빠 탄크레디는 진짜지. 미친 듯이 싸우잖아.

서진 다시 읽어보니 탄크레디가 정말 멋져.

아빠 그래도 난 발리앙 이벨린이야. 이벨린 형님이 최고지!

서진 이벨린도 멋지지만 최고는 살라딘이죠.

아빠 살라(흐)딘! 멋진 지도자지. 그래도 난 발리앙 이벨린이야. 민하야, 넌 누가 좋아?

민하 (한참 생각 후) 고드푸르아 드 부용이요.

(한참 이야기를 한 뒤)

아빠 민하야, 넌 왜 고드푸르아 드 부용이 좋아?

민하 조용하잖아. 묵묵히 자기 일을 하고.

서진 난 그래도 살라딘이 ~ (한참 동안 살라딘 이야기를 한다)

아빠 서진아, 너도 좋아하는 아이돌 있지? 아이돌보다 더 좋아하는 사람 있어?

서진 카이사르죠.

아빠 아이돌인데?

서진 어디 감히 아이돌을 카이사르에? 카이사르는 비교가 안 되죠.

| 4장 |

책으로 누리는 일상

"아빠, 해리 포터 게임 해요."

중학생인 서진이가 핸드폰에서 해리 포터 게임을 찾았다며 하자 해요. 『해리 포터』 등장인물과 관련된 카드를 가로나 세로로 3장씩 연결하는 게임이에요. 이야기를 만들거나 문제를 해결하는 게 아니어서 투덜댔지요.

"이게 무슨 해리 포터 게임이야? 그냥 짝 맞추기지."

"아니에요. 해리 포터 이야기예요. 퀴디치 게임도 하고, 해그리드 오두막에서 카드도 뽑는다고요."

해리 포터 이야기를 시작하면 할 말이 많아요. 우린 해리 포터를 같이 읽고, 영화를 보고, 나뭇가지로 지팡이 흉내 내며 놀았어요. 해리 포터 이야기를 시작하면 즐겁게 놀았던 때로 다시 돌아가요.

"스네이프는 내 영웅이지."

"스네이프는 영웅이 아니에요."

"난 처음부터 스네이프가 좋은 일을 할 거라 믿었어. 대의를 위해!"

"대의가 아니죠. 릴리를 위해 그런 거죠."

서진이가 해리 포터의 엄마 릴리를 언급하자 <릴리 마를렌>이 생각났어요. <릴리 마를렌>은 『책벌레들의 책 없는 방학』[*61]에서 왕할머니가 부르는 노래예요. 2차대전 때 독일 병사와 연합군 병사 모두가 좋아한 노래였어요. 독일이 <릴리 마를렌>을 들려주며 항복을 권하기도 했대요. 『책벌레들의 책 없는 방학』에 빠졌을 때 우린 틈만 나면 노래를 찾아내서 따라불렀어요. 해리 포터 이야기하다 <릴리 마를렌>에 얽힌 추억이 생각나고, 노래를 부르다가 마들랜 랭글이 쓴 『시간의 주름』[*62]을 말하고……. 참, 민하가 1학년 때 좋아한 『우리 선생님이 최고야!』[*63] 주인공 이름도 릴리네요.

사랑에는 두려움이 없어요

해리 포터는 엄마의 사랑 덕분에 볼드모트의 공격에서 살아남았어요. 부모의 사랑은 자녀를 안전하게 지켜요. 조앤 롤링이 『해리 포터』 시리즈를 통해 말하려는 내용도 사랑과 우정의 가치라 생각해요.

부모는 자녀를 사랑해요. 자녀도 부모를 사랑하지요. 부모가 자기들을 얼마나 사랑하는지 자녀들도 알아요. 가끔 짜증 내고, 마음을 몰라 준다고 대들기도 하지만, 자녀는 부모가 사랑하는 마음을 느껴요. 그럼 부모와 자녀 관계가 좋아야 하잖아요. 낳고 길러 준 사랑을 느껴야 하잖아요. 그런데 부모를 믿지 않는 자녀가 정말 많아요. 무엇 때문일까요?

누군가 이렇게 말했어요.

"사랑에는 두려움이 없습니다. 완전한 사랑은 두려움을 내쫓습니다. 두려움은 형벌과 맞물려 있습니다. 두려워하는 사람은 아직 사랑을 완성하지 못한 것입니다."

사랑은 두려움을 이겨요. 자녀가 두려워할 때 부모의 사랑이 두려움을 내쫓죠. 만약 부모가 자녀를 두려움으로 기르면 어떨까요? 자녀를 사랑하기 때문에 겁을 주고, 압박하고, 강요하면 자녀는 무얼 느낄까요?

"계속 그렇게 할래? 가만 안 놔둔다!"

"자꾸 이러면 대학 못 가. 하고 싶은 거 하나도 못 하고 백수로 살 거야. 너 그렇게 살고 싶어?"

"스마트폰 그만 보고 공부 좀 해라. 도대체 넌 누굴 닮아서 이러냐?"

자녀가 잘 되게 하려는 마음으로 부모는 이렇게 말해요. 사랑에서 나온 말이라 생각해요. 그러나 사랑스러운 말은 아니에요. 자녀는 부모의 마음을 알기도 전에 그 말 때문에 상처를 받아요. 이런 사랑에는 존중이 없어요. 자녀가 스스로 결정할 자유를 주지도 않아요. 어린아이는 실수해도 괜찮아야 하는데 잘못하면 안 된다는 마음으로 살아가게 만들어요. 자녀가 선택할 자유를 빼앗으면서 '다 너를 사랑해서 이러는 거야!'라는 말로 덮어버리면 안 됩니다.

부모가 마음에 여유를 가져야 해요. 자녀와 함께 있는 시간을 즐겨야 해요. 마음에 여유가 없으면 대화가 잔소리로, 윽박지름으로, 짜증과 분노로 바뀌어요. 그럼 대화를 하지 못해요. 아이는 어른과 대화하며 배워요. 대화하는 내용이 배경지식이 되고, 대화하면서 태도와 가치를 배워요. 아이는 대화하며 자랍니다. 부모가 자녀의 말을 잘 들으면 자녀도 부모의 말을 들어요. 뻔한 이야기를 수백 번 하는 것보다 아이 말을 잘 듣고 한 마디 하는 게 나아요.

아빠 메시지는 지우기 싫어요

서진이가 고등학생 때 어느 날 이런 말을 했어요.

"카톡이랑 메시지 정리하려는데 가족 카톡은 못 지우겠어요. 다른 사람 건 괜찮은데 아빠가 쓴 건 지우기 싫어요."

저는 문장을 좋아해요. 아이들과 책에 나온 문장으로 말장난을 하면서 놀았어요. 중학교 졸업할 때까지는 휴대전화가 없어도 불편하지 않다고 해서 사 주지 않았다가 고등학생이 되면서 사 줬어요. 그리고 가족 카톡방을 만들었어요. 서진이가 닉네임을 '로스로리엔'(『반지의 제왕』에 나오는 황금숲의 이름으로 갈라드리엘은 이 숲의 여왕이다—편집자)이라고 붙였기에 톡을 보냈어요.

넌 누구냐? 갈라드리엘과 함께 로스로리엔을 거니는 한 마리 사슴이더냐?

어떤 날은 기분이 좋다고 하기에 이렇게 썼어요.

호빗 굴만큼 따뜻하고 느긋한 마음이 들게 하는 곳이 있을까? 새로 짓는 호빗 굴에 별들의 입김이 가득하기를.

이때는 한창 새로 집을 짓고 있을 때여서 호빗 굴을 언급했어요. 『호빗』*64에서 빌보(『호빗』의 주인공—편집자)의 집이 아늑한 장소로 묘사되거든요.

가까운 길을 멀리 돌아 그리운 집으로 돌아오는구나. 네 앞길에 꽃을 깔아 두리라.

민하가 고등학생이 되어 처음으로 야간자율학습에 참여한 날, 주차장에서 보낸 메시지예요. 1년 뒤 고등학생이 된 서진이도 민하와 함께 야간자율학습을 했어요. 공부하는 아이들이 기특해서 메시지를 보냈어요.

길은 아득하고 시간은 저무는데

가야 할 길이 남아 있어 팍팍한 다리 부여잡고 힘을 내누나.

길을 걷는 그대 발걸음이 아름답도다.

지치지 않아서가 아니라 포기하지 않아서.

딸들 파이팅. 은혜의 물결이 너희와 함께.

둘은 밤 9시경 집으로 돌아와서 한 시간 정도 더 공부하고 잠들곤 했어요. 아이들이 학교에서 돌아올 때마다 늘 고마웠어요. 중학교 졸업할 때까지 즐겁게 지내다가 고등학생이라고 학교에 남아 공부하는 게 대견했거든요. 대부분 제가 아이들을 데리러 갔는데 이따금 엄마가 데리러 가는 날이면 미리 메시지를 보냈어요. 어딘가에서 본 시구를 흉내 내서 이렇게 쓰기도 했어요.

내 비록 너희를 데리러 가지 못하지만

마음은 너희 곁에 있음을 명심하시오.

내 마음은 구름 뒤에 숨은 별처럼 보이지 않는 곳에서 빛나고 있다오.

급히 필요한 책이 있었는데 우리 학교 도서관에도, 공공 도서관에도 없었어요. 혹시 아이들 다니는 고등학교 도서관에 있는지 찾아보라 했더니 서진이가 책을 찾았다고 메시지를 보내왔어요. 그래서 또 『반지의 제왕』 문체로 답을 썼어요.

변화무쌍하군. 네 지혜와 재빠른 손길에 박수를 보낸다.

요정의 손놀림과 호빗의 은밀함을 갖추었구나.

저만 이런 메시지를 쓴 게 아니에요. 아이들도 책 속에 나오는 문장을 응용해서 메시지를 보내곤 했어요. 고등학생이 된 민하와 서진이는 가끔 토요일에 수행평가를 준비하러 학교에 가야 했는데, 어느 날 서진이가 오후 2시 20분경 이런 메시지를 보냈어요.

3시 20분에 브레를 타고 캐어패러벨 성으로 귀환합니다.

'브레'는 <말과 소년>(『나니아 연대기』 제3권—편집자)에 나오는 주인공 말의 이름이에요. 우리는 '브레히힌니 브린니 후히하'를 노래로 만들어 외우며 놀곤 했어요. 즐거울 때 제가 '브레히힌니' 하면 민하와 서진이가 '브린니 후히하!' 하며 노래로 응답해요. 캐어패러벨 성도 같은 책에 나와요.

지금부터 한 시간 뒤에 동쪽 주차장을 바라보아라. 희망이 거기에 있다. 로한의 기마병과 함께 기다리겠다.

주차장에서 아이들을 기다리며 보낸 메시지예요. 『반지의 제왕』에서 마법사 간달프가 로한을 잠시 떠나며 닷새 뒤에 동쪽을 바라보라고 말하는 내용에서 따 왔어요. 학교 주차장은 남쪽에 있었지만 말이지요. 기마병은 제 차를 말해요.

TO. 친애하는 코넬리우스 박사

안녕하세요? 저는 라사랄렌 타르케나예요.

얼마 전에 승리의 신 타르바가 평화의 여신 알람빌에게 인사를 보내더군요. 곧 행운이 있을 징조라지요? 그 행운이 어떤 모습으로 나타날지 심히 궁금합니다. 그리고 그 행운 속에 코넬리우스 박사님께서 계시면 좋겠습니다.

허영을 즐기는 칼로르멘의 귀공녀

from. 라사랄렌 타르케나

서진이가 6학년 어버이날에 제게 쓴 엽서 내용이에요. 『나니아 연대기』 마니아끼리 모인 3박 4일간의 독서캠프에서 우리는 서로를 등장인물 이름으로 불렀어요. 저는 코넬리우스 박사, 민하는 휜, 서진이는 라사랄렌 타르케나였지요. 타르바와 알람빌은 <캐스피언 왕자>(『나니아 연대기』 제4권—편집자)에 나오는 별 이름이에요.

일한국의 왕이시여, 훌라구 울루스의 평화는 여전한가요? 원에서 압박이 들어오진 않나요? 저도 울루스의 일원이지만 침전에서 세월을 흘려보내는 몸, 제 나라의 안녕조차 알지 못한답니다. 우스운 일이지요. 제가 묻는 안녕이 무엇인지조차 모르다니. (중략) 아, 설정놀이하다 잊었사옵니다만, 강녕하시고 길러주신 은혜 몸둘 바를 모르겠나이다.

고 1 어버이날 서진이가 보낸 편지글이에요. 궁중체로 길게 쓴 편지에서 저를 '일한국의 왕'이라 불러요. 몽골을 통일하고 제국을 세운 칭기즈칸이 죽고 나자 제국은 네 개의 나라로 갈라졌는데 이때 페르시아 지역에 세워진 나라가 '일한국(훌라구 울루스)'이에요. 제 이름과 비슷해서 저는 일한국의 왕이 되었지요.

같은 해 중간고사 끝난 뒤, 수행평가가 휘몰아쳐서 힘들다고 푸념해요. "네 뒤엔 훌라구 울루스가 있다. 역참을 통해 일꾼을 모아 놓을 테니 걱정 말아라."라고 했더니 한지 패션쇼를 준비해야 한대요. 그래서 "어이쿠, 한지는 나도 모르는데. 일한국 도망간다." 하고 말했어요.

고등학교 기말고사를 치르고 카톡으로 점수를 받았어요. 기분이 좋아서 이렇게 썼어요. "완벽한 집에 어울리는 완벽한 점수군. 네 점수를 농구대 백보드와 학교 시상 트로피에 붙여 놓아야겠다." 『수요일의 전쟁』에 나오는 이야기를 패러디한 내용이에요.

이러니 카톡을 지우지 못하지요. 책과 추억을 생각하면 힘이 나요. 민하와 서진이는 제가 보낸 메시지를 영양제로 생각했어요. 가족이 같은 책을 여러 번 읽었기 때문에 메시지 내용을 이해할 수 있어요. 아이가 '아~' 할 때 '어~' 하며 맞장구쳐야 대화가 계속 이어지잖아요.

혼자서도 책을 잘 읽는 아이가 있어요. 아이가 책 읽는 모습을 보며 부모는 뿌듯해 합니다. "우리 애는 누굴 닮았는지 그렇게 책을 봐요." 하며 자랑스러워해요. 그러나 혼자 읽는 책은 오래 버티지 못해요. 어느 날 갑자기 아이가 책을 떠납니다. 같이 읽으면 이야기하고 추억을 만들며 단단한 책 산성을 쌓을 텐데 혼자 읽다 보니 그러다 마는 거예요.

아이 속도에 맞춰 기다리다 누린 기쁨

내가 많은 책을 읽었냐고 한다면 그건 아니다. 나는 한 권을 여러 번 읽는 편이지 다양한 책을 읽지는 않는다. 좋아하는 책은 반복해서 보지만 새로운 책은 거들떠보지 않는다. 지금은 예전보다 나아진 편인데도 여전히 그렇다. 어떤 사람은 새 책을 집어들기까지 용기가 필요하다. 책을 읽기 전에 마음의 준비를 해야 하는 사람이 있다. 과연 내가 시간이 가는 줄 모를 정도로 빠져들어도 괜찮은 책인지 의심부터 하고 보기도 한다. 뭐가 그리 의심되던지!

한번은 아빠가 『책벌레들의 책 없는 방학』을 가져오셨다. 서진이와 아빠가 재미있다고 이야기하던 기억이 난다. 하지만 나는 왠지 그 책이 마음에 들지 않았다. 책이 없다는 제목이 마음에 들지 않았던 건지도 모른다. 그래서 아빠의 강력한 추천에도 책 표지를 노려보기만 했다. 『책벌레들의 책 없는 방학』은 왠지 내 눈에 자주 띄었는데, 그럴 때마다 의심의 눈초리를 보내곤 했다. 그렇게 일 년을 버텼다. 내가 무슨 생각으로 첫 장을 넘겼는지는 기억나지 않는다. 특별한 계기가 있었던 것 같지는 않다. 그냥 책에 익숙해졌고, 때가 되었을 뿐이다. 나는 책을 읽어치웠고, 급기야 『책벌레들의 책 없는 방학』은 가장 좋아하는 책이 되었다.

그 책을 읽고 또 읽었다. 처음에는 그냥 읽었지만 나중에는 특이한 방법으로 읽었다. 홀수 쪽만 읽기, 짝수 쪽만 읽기, 뒤에서부터 읽기(장, 페이지, 문단 단위로)……. 그렇게 읽어도 괜찮냐고? 당연히 괜찮다! 많이 읽은 책이라 내용을 다 알고 있기 때문이다. 시간여행을 하는 기분도 들고 재미있다. 특히 뒤에서부터 읽는 것은 색다른 느낌이라서 좋다. 살면서 시간이 거꾸로 가는 것을 느껴 볼 기회는 많지 않다. 어떤 사람은 그게 다 무슨 소용이냐고 물을지도 모른다. 책은 한 번만 읽어도 내용을 모두 이해할 수 있다고 생각할 수 있다. 하지만 책을 많이 읽으면 분명 달라지는 게 있다. 책을 뒤에서부터 읽는 것같이 아무짝에도 쓸모없어 보이는 기행을 하더라도 그렇다.

내가 『책벌레들의 책 없는 방학』을 여덟 번쯤 읽었을 때, 우리는 그 책을 주제로 한 독서캠프에 참가했다. 캠프에서 조를 정하고 조원들과 인사를 하면서 여덟 번 읽었다고 말했다. 사실 정확히 여덟 번인지 아닌지는 몰랐지만. 좋아하는 책을 계속 보는 게 내게는 그리 특별한 일이 아니었다. 나는 늘 그렇게 했다. 하지만 다른 분들은 그런 나를 놀라워하셨다. 어떻게 같은 책을 그렇게 많이 읽느냐고 말이다. 무두가 내 말을 감명 깊게 들어준 덕분에 나는 '책벌레들의 책 없는 방학을 여덟 번이나 읽은 놀라운 아이'가 되었다. 캠프 마지막 시간에 책에 롤링페이퍼를 써주었는데, 내 것에는 온통 『책벌레들의 책 없는 방학』을 여덟 번이나 읽다니 놀랍다는 이야기로 가득 차 있었다. 나는 아직 그 책을 잘 가지고 있다.

내가 『책벌레들의 책 없는 방학』을 삼십 번쯤 읽었을 때 우리는 또다시 독서캠프를 했다. 그때 자만심이라는 주제로 독서감상문을 썼다. 내가 보기에는 아주 잘 쓴 것 같았다. 사실 자만심이라는 주제를 떠올리고 나도 놀랐다. '내가 어떻게 이런 생각을 했지?' 하는 의문이 들었다. 그 전까지는 생각지도 못했던 주제였기 때문이다. 『책벌레들의 책 없는 방학』에는 루스가 손으로 벌을 잡는 장면이 나온다. 첫 번째 독서캠프를 했을 때 우리 스스로 퀴즈를 만들었었다. 나는 루스가 잔디밭에서 벌을 몇 마리나 잡았는지를 묻는 질문을 만들었다. 답은 다섯 마리였다. 그리고 두 번째 독서캠프에서 나는 벌을 잡으며 으스대는 루스를 보고 자만심이라는 주제를 떠올렸다.

책을 여덟 번 읽었을 때는 내용 이해만 하고 숫자나 세고 있었다면, 삼십 번 읽었을 때는 그 속에서 의미를 찾기 시작했다. 전혀 관계 없는 두 사건에서 자만심이라는 공통점을 찾아냈다. 책을 한 번 읽고 내용을 이해할 수는 있다. 하지만 여러 번 읽어야 보이는 것들도 있다. 물론 내가 나이를 먹어 그런 것도 있다. 아빠가 하나의 주제를 찾아서 글을 쓰는 게 좋다는 것을 알려주셔서 자만심을 떠올릴 수 있었다. 하지만 『책벌레들의 책 없는 방학』을 삼십 번이나 읽지 않았다면 절대로 자만심이라는 주제를 떠올리지 못했을 것이다. 지금은 『책벌레들의 책 없는 방학』을 오십 번 넘게 읽었다. 이젠 책 하면 『책벌레들의 책 없는 방학』이 가장 먼저 떠오른다. 『책벌레들의 책 없는 방학』은 내가 읽었던 책 중에 가장 재미있는 책도 아니고, 가장 좋아하는 책도 아니다. 더 깊은 감동을 받았던 책과 더 마음에 드는 말이 많이 나오는 책이 있다. 그런데도 내 독서 인생에서 이 책을 빼놓을 수가 없다. 내가 가장 처음 하는 도전이자 처음으로 마음을 연 책이기 때문일 것이다. 나는 이 책을 그만 읽을 수 없다.

책을 한 번만 읽는 게 나쁜 건 아니다. 하지만 누군가 똑같은 책을 다시 읽는 게 아무 쓸모 없는 일이라고 말한다면 나는 억울할 것이다. 나는 좋아하는 책들을 다시 읽으면서 행복을 느끼기 때문이다. 이미 다 알고 있는 내용이기에 더 기대가 된다. 나는 역시 새 책보다 이미 읽은 책이 좋다. 어떤 사람은 똑같은 책만 보는 사람이 답답할 수도 있다. 다른 책 좀 보라고 말하고 싶을 수 있다. 그럴 때 새 책을 권해주는 것은 좋다. 하지만 읽은 책을 계속 보지 말라는 이야기는 그냥 담아두기를 바란다. 그런다고 그만 읽을 거였으면 진작 읽기를 멈췄을 테니 말이다.

_ 권민하, 〈반복 읽기(추억이 하나씩 쌓이는 읽기)〉

민하는 책 읽는 태도가 독특해요. 책을 구석구석 샅샅이 뒤지며 읽어요. 책 내용이 궁금할 때 지도 민히에게 물어봐요. 내용을 자세하게 기억하거든요. 민하가 한 권을 계속 읽으면 다른 책도 읽어보라 말하긴 했지만 강요하진 않았어요. 마음 속으로는 셀 수 없이 강요했지만 겉으로 표현하진 않았어요. 민하는 민하 나름의 방식이 있을 거라고 믿었어요. 『책벌레들의 책 없는 방학』도 처음에는 몇 번이나 읽으라고 꼬드겨도 안 읽었는데 답답한 마음을 참고 참으며 기다렸더니 나중에는 읽고 또 읽었어요.

민하가 대학생이 돼서 말해요.

"아빠, 제가 아빠한테 정말 고마운 게 있는데 뭔지 알아요?"

"뭐야?"

"저를 기다려 준 거요. 아빠는 저를 기다려 줬어요."

눈물이 핑 돌았어요. 기다리면서 얼마나 답답했는데, 답답한 마음을 표현하면 민하가 마음 아플까 봐 아닌 척하며 꿀꺽 삼켰는데, 참으면서 기다리길 정말 잘했다고 느꼈어요.

서진이가 고등학생 때 이런 말을 했어요.

"아빠 말은 들을 가치가 있어. 잘 들어야지!"

민하와 서진이는 사춘기 때도, 수능 준비할 때도, 대학생이 되어서도 제 말에 귀를 기울여주었어요. 서진이가 대학 4학년이 되면서 취업 준비 스트레스로 힘들어 한 적이 있어요. 시험에 떨어질 것 같고, 백수로 지낼 것 같다고 해요. 한 마디 해 달래요. 그래서 "불안을 미리 당겨 쓰지 말아라!" 했더니 '우아!' 하며 좋아해요. 이 말을 들으니 불안이 사라진대요. 그리고 "힘들 때 아빠에게 전화할 테니 불안을 미리 당겨 쓰지 말라고 해주세요!"라고 하네요. 그러고는 불안을 당겨 쓰지 말라는 말이 어쩌고 하며 엄마에게 말해요. 서진이는 이 문장을 생각하며 불안을 이겨낼 거예요. 저도 아이들 말에 귀를 기울여요. 아이들이 한 말이 제 마음에 가득 차기 때문이에요.

| 5장 |

차곡차곡 쌓아올리는 가족여행

서진이는 『키다리 아저씨』를 만난 지 며칠만에 독서량이 수백 배 늘었어요. 이럴 때 읽는 습관을 갖게 해야 독서 능력이 단기간에 쭉쭉 늘어날 수 있어요. 학년 상관없이 어려운 책, 쉬운 책 가리지 않고 읽어보라고 서진이를 꼬드겼어요.

그러던 어느 날 그림이 들어간 어린이용 동화 『토지』가 눈에 들어왔어요. '이걸로 『토지』를 접하면 언젠가 『토지』를 원작으로 읽겠구나.' 기대했어요. 서진이는 동화 『토지』가 재미있다고 해요. 서희 아씨는 공주, 길상이는 왕자로 보였나 봐요. 책 읽기 돌다리에 첫발을 올렸으니 다음 디딤돌을 놔 줘야지요. 12권으로 펴낸 청소년 『토지』를 빌려왔어요. 초등 1학년이 청소년 『토지』에 빠져들었어요. 아침마다 청소년 『토지』를 읽다가 학교에 갔어요. 길상이와 서희 아씨의 만남이 좋았대요.

누가 뭐라 해도 책에 빠져드는 아이가 있어요. 주위에 책을 읽는 사람이 없는데도 혼자 읽어요. 부모는 아이가 혼자서도 책을 잘 읽는다고 생각하지만 혼자 읽는 아이는 독서 습관을 오래 유지하지 못해요. 아이가 책을 계속 읽게 하려면 자극이 필요해요. 칭찬과 격려는 도움이 되지요. 책을 같이 읽고 이야기하면 아주 좋아요. 책에 나오는 걸 직접 해보면 더할 나위 없이 좋지요.

가까운 곳에서 차츰차츰 먼 곳으로

저는 아이들과 여행을 자주 다녔어요. 아이들은 어릴 때 여행을 잘 기억하지 못해요. 자녀와 여행할 때는 나이를 고려해야 해요. 아이가 초등학생이 되기 전까지는 가까운 산과 바다, 계곡에 가서 놀았어요. 놀이공원에 가거나 친척을 만나서 놀았죠. 아이가 물어보지 않으면 굳이 '이것 봐라. 이건 말이야.' 하며 가르치지 않았어요. 아이들은 초등학교 이전 여행을 거의 기억하지 못했어요.

민하가 초등학생이 된 뒤부터 한 지역을 자세하게 둘러보는 여행을 시작했어요. 먼저 전라도 구례, 순천 지역에 갔어요. 『토지』를 읽었기 때문에 서진이는 드라마 『토지』 세트장에서 용이, 강청댁, 김훈장네 등 가는 곳마다 재잘재잘 떠들었어요. 진짜 거기 살았던 것처럼 호기심을 갖고 살펴보았죠. 책을 읽지 않은 민하는 동생의 말을 들으며 따라다녔어요.

서진이가 최참판댁 울타리 돌담에서 구멍을 찾아내더니 한참 동안 들여다보고 있어요. 무얼 하느냐고 물었더니

"병수가 돌담 구멍으로 서희 아씨를 봤어요. 돌담 사이로 아씨네 마당이 보어요. 여기서 봤을까?"
하며 좋아했어요. 『토지』에서 조준구의 아들 병수가 서희 아씨를 좋아하거든요. 당주인 최치수가 죽자 최치수의 사촌인 조준구 가족이 최참판댁을 차지하고 서희를 괴롭혀요. 병수는 아버지 조준구와 달리 착해요. 서희를 좋아하지만 말을 못 하고 그저 바라보기만 해요. 서진이는 병수가 담에 난 구멍으로 서희를 몰래 바라보는 모습을 따라 하고 싶었대요. 책을 읽지 않고 갔으면 박경리 문학관은 지루한 곳이 되었을 거예요. 『토지』를 읽었기 때문에 박경리 작가가 쓴 원고지를 보며 감탄할 수 있었어요.

민하가 중 3, 서진이가 중 2 때 갔던 여행을 얼마나 기억하는지 물었어요. 민하는 토지 세트장이 기억나지 않는대요. 책을 읽고 간 서진이는 일곱 살 때 겪은 일을 기억하지만, 책을 읽지 않은 민하는 거기에 갔었는지도 잘 기억하지 못해요. 저는 아이들 기억에 관한 호기심이 생겨 책을 읽지 않고 여행했을 때를 기억하는지 물었어요. 가끔 무언가를 하는 장면이 기억나긴 하지만 누구와 언제 어디에 갔는지는 모르겠다고 했어요.

초등학교 저학년 때 다닌 여행은 일부만 기억했어요. 거제도 포로수용소에서 할아버지가 전쟁 이야기를 한참 동안 해주셨는데도 기억이 잘 나지 않는대요. 당항포에서 거북선 모형 안에 들어간 일은 재미있어서 기억했지요. 거제도 해저터널은 무서워서 기억했고, 고성군 공룡 엑스포는 재미있어서 기억했어요. 초등학교 3학년부터 다닌 여행은 대부분 기억했지만 청마 문학관과 유치환 생가는 기억하지 못해요. 유치환이 누군지 모르기 때문에 생각해 내지 못했어요.

초등학교 3학년이 되면 사회 교과에서 내가 사는 지역과 가족에 대해 배웁니다. 4학년에서는 좀 더 넓은 범위의 지역을 배우고 촌락과 도시로 시야를 넓힙니다. 5학년이 되면 국토, 고조선부터 조선까지의 역사, 사회 변화를 배우고, 6학년 때는 우리나라의 정치, 경제, 통일, 세계 여러 나라를 배웁니다. 우리 마을에서 지역, 우리나라, 세계로 범위가 넓어지는 거예요. 아이들 눈높이가 가까운 곳에서 먼 곳으로 확장되거든요.

여행도 아이들 눈높이에 맞게 다녀야 합니다. 초등학교 입학 이전에 다닌 여행은 어디에서 무얼 했는지 잘 기억하지 못해요. 유치원 때는 재미있거나 특별한 한두 장면을 기억해요. 초등 1~3학년까지는 신기하거나, 재미있거나, 무서우면 기억해요. 거제도 포로수용소나 청마 유치환 기념관처럼 낯선 곳은 자세하게 설명해도 기억하지 못해요. 그런데 서진이가 유치원 때 드라마 『토지』 세트장에 간 일을 어떻게 기억할까요? 책 때문이죠.

민하가 초등 2학년, 서진이가 초등 1학년 때 갔던 영월 여행은 두 아이 모두 잘 기억해요. 이듬해에 간 수원 화성 여행은 드나드는 문의 이름과 망루, 봉화를 올리는 봉돈과 기타 부속 건물까지 생생하게 기억해요. 책을 읽고 갔기 때문이에요. 영월에 갈 때는 영월군에서 만든 영월 소개 만화책을 먼저 읽었어요. 만화가 재미있어서 몇 번이나 되풀이해서 읽더니 한반도지형, 선돌, 단종 무덤, 청룡포까지 모두 자세하게 기억했어요.

배경지식은 문해력의 기본, 책은 배경지식의 기본

학교에서 체험학습, 수학여행을 가면 아이들이 참 좋아해요. 또 가자고 조르는 아이에게 '가족과 함께 가라' 하면 부모님과 여행한 적이 별로 없대요. 가끔 친척 집에 가는 게 전부라고 해요. 여행은 책상에서 배우지 못하는 걸 가르쳐요. 한 지역을 두루 다니며 구석구석 살피면 공간을 바라보는 관점이 생겨요. 그 지역의 역사를 알고 가면 시간에 따른 변화도 알게 되지요.

저는 맛집 찾아가고, 유명한 장소에서 사진 찍고 오는 여행은 하지 않았어요. 한 곳을 정해서 역사적 의미가 있는 장소, 작가나 작품과 관련 있는 장소, 시장, 산과 바다를 두루 다녔어요. 예쁜 까페에 가고, 이름난 관광지에서 사진 찍는 건 재미가 없거든요. 방학마다 1박 2일, 2박 3일로 여행을 떠났어요. 여행 계획을 세우면서 책과 관련된 장소가 있는지 찾아봤어요. 시군구청 홈페이지만 봐도 찾을 수 있거든요. 작가의 집, 작품의 배경, 박물관, 역사적인 장소를 주로 찾아갔어요.

영월에서 단종을 소개하는 만화책을 얻었고, 김삿갓 기념관에서 재미난 일화를 읽었어요. 파주 출판단지에서 책을 샀고, 한용운 생가에도 갔어요. 윤선도 고택에서 <오우가>를 읽고 그림을 봤어요. 정약용 선생이 유배 가서 살았던 다산초당과 초의 선사가 지냈던 백련사를 걸었지요. 윤이상 기념관, 전혁림 미술관에도 갔고 유치환 생가와 청마문학관에도 갔어요. 문학 관련 장소만 찾아가는 여행은 아니지만, 여행하는 곳에 있는 문학 관련 장소를 찾았지요.

문해력은 글 쓴 사람의 가치관을 이해하는 능력이라 생각해요. 글 쓴 사람의 가치관을 알려면 글을 이해해야 하지요. 글을 이해한다는 건 맥락을 안다는 뜻이에요. 앞뒤 맥락을 모른 채 한 부분만 이해하면 올바로 알지 못해요. 글을 이해하기 위한 조건이 몇 가지 있는데 배경지식이 그중 하나입니다. 배경지식이 많으면 글을 쉽게 이해해요. 민하와 서진이는 여행하면서 현장을 보았어요. 관련 책을 읽고, 아빠 이야기를 듣고, 직접 보면 배경지식이 많아져요. 그럼 관심을 기울입니다. 여행하면서 본 것, 들은 것, 여행지에서 먹은 음식, 냄새 중 어느 하나라도 기억나면 관련 내용이 재미있어져요. 집과 교실에서 눈으로 보고 귀로 들은 것이 전부인 친구들에 비해, 여행한 아이는 보고 들은 것, 때론 냄새를 떠올립니다. 저절로 집중하게 되지요.

나는 역사를 좋아한다. 재미있고, 이야기 형식이고, 생각할 거리를 많이 제공하기 때문이다. 하지만 그건 표면적인 이유일 뿐이다.

내가 역사를 좋아하는 근본적인 이유는 재미있는 역사책들을 많이 읽었기 때문이다. 역사뿐만이 아니다. 재미있는 문학책들 덕분에 국어가 좋아졌고, 과학과 사회 관련 책들 덕분에 과학과 사회도 좋아한다. 반면 책 읽기로는 재미를 느낄 수 없는 체육은 싫어한다. 수학도 마찬가지다. 수학 관련 책을 깊이 빠져들어서 시간 가는 줄 모르고 읽은 적은 한 번도 없다. 그래서인지 나는 도통 수학을 좋아할 수가 없었다.

수학을 좋아하게 만든 책은 하나도 없지만 역사를 좋아하도록 만들었던 책은 셀 수 없이 많다. 내가 읽은 거의 모든 역사책이 재미있었다. 짧은 이야기들을 묶은 책, 특정한 시대에 관한 책, 역사를 처음부터 끝까지 살펴보는 책 등등. 특정 소재만 골라서 설명하는 책은 주제에 대해 자세히 알 수 있어서 좋고, 역사 전체에 대한 책은 시간의 흐름에 따라 변하는 것을 보여주어서 좋다.

초등학교 때 우리 가족이 수원 화성을 여행한 적이 있다. 출발하기 전 아빠가 수원 화성에 관한 책을 도서관에서 몇 권 빌려오셨다. 수원 화성의 여러 건축물과 장소, 정조가 화성을 지은 이유, 건설 방법과 정약용이 만든 건설장비, 왕이 행차할 때는 어땠는지까지 온갖 내용의 책들이었다. 아빠는 책을 읽고 배경지식이 생기면 여행이 더 재미있을 거라고 하셨다. 처음에는 그냥 읽으라 하시니까 읽었는데, 읽을수록 재미있어졌다.

나중에 직접 수원 화성으로 가서 보니 책으로 읽은 것들이 그대로 있어서 신기했다. 책을 볼 때는 '그랬구나!' 하고 말았었다. 내 눈으로 성벽과 문, 공심돈을 보고 나서야 '그게 실제로 있었던 일이구나.' 하고 실감이 났다. 그래서 수원 화성이 진짜로 좋아졌다. 책을 읽다가 관련된 이야기가 나오면 "수원 화성! 진짜 좋아!" 하면서 눈을 반짝이기도 했다. 책이 좋아서 수원 화성이 좋아지고, 수원 화성이 좋아서 책이 더 좋아지는 순환고리다.

중학교 때는 『로마인 이야기』라는 책을 읽었다. 도서관에 가는 것을 귀찮고 어렵게 생각하던 나를 움직이게 만든 책이다. 내가 역사를 좋아해서 역사책 코너에서 어슬렁거리다가 『로마인 이야기』 시리즈를 발견했다. 로마가 궁금하기도 해서 한 권만 읽어 봐야지 하고 빌렸는데, 세상에! 지나칠 정도로 재미있는 것 아닌가. 나는 아침 시간과 쉬는 시간, 점심 시간과 청소 시간을 모두 동원해서 책을 읽었다. 다 읽으면 다음 권을 빌려오고, 갑자기 처음부터 보고 싶어져서 1권부터 다시 보기도 했다.

로마식 이름이 좋아서 책에 나오는 이름을 종이에 따로 정리하고, 사람 이름으로는 모자라서 가도와 도시와 지방의 이름을 써 놓고, 한참 동안 지도를 보면서 로마를 상상했다. 로마 역사는 실제로 있었던 일이라기보다는 상상 속의 이야기 같았다. 종종 현대적 관점에서 비윤리적이고 이해할 수 없는 일들이 있어서 불편한 기분도 들었지만 정말 흥미진진했다.

나는 아직도 수원 화성과 로마를 좋아한다. 책에 관련된 내용이 있으면 유독 집중하게 된다. 그것들에 대해 나쁜 말을 들으면 시무룩해진다. 어떤 책을 읽고 어떤 인상을 받느냐에 따라 무언가를 좋아하게 될 수 있다. 그런 경험을 하면 책이 더 소중해진다. 무엇보다 책은 재미있어야 한다. 재미있는 책을 잔뜩 읽고 온갖 것을 좋아하게 되면 얼마나 즐거울까? 아니, 그런 건 내 머리가 감당하기 힘들려나?

_ 권민하, 〈몰입하기〉

부모가 책을 좋아한다고 아이들이 저절로 책을 좋아하진 않아요. 부모만의 취미로 끝날 수도 있어요. 부모가 좋아해도 눈높이에 맞아야 아이들이 좋아해요. 부모 좋다고 여행하면서 계속 설명하며 가르치면 지루할 거예요. 저는 아이들 수준과 비슷하게 알려줬어요. 최참판 댁 돌담 사이로 안채를 살펴보는 것처럼요. 천상병 시인과 유치환 생가에서는 '아빠가 좋아하는 곳이야. 너희에겐 어려워!' 하며 무심하게 지나갔어요.

이렇게 하면서 아이들은 '여행하면 그 지역에 있는 책 관련 장소를 둘러봐야 한다.'고 자연스럽게 배웠지요. 책으로 놀고, 책으로 이야기하고, 책으로 여행하면 당연히 책과 가까워집니다.

수원 화성에서 알게 된 여행의 기쁨

제게 가장 특별했던 가족여행 장소는 수원 화성이에요. 민하가

4학년, 서진이가 3학년이던 5월에 연휴가 생겼어요. 2박 3일 동안 수원 화성에 다녀오기로 했어요. 여행하기 전 도서관에서 화성에 관한 책을 검색하니 16권이 있었어요. 초등학생이 읽을 만한 책 다섯 권을 빌렸어요. 아이들이 책을 읽으면서 장안문이 멋지다, 화홍문이 예쁘다, 가서 암문을 찾아봐야겠다고 말하는데 그냥 듣기만 했어요. 저는 학교에서 가르친 내용이라 책을 읽지 않았어요. 아이들이 화성 책을 다 읽고 정약용과 정조가 누군지 궁금하다고 말해서 정약용과 정조에 관한 책도 몇 권 줬어요.

여행 첫날, 수원 화성에 들어가며 아이들이 외쳐요.

"우아, 장안문이다! 아빠, 저기 장안문이에요."

저는 장안문을 몰랐어요. 수원 화성에서 팔달문만 알면 되는 줄 알았거든요. 장안문이라는 이름을 처음 들었어요.

"너희들 장안문 어떻게 알아?"

"책에서 봤잖아요. 저건 딱 장안문이에요."

늘 설명하던 아빠에게 자기들이 설명하는 게 좋은가 봐요. 이때부터 2박 3일 동안 아이들이 줄곧 제게 설명했어요. 장안문부터 동북공심돈, 암문, 치까지 하나하나 다 설명했어요.

가르치는 사람이 듣는 사람보다 수업 내용을 더 오래 기억해요. 가르치는 사람은 수업 내용을 자신의 말로 재해석해서 설명하기 때문이에요. 듣기만 하면 자기 것으로 만들지 못해요. 그래서 교육학자들이 예습과 복습을 강조하죠. 민하와 서진이는 책을 읽으며 예습하고 화성을 거닐며 설명했어요.

"아빠, 여긴 암문이에요."

"암문이 뭐야?"

"우리 편만 아는 문이에요. 적이 쳐들어올 때 몰래 드나들기 위해 만든 문이래요."

"아, 감춰진 문이구나!"

"저긴 공심돈이에요. 동북공심돈 같은데……. 그렇지, 언니?"

"맞아, 책에 사진이 나왔어. 동북공심돈과 똑같아."

"사진까지 기억하니? 대단하네. 너희들 설명을 들으니 정말 재미있다."

아이들이 설명할 때마다 놀랐어요. 제가 감탄하며 들으니까 아이들도 신났어요. 효과 만점! 아빠를 가르치는 재미에 빠져 여기가 어디고, 저긴 뭐하는 곳이다 하며 재잘댔어요. 자기들이 해설사라도 되는 것처럼 저를 데리고 다녔죠. 수원 화성은 둘레가 5.744킬로미터여서 반나절 구경하고 가는 사람이 많아요. 우리는 2박 3일 동안 구경했어요. 걸어서 보고, 화성 열차에 타서 보고, 성벽 위를 따라 걷고, 성벽 아래로 걸었어요. 야경을 보겠다고 저녁 먹고 서장대에 올라갔어요. 무예 24기 공연을 보고 박물관에도 갔지요. 사흘 동안 수원 화성을 실컷 보고 나오는데 "아빠, 수원 화성에 또 와요!" 라고 해요. "아니, 2박 3일이나 봤는데 왜 또 오자고 그래?" 했더니 "봉돈을 못 봤잖아요!"라고 하네요.

둘째 날 야경을 보려고 저녁 먹고 서노대에 올라갔다가 9시가 되어서 팔달문 쪽으로 내려왔어요. 어둡고 사람이 적어서 봉돈을 찾지 못했어요. 그래서 봉돈 보러 다시 오자고 해요. 수학여행으로 아이들을 데려오면 봉돈에 관심이 없어요. 박물관에서도 대충 보고 지나가죠. 민하와 서진이는 봉돈을 못 봐서 또 오자고 해요. 2년 뒤에 수원 화성에 다시 갔어요.

날씨 : 다행히도 여행하기 쉽게 구름이 거의 보이지 않는다.

(전략) 화서문에서는 옹성에 대해 알려드렸고, 포루에서는 공격법을 알려드렸다. 연무대(서장대)에서 점심을 먹으려고 했는데 식당자리가 없어서 과자를 먹고 나중에 먹기로 했다. 배고프고 다리 아픈데 못 쉰 게 아쉽다. 2시쯤에 냉면을 먹기는 했지만.

어쨌든 그래서 성벽을 따라 걷다가 방화수류정에 갔다. 엄청 예쁘고 그림 같았다. 거기에서 다리를 푹 쉬었다. 지난번에는 공사해서 보지 못했는데 이제 보게 됐다. 봉돈도 마찬가지로 이전에는 못 봤는데 오늘 보았다. 왠지 웅장했다. 공심돈의 내부도 볼 수 있었다. 사람들이 바글바글하기는 했지만. 마지막으로 팔달문을 보고 행궁으로 갔다. 거기에서 공연을 보고 행궁에 들어가 내가 하고 싶었던 스탬프 찍기를 했다. 기념품으로 가져왔다. 화성아, 안녕! 이제는 다시 보기가 힘들겠구나!

_ 권민하, 〈화성 여행〉

서진이는 방화수류정 풍경이 너무 예뻤다고 해요. 푸른 하늘, 초록 들판, 오리까지 너무 풍경이 좋았대요. 봉돈을 못 봐서 사무쳤었는데 이제 보고 나니 참 좋았다고 해요. 그 뒤로 정약용과 정조 이야기가 나오면 귀를 쫑긋 기울여요. 아는 이야기는 더 잘 보이고 들리기 마련이잖아요.

얼마 뒤 정약용이 쓴 『아버지의 편지』*[65]를 읽었어요. 『정약용 아저씨의 책읽는 밥상』*[66]을 읽었고, 정조의 어린 시절을 상상해서 쓴 『창경궁 동무』도 읽었어요. 중학생이 되어서는 『실학의 꽃 정약용』*[67], 『우리 역사의 수수께끼』*[68]도 읽었어요.

중학생이 돼서 강진 다산초당에 갔어요. 정약용 선생은 18년 귀양살이 중 10년을 강진에서 보냈고, 『목민심서』, 『경세유표』도 다산초당에서 썼지요. 다산초당에서 20분 거리에 정약용 선생을 스승으로 모신 초의 선사가 있던 백년사가 있어요. 정조가 10년만 더 살았더라면 큰일을 하셨을 텐데 아쉬워요. 아이들과 이 마음을 함께 나누었어요.

정약용 선생의 외가는 해남 윤씨 고산 윤선도 가문이에요. 그림으로 뛰어난 윤두서는 윤선도의 증손자로 정약용 선생의 외증조부죠. 다산초당에서 20킬로미터 거리에 윤선도 고택이 있어요. 윤선도 관련 유물과 윤두서의 그림을 전시해요. 뛰어난 풍광을 자랑하는 녹우당도 이곳에 있어요. 수원 화성에서 시작한 여행이 강진과 해남으로 이어졌어요.

여행지에서 아무리 잘 설명해도 처음 듣는 이야기라면 쉽게 잊어요. 여행하기 전에 여행지와 관련된 책을 읽으면 오래 기억해요. 아이들에게 무언가를 알려주려고 여행한다면 함께 책을 읽으세요. 여행지역 시군구청 홈페이지에 관광 안내 지도가 잘 돼 있어요. 작가, 시인, 위인의 생가나 활동 무대뿐만 아니라 작품의 배경이나 영화 촬영지까지 안내해요.

문화재와 박물관, 기념관까지 찾은 뒤에 검색어를 정해요. 도서관 홈페이지에서 검색어를 입력하면 관련된 책 목록을 보여 줘요. 자녀가 읽을 만한 책을 골라 빌리면 돼요. 도서관 직원에게 문의해도 잘 알려 줘요. 인터넷 서점에서 검색어로 책을 찾아도 돼요.

해외 여행 다녀온 뒤 몇 년 지나면 아이들이 기억하지 못한다고들 말해요. 아이들이 기억할 만한 나이에 나갔어야 했다고 선배들이 안타까워하기에 저는 서두르지 않고 나이에 맞춰 여행했어요. 열 살이 지난 뒤에 갔던 곳은 아이들도 어느 정도 기억해요. 다만 책을 먼저 읽고 갔을 때는 달랐어요.

책으로 흥미를 일깨우기

초등학교 사회 과목은 구석기부터 현대까지의 역사를 순서대로 다뤄요. 기간이 길고 일어난 사건이 많아 아이들이 힘들어해요. 돌을 깨뜨려 생활 도구를 만든 이야기가 지나가고 삼국 시대에 들어서면 흥미가 줄어들어요. 삼국의 왕과 업적, 영토 변화가 얽혀 복잡

해요. 고려 시대는 여진, 거란, 몽고의 침입이 헛갈려요. 불교 문화와 관련된 낱말도 어렵죠. 조선 시대는 세종 대왕을 지나가면 낯선 이름과 사건이 줄줄이 등장해요.

기록된 역사만 수천 년, 교과서에서 소개하는 역사는 수십만 년이나 됩니다. 모르는 내용투성이라 지루하게 생각해요. 모르는 이야기만 잔뜩 나오면 당연히 재미없어요. 낯선 곳에 가더라도 아는 사람이 있으면 불안하지 않듯이, 공부도 아는 내용이 있으면 편안하게 배워요. 아는 내용이 모르는 내용을 이끌어가요. 무언가를 쉽게 배우려면 아이가 아는 것에서 시작해야 합니다.

초등학교에서는 역사를 간단하게 배워요. 중학교에서는 같은 내용을 조금 자세하게 다루죠. 고등학교에서도 비슷한 내용을 배웁니다. 더 자세해질 뿐이에요. 초등학교 때 역사를 좋아하면 든든한 발판을 세우는 것과 같아요. 계속 역사를 편하게 생각할 거예요. 민하와 서진이는 수원 화성과 관련된 이야기를 발판 삼아 영조, 정조, 순조 시대를 즐겁게 배워요. 경주에 다녀왔으니 신라에 대해서도 귀를 기울였고, 영월 여행을 발판 삼아 문종, 단종, 세조 시대도 쉽게 배웠지요.

물론 공부만을 위해 아이들과 여행하지는 않아요. 여행하면서 "이건 교과서에 나오는 내용이야. 시험에 자주 나와. 꼭 알아야 해."라는 말은 생각조차 하지 않았어요. 저는 아이들이 즐겁게 배우는 사람이 되기를 바라요. 역사뿐만 아니라 문학, 과학, 세계의 여러 나라, 식물과 동물, 인류의 과거와 미래, 사람이 살아가는 이유를 생각하기를 원해요. 책, 여행, 이야기를 발판 삼아 호기심을 갖고 배우려는 태도로 살면 좋겠어요.

무령왕릉 청동 신발은 누구 것일까

수원 화성에 다녀오고 2년 뒤에 부여와 공주 여행 계획을 세웠어요. 이젠 여행하기 전에 책 읽는 게 당연해졌죠. 다만 수원 화성에 갈 때와는 여러 가지가 달랐어요. 저는 정조가 화성을 만든 까닭, 정조와 정약용의 관계, 정조가 조선 사회에 끼친 영향, 정조의 개혁을 반대한 무리의 이해 관계를 이미 알고 있었어요. 다만 화성의 세부적인 내용(문과 돈대의 이름, 암문, 봉돈 등)은 알지 못했어요. 아이들은 책을 읽고 제게 화성의 세부 내용을 설명했어요.

부여와 공주는 몇 년 만에 쌓은 화성과 달라요. 오랜 기간 한 왕국의 중심지 역할을 하며 역사를 만들어 낸 무대가 되었지요. 화성처럼 세부 내용을 공부하기엔 관련 인물, 배경, 사건이 너무 많아요. 그래서 이번 여행에서는 책 내용을 바탕으로 백제에 관심을 가지기를 바랐어요. 제 설명을 듣고 호기심을 가지면 된다고 생각했어요. '이거 본 적 있어요!' 하기를 기대하며 책을 빌렸어요.

"아빠, 이 책에서는 무령왕릉 청동 신발이 왕 거라고 하는데 지난번에 읽은 책에서는 왕비 거라고 했어요. 신발이 누구 거예요?"

"이상한 게 또 있어요. 어떤 책에는 금제 뒤꽂이가 머리 장식품이라고 하는데 다른 책에서는 그런 용도가 아니라고 해요."

호기심이 생기면 관심을 기울여 보기 마련이에요. '청동 신발이 누구 것일까? 금제 뒤꽂이는 어떤 용도로 만들었을까?' 하는 세부 내용은 저도 몰라요. 그래서 무령왕릉에 가서 알아보자고 했어요. 아이들은 풀어야 할 문제를 갖고 여행을 시작했어요. 화성에서는 아는 내용을 설명하면서 즐거웠고 그 경험을 오래 기억했어요. 이번에는 사실을 확인해야겠다며 여행하는 날을 기다렸어요. 궁금한 내용을 확인하러 가는 거니 여행도 신이 나지요.

백제 문화제가 열리는 때에 맞춰 부여와 공주에 갔어요. 첫날에는 천천히 공주를 둘러보았어요. 둘째 날에는 우금치 → 김종서 유허지 → 부여 문화제(남사당 줄타기 공연) → 점심 식사 → 낙화암 → 궁남지 → 정림사지 5층 석탑 → 능산리 고분군 → 저녁 식사 → 공주문화제 행사 참석 → 공산성 야경을 보았어요. 셋째 날에는 금강에 놓인 배다리를 건너 오전 내내 공산성 관람 → 점심 식사 → 무령왕릉 → 석장리 박물관을 보았어요.

아이들은 가는 곳마다 좋아했어요. 우금치에서 동학 농민의 슬픈 역사를 들려주었어요. 김종서 장군이 세조에게 죽었을 때 몰래 다리 한쪽을 가져와 묻어 준 사람의 용기에 감사했어요. 남사당 줄타기 공연을 보며 웃었고, 낙화암에서 죽어갔을 백제 사람들을 생각했어요. 궁남지에서 호동 왕자와 선화 공주의 이야기에 빠져들었고, 정림사지에서 석탑의 아름다움을 느꼈어요. 저녁에는 공산성 주위에서 공연을 보았죠. 이튿날 아침에 안개 자욱한 가운데 배다리를 건너 공산성을 구석구석 구경하고 석장리 박물관에서 구석기 문화를 체험했어요.

아이들이 가장 좋아한 곳은 역시 무령왕릉이에요. 무령왕릉에 가면서 계속 청동 신발과 금제 뒤꽂이에 대해 알아보자고 했잖아요. 무령왕릉은 그야말로 샅샅이 훑었어요. 전시된 유물을 낱낱이 살펴봤고 안내 모니터를 모두 눌러보았죠. 체험하는 곳마다 들러 시간 가는 줄 몰랐어요. 학교에서 체험학습을 왔다면 한 시간도 안 되어 나갔을 텐데 몇 시간이나 보면서 지루한 줄 몰랐어요. 청동 신발은 크기로 봐서 왕이 신었고, 금제 뒤꽂이는 머리 쪽에서 발견되었기 때문에 머리 장식품이라고 확신했어요.

비교하고 분석하고 확인하는 능력은 공부를 잘하게 도와줍니다. 책을 읽고, 설명하는 내용을 이해하고, 책마다 설명이 다르다는 점을 찾아내고, 무엇이 옳은지 확인한 경험은 아이들에게 좋은 영향을 주었어요. 기준을 정해 비교하며 분석하면 깊이 이해해요. 설명을 듣고 암기하는 공부와 달라요. 시험 문제가 어려워도 핵심을 파악해서 문제를 풀지요. 특히 수행평가 보고서를 쓸 때 단순하게 내용을 옮기지 않아요. 대학 과제도 어렵지 않게 써냈어요.

요즘 학생들은 학교와 학원에서 책상에 앉아 설명을 들으며 배웁니다. 가만히 앉아서 듣는 학생이 잘 이해하고 기억하게 해주면 인기 있는 강사가 돼요. 잘 갖춰진 곳에서 먹여주기를 기다리는 태도는 의외의 불안과 불만을 낳습니다. 수동적인 태도는 수동적인 판단 능력을 갖게 해요. 깊이 고민하지 않고 자기 생각이 옳다고 믿지요. 소통하지 않고 혼자 결정합니다. 부모는 자녀를 학원에 맡기고, 자녀는 부모의 생각을 모른 채 자기 생각이 옳다고 믿어요. 그러면 부모와 소통하지 않는 자녀, 귀를 막고 자기 목소리만 내는 사람이 되지요.

어떤 선생님이 자녀와 과일 가게를 지나가다가 귤을 쌓아 놓은 판매대를 봤어요. 자녀가 2학년이어서 물어봤대요.

"귤이 한 줄에 몇 개야?"

"한 줄에 8개씩 5줄이면 귤은 모두 몇 개일까?"

"8개씩 7줄이면 모두 몇 개가 되지?"

책상에 앉아 8×5=□, 8×7=□ 문제를 푸는 것과 달라요. 엄마 손을 잡고 걷다가 귤을 살피며 노는 중이거든요. 이때 귤 개수를 계산하는 건 놀이고 추억이에요. 일상에서 보고 겪으며 호기심을 갖는 게 중요해요. 일상에서 배우면 누구나 재능을 꽃피울 수 있어요. 일상의 순간순간을 배움의 기회로 만드는 부모는 아이를 박사로 만드는 중이에요. 교육은 교실 같은 한정된 공간에서만 이루어지지 않아요. 보고 만지는 현실에서 배우는 아이는 곱하기 문제를 이미지화해서 귤 판매대로 이해해요.

제가 근무하는 학교에서 2학년 한 아이는 곤충 박사고, 6학년 한 아이는 도마뱀 박사예요. 좋은 학원을 찾으려고 노력하는 열정을 자녀의 호기심을 길러 주는 데 쏟으면 즐겁게 공부하는 박사를 만나게 될 거예요. 특히 역사는 직접 봐야 해요. 돌칼을 만들어보고, 찰흙으로 틀을 만들고 촛농을 부어서 세형 청동검을 만들면 아이는 역사의 현장에 뛰어들어요. 책을 읽고 부여와 공주, 경주 같은 장소에 가 보세요. 역사를 만나게 해주세요. 책상에 앉아서는 깨닫지 못하는 걸 느낄 거예요.

부모의 역사관이 중요하다

공주와 부여 지역에는 넓은 평야가 있어 일찍부터 사람이 거주하며 문화가 발달했어요. 그러나 역사의 흐름에서 패자가 되었기 때문에 찬란함보다는 처연함이 도드라져 보였어요. 공산성의 야경은 아름다웠지만 여길 잃으면 다 잃는다는 최후의 보루로 보였어요. 우금치에서는 만 명이 넘는 농민들이 죽어갔어요. 아이들이 밤 줍는 재미와 남사당 줄타기에 마음을 빼앗겨서 차라리 다행이라는 생각이 들 정도로 마음이 무거웠어요.

백제는 신라에게 멸망했어요. 승리한 신라가 적국의 왕도를 가만히 둘 리가 없죠. 부여와 공주에는 패자의 슬픔이 짙게 배어 있었어요. 의자왕을 따르던 백성들이 낙화암에서 떨어져 죽었고, 정림사지에는 석탑 하나만 남았어요. 의자왕의 폭정 때문에 삼천 궁녀가 낙화암에서 떨어져 죽었다는 이야기는 사실이 아니에요. 어떤 책에서는 나라가 멸망한 슬픔을 견디지 못해 백성들이 낙화암에서 계속 떨어져 죽자 신라가 사실을 왜곡했다고 말하고 있어요.

여행을 다녀와서 백제사를 읽어보고 풍납토성에 다녀왔어요. 정현종 시인은 '한 사람이 온다는 것은 실로 어마어마한 일이다. 왜냐하면 그 사람의 일생이 오기 때문'이라 했지요. 그렇다면 한 나라가 사라진다는 건 얼마나 어마어마한 일일까요? 수많은 사람의 일생이 무너지고 수많은 이야기가 사라지기 때문이에요. 백제뿐만 아니라 고구려, 신라, 고려, 조선이 무너졌을 때 얼마나 많은 눈물이 쏟아졌을까요!

『정관정요』라는 책에는 "역사를 아는 자는 무너지는 담장 아래 서지 않는다."라는 말이 있어요. 역사를 기록해 놓고도 제대로 돌아보지 않아서 무너지는 담장에 깔린 적이 얼마나 많았던가요! 아니, 한 사람이 자신의 과거를 기억하지 못해서 무너질 때가 얼마나 많은가요! 아이에게 잘못하고, 다시 실수하고, 또 상처를 주어 아이를 무너뜨리는 부모는 또 얼마나 많은가요! 부여와 공주에 다녀오면서 언젠가 우리 아이들이 무너지는 담장을 분별하는 눈을 가지면 좋겠다고 생각했어요.

독일에서 여행하던 어느 날 500킬로미터 넘는 거리를 운전해서 간 적이 있어요. 과거 '서독'의 중심부였던 슈투트가르트에서 '동독' 중심부였던 드레스덴까지 한 번에 갔더니 두 지역의 차이가 한눈에 보였어요. '서독' 지역의 집들은 크고 깨끗하며 정원과 공원이 많아요. '동독' 지역은 집이 낡았고 주변이 지저분해요. 정원이 드물고 관광지를 조금만 벗어나면 공원에 쓰레기가 많았어요. 다만 자동차는 '동독' 지역이 더 컸어요. '서독' 지역은 사람들이 수수한 옷을 입었고 길을 물어보면 친절하게 대답했어요. 보행자 전용장소에 차를 타고 들어갈 뻔했는데 웃으면서 제대로 된 길을 알려주었어요. '동독' 지역 사람들은 표정이 어두워 보였어요. 영어를 모르는 사람이 많아서인지 말을 걸어도 잘 대답하지 않았고 이유 없이 욕하는 사람도 있었어요. 커다란 차를 타고 좋은 옷을 입은 사람들이 화가 난 표정으로 무심하게 지나갔어요.

이상했어요. '서독' 사람들은 여유가 있는데도 왜 작은 차를 탈까요? 외모를 꾸미지 않고 편안하게 지내는 까닭이 뭘까요? 돈이 없는 것도 아니고, 시간 여유도 많은데 헐렁한 옷을 입고 편하게 다니는 모습이 오히려 낯설었어요. 독일은 2차 세계대전 패전국으로 폐허가 된 상태에서 '라인강의 기적'으로 다시 일어났고 동서로 나뉘어 분단 상황을 겪었어요. 일제 강점기와 6.25 전쟁으로 폐허가 되었다가 '한강의 기적'을 일군 우리나라와 비슷한 점이 많아요. 그런데 많이 달랐어요. 우리나라에선 좋은 차를 부유함의 상징으로 여겨요. 큰 차를 타면 어깨에 힘이 들어가고, 작은 차를 타면 자신이 작아지는 것처럼 느끼는 사람이 많아요. 아파트 평수와 브랜드 이름으로 사람을 평가해요. 명품이 잘 팔리는 나라, 외모 가꾸기에 돈을 많이 쓰는 나라예요. 친절한 사람들이 많지만 여러 면에서 '동독' 지역과 비슷한 점이 많다고 생각했어요.

아이들은 저처럼 생각하지 않았어요. 같은 걸 보고도 다르게 생각했지요. 제가 읽고 겪은 것들을 아이들은 겪지 않아서였을 거예요. 경험이 다르고 가치관이 다르면 같은 걸 봐도 생각하는 바가 달라요. 이 차이는 삶을 다른 방향으로 이끕니다. 여행은 제 생각을 수면 위로 떠오르게 했고, 아이들은 제 생각을 만났어요. 힘들고 불편한 기억도 생기지만, 가족 여행은 가치관을 나누는 좋은 기회가 됩니다.

책을 읽고 수원 화성, 부여와 공주에 다녀온 경험은 책 읽기와 여행에 많은 도움이 되었어요. 명성황후 책을 읽고 생가에 갔어요. 삼국 시대 책을 읽고 경주에 갔어요. 국립중앙박물관에서 즐거운 탐구를 이어갔지요. 역사 동화도 재미나게 읽었어요. 역사를 다룬 책을 읽다가 『노빈손』*69 시리즈를 만났어요. 노빈손이라는 재미난 인물이 시간 여행을 하며 역사적 인물을 만나고 여러 사건을 겪는 내용이에요. 노빈손 시리즈는 역사를 재미있게 가르쳐 줬어요.

> 난 요즘 노빈손 시리즈를 즐겨 본다. 도서관에서 『노빈손, 에버랜드에 가다』를 빌려 보았고, 『노빈손, 정조대왕의 암살을 막아라』와 『노빈손, 해적 선장의 보물을 찾아라』를 샀다. 또 아빠가 『조선 최고의 무역왕이 되다』, 『사라진 훈민정음을 찾아라』, 『세종대왕의 화포를 지켜라』, 『이순신의 거북선을 수호하라』 책들도 주문하셨다. 언제쯤 올지는 모르겠지만 저번 편을 보아서는 정말 재미있을

것 같다. 또 설명이 함께 있어 역사도 알 수 있는 일석이조다. 아빠는 이 시리즈가 재미있다고 추천까지 받으셨다고 한다. 얼마나 재밌으면 추천까지 들어왔을까? 정말 대단하다고 생각된다. 히히, 나도 재미있는 책을 추천하게 된다면 정말 좋을 것이다. 그러면 이 노빈손 시리즈를 추천해야지! 생각만 해도 기분이 좋다.

『정조대왕의 암살을 막아라』가 가장 재미있었다. 몇 권밖에 사지 않았으니 확신할 수는 없지만. 정약용과 사건들, 김양과 그 일을 잘 해결해 나가는 노빈손, 꿈틀꿈틀 기어오는 반란 계획들, 이런 게 묘하게 어울린 반사실 반문학 책이다. 이렇게 재밌다니! 탄성을 지를 수밖에 없는 그런 책이다.

_ 권서진, 〈노빈손 시리즈〉

역사는 선조가 남긴 흔적의 기록이에요. 유물과 유적, 기록물이 앞서 살았던 분들의 삶을 보여주지요. 머나먼 옛이야기라 설명으로만 배우면 호기심이 생기기 어려워요. 역사 여행은 역사에 관한 배경지식을 맛보게 합니다. 배경지식이 많으면 문해력이 높아져요.

여행한 뒤에 사진을 컴퓨터에 저장해 놓았어요. 재미나고 즐거운 기억을 사진에 담았는데 자주 찾아보지 않았어요. 손쉽게 꺼내 보는 형태로 보관해야겠다고 생각했어요. 앨범은 무겁고 부담스러워서 사진첩을 만들었어요. 인터넷 업체를 검색해서 사진을 올리고 편집하면 사진첩을 보내줘요. 이미 만들어진 배경, 사진틀, 삽입 그림을 갖춰 놓았기 때문에 편집하기 쉬워요. 한 번만 해보면 익숙해서 재미있어요.

가족 신문과 가족 문집도 만들었어요. 해마다 2~4번 가족 신문을 만들었고, 특별한 여행을 할 때면 여행 문집도 만들었어요. 가족 신문에는 한 학기 또는 한 분기 동안 우리가 여행한 곳, 한 일, 읽은 책을 기록으로 남겼어요. 신문과 문집은 만들기 어려워요. 학교 신문, 학교 문집 같은 책자를 만든 경험이 있어야 해요. 여행 문집을 만들지는 못하더라도 가족들의 여행 기록을 남기면 좋겠어요.

사진, 신문, 문집은 가족의 역사를 담은 기록이에요. 기록하면 오래 남아 우리 가족의 역사가 되잖아요. 가족과 함께한 기억이 주는 힘이 필요할 때 우리가 남긴 기록은 가족을 든든하게 붙잡아 줄 거예요. 여러분도 해보세요.

| 6장 |

함께읽기로 사춘기를 이기다

때가 되면 아이가 알아서 하는 일이 있고 가르쳐 주어야 하는 일이 있어요. 기고, 앉고, 일어서는 건 가르치지 않아도 해요. 움직이려는 욕구가 있어서 자연스럽게 일어서죠. 그러나 독서는 자연스러운 욕구가 아니에요. 글씨를 알아야 하고, 낱말 뜻을 파악해야 하고, 낱말을 연결해서 이해해야 해요. 그냥 되지 않아요. 가끔 글씨를 읽고, 낱말 뜻을 자연스럽게 아는 아이가 있어요. 형제자매가 있다면 쉽게 배우죠. 그러나 대부분은 그렇지 않아요.

학부모, 교육기관, 방송에서 독서를 강조하기 때문에 책을 읽어야 한다는 공감대가 높아요. 우리나라 1인 평균 독서량(2023년 기준)이 초등학생 45권, 중학생 24권, 고등학생 16권이에요. 중고등학생이 초등학생보다 책을 덜 읽는 것은 입시 부담 때문만은 아니에요. 중학생이 되면 책을 좋아하던 아이가 갑자기 책을 멀리해요. 이때 책 모임이 필요해요. 함께 읽으면 계속 읽어요. 깊이 읽지요.

민하가 초등 2학년, 서진이가 초등 1학년이던 가을부터 집에서 독서 모임을 시작했어요. 일 주일에 한 번씩 한 시간 정도, 책으로 이야기했어요. 『맛있게 읽는 독서 요리』[*70]라는 책을 보조 교재로 썼어요. 저학년은 예쁜 그림과 잘 꾸며진 활동지를 좋아하거든요. 2년 뒤부터는 보조 교재를 쓰지 않았어요. 책 내용을 얼마나 아는지 확인했지만 문제 풀이와는 거리가 멀어요. 책에 나온 낱말을 알아보고, 내용을 말하고, 자유롭게 이야기했어요. 이야기하기 위해 내용을 알아봤지요.

독서 캠프로 책에 빠져요

책을 좋아하는 사람은 책과 관련된 행사를 좋아해요. 저도 수도권에 살았다면 서울국제도서전이나 출판사 행사에 자주 참여했을 거예요. 제가 있는 지역에는 책 관련 행사가 적어서 직접 만들어야 했습니다. 『나니아 연대기』를 좋아하는 마니아들을 모아 3박 4일간 독서 캠프를 했어요. 나니아 백성이 된 것처럼 놀았지요. 캠프가 끝난 뒤에도 한동안 나니아 나라에서 벗어나지 못했어요.

민하가 5학년일 때 『책벌레들의 책 없는 방학』으로 독서캠프를 했어요. 짧은 기간 동안 독서 활동 몇 가지를 하면서 캠프를 한 적은 있지만, 전국에서 모인 낯선 사람들과 2박 3일 동안 지내는 캠프는 처음이었어요. <나니아 탐험>은 좋아하는 사람들이 모여 의논하고 함께 했기 때문에 부담이 없었어요.

이 캠프는 책을 좋아하지 않는 아이도 참여했어요. 책에 나온 내용을 그대로 따라 하면 아이들이 책에 빠져들 거라고 생각했어요. 책에 나오는 것처럼 모닥불을 피웠어요. 책에 나오는 재료로 요리하고 책 내용처럼 산에 갔어요. 퀴즈로 내용을 알아보고 독서토론을 했어요. 민하와 서진이는 첫 독서 캠프가 너무 좋아서 책 세상에 뛰어들었지요. 이듬해 전북의 작은 대안학교 학생들과 독서 캠프를 할 때도 참여했어요. 민하와 서진이는 외부인으로 참여했지만 금방 친해졌어요.

강렬한 기억이 책에 대한 인식을 결정한다. 나에게는 『나니아 연대기』가 그랬고 『책벌레들의 책 없는 방학』이 그랬다. 아빠가 『나니아 연대기』를 읽어주신 것이나 내가 『책벌레들의 책 없는 방학』을 수십 번 읽은 것 때문만은 아니다. 나는 이 책들을 주제로 한 독서 캠프에 참여한 적이 있다. 『나니아 연대기』는 한 번, 『책벌레들의 책 없는 방학』은 두 번이나 참가했다. 세 번 모두 행복한 기억으로 남아서 나는 책이 좋다.

독서 캠프의 좋은 점은 평소에 하지 않던 경험을 할 수 있다는 점이다. 책놀이, 요리, 캠프 파이어……. 며칠 동안 책 하나에 미친 듯이 빠져드는 것도 재미있다. 말 그대로 책만 생각하는 거다. 밥 먹을 때도, 화장실에 갈 때도, 잠자리에 들 때도 책과 연관을 짓는다. 밥 먹는 게 책에 나온 누구 같다, 잠자리에서 '그 인물은 이런 생각을 했지? 그 집의 화장실은 어떻다던데…….' 캠프가 끝나고 현실로 돌아올 때가 되면 그동안 경험했던 책 세계가 사라지는 상실감이 엄청나다.

같은 책을 읽고 공감대를 형성하면서도 다른 생각을 가진다는 건 신기한 일이다. 사람마다 마음에 드는 구절이 다르고, 같은 구절을 읽고 전혀 다른 이야기를 한다. 아빠와 독서반에 갈 때면 오늘은 무슨 얘기를 할까 기대하곤 했다. 다른 생각에 귀 기울이고 내 이야기를 하는 게 좋았다. 나는 사람들과 말을 많이 하지 않는 성격이라 마음껏 대화하는 그 시간이 좋았다. 친구들의 수다에 끼어드는 건 어려웠지만 독서토론 중에 끼어드는 건 쉬웠다. 눈치 볼 필요 없이 내 생각을 말하면 되니까.

독서반 바깥 일상적인 대화에서 나는 대체로 대화 흐름을 망치기만 할 뿐이었다. 나는 맹렬한 반박을 좋아하는데 자기 의견이 반박당하는 걸 좋아하는 사람은 없기 때문이다. 내가 생각하는 걸 입 밖으로 내면 사람들은 깜짝 놀랄 거다. 다른 사람들은 내가 온화하다는 평을 내리는데, 겉으로 보기에만 그렇지 속으로는 온갖 비난과 비판으로 가득 차 있다. 나는 항상 말을 꾹 참고 살았는데, 독서반에서는 그러지 않아도 되었다. 독서반에서는 누가 무슨 얘기를 하든 틀렸다고 하지 않았다. 내 생각은 다르다는 반박은 늘 따라왔지만.

반박하는 것과 비난하는 것은 다르고, 내 생각을 말하는 것과 내가 무조건 옳다고 주장하는 것도 다르다. 어떤 생각은 미친 듯이 반박당했고 또 다른 생각은 새롭다거나 대단하다는 말을 들었다. 내 의견은 대체로 칭찬을 받았기에 용기가 났다. 내 생각이 새롭고 신기하다고 했다. 정말 기뻤다.

사람에게 내 마음대로 막 말하는 것은 나쁘다. 하지만 책을 가지고 내 마음대로 말하는 건 괜찮다. 책 내용으로 내 생각을 자유롭게 표현할 수 있다. 책이기 때문에 독서토론을 하면 싸움이 벌어지지 않는다. 다른 사람의 생각을 수용하기도 더 쉽다. 그리고 사람들의 생각이 다 다르다는 것을 받아들이게 된다. 반박할수록 상대방의 생각에 반대하는 게 아니라 이해하기 때문이다. 그렇다고 내 생각이 달라진다는 건 아니지만.

내가 지금까지 책 읽은 기억을 떠올리며 생각한 건데, 나는 좀 이상한 사람인 것 같다. 책을 안 읽고 버티는 이유나 온갖 것에 반대하고 보는 기질 등이 참 이상하다. 내가 이상한 건 바로 책과 아빠 때문이다. 나는 이상한 나를 사랑한다. 어쩌면 조금 이상해지는 게 세상을 살아가는 데 좋을지도 모른다. 적어도 독서토론은 좀 이상한 사람일수록 유리하다. 책을 읽고 하는 생각에는 정답이 없다. 함께 책을 읽을 때는 다양한 생각을 존중해야 하며, 특이하고 이상한 생각일수록 칭찬받아 마땅하다.

_ 권민하, 〈함께읽기〉

학교에서 독서 캠프를 하면 아이들이 정말 좋아해요. 다른 학교에 가서 처음 만나는 아이들과 독서 캠프를 해도 아이들이 책에 빠져들었어요. 책이 이렇게 재미있는지 몰랐다고 해요. 한번 재미를 느끼면 다음 모임도 기대해요. 독서 모임은 책으로 공부하는 모임이 아니라 마음껏 이야기하는 곳이에요. 비슷한 생각을 말하다가 새로운 이야기를 듣고, 다양한 이야기를 나누다가 한 가지 이야기에 깊이 머물렀어요.

저는 질문을 준비하지만 아이들이 다른 말을 하면 준비한 질문을 꺼내지 않아요. 독서 모임은 아이들이 자유롭고 편안하게 표현하는 공간이에요. 함께 이야기하면 혼자 읽을 때 보지 못한 내용이 보여요. 생각을 연결하게 되고 내 반응에 다른 사람 반응을 더해 새로운 반응을 만들어내요. 문제와 씨름하는 공부보다 이게 낫다고 생각했어요.

독서 모임이 사춘기를 이긴다

민하와 서진이가 고학년일 때 주말 독서 모임을 시작했어요. 집에서 가족 독서 모임을 하고 독서 캠프에 참여했는데도 처음에는 주말 독서 모임에 가지 않으려 했어요. 그러다 대한민국 독서토론논술대회에 가 보자고 준비했는데 그때 기억이 아이들 마음에 남았는지도 몰라요. 누구도 오고 누구도 온다며 공들여 꼬드겼어요. 재미있다는 말도 자꾸 했지요. 그렇게 해서 주말 독서 모임에 민하가 먼저 나오고 얼마 뒤에 서진이도 참여했어요. 두 아이는 고등학생이 되어서도 계속 모임에 나왔어요.

사춘기가 사람을 바꾼다고 하지요. 사춘기는 자녀를 잃어버리는 기간이 되기도 해요. 지금까지 가졌던 자녀의 모습이 바뀌며 관계가 무너집니다. 착하고 귀엽던 아이가 말을 하지 않거나 벌컥 화를 내면 당황스럽습니다. 특히 아빠와 대화를 거부하는 아이가 많아요. 저도 답답했어요. 하고 싶은 말이 목구멍까지 올라왔어요. 그 말을 하면 안 된다는 걸 잘 알기 때문에 참았어요. 아이 모습을 보면 답답하고, 답답한데도 참아서 더 답답하고, 답답한 마음으로 아이를 보면 화가 났어요.

이런 마음으로 아이를 보면 오해가 생길 수 있습니다. 계속 나쁘게만 보여요. 별것 아닌 오해와 편견이 커집니다. 말을 꺼내기 힘들어 마음에 쌓아 두었어요. 우리 가족은 함께 있는 시간이 많아요. 학원에 가지 않고 보충수업도 하지 않아서 계속 같이 지내야 해요. 잔소리하고 싶은 마음이 커지는 조건이에요.

그러다가 독서 모임에 갑니다. 책 좋아하는 아이들과 두런두런 이야기해요. 학교가 답답하다고 말하기도 하고, 부모와 말이 안 통한다고 토로해요. 사춘기 아이들이 답답함을 호소해요. 그곳에 아빠와 딸이 선생과 학생으로 참여해요. 민하와 서진이도 경쟁을 부추기며 수능 성적이 곧 인생 성적이라고 말하는 분위기에 반발해요. 아이들 이야기를 들으면 '그런 마음이구나! 힘들겠다.' 생각해요. 같이 화를 내요. 학생들 이야기를 들으며 책에 몰입해요. 책을 읽고 이야기하면서 다음 모임을 기대해요.

아이들 마음을 이해하게 됐어요. '생각 없이 사는 게 아니구나.' 느껴졌어요. 아이들도 힘든 시간을 견디는 중이에요. 힘들고 혼란스러운 과정을 겪으며 자라고 있어요. 부모가 자기 생각에 빠져 자기 기대만 내세우고 바라보면 아이가 보이지 않아요. 독서 모임에서 아이 생각을 듣지 못했다면 계속 내 생각에 빠져들었을 거예요. 아이와 거리가 점점 멀어지겠죠. 사춘기를 지나며 무언가 잃게 되었을 거예요.

독서 모임은 사춘기 아이의 마음을 듣게 해주었어요. 사춘기는 수능을 준비하는 시간과 겹칩니다. 부모는 갱년기에 접어들지요. 대화가 가장 필요할 때 부모와 자녀가 입을 다물게 하는 조건이 꽉꽉 채워집니다. 이때 이야기를 시작하려면 "여기 앉아 봐!" 외에 다른 게 필요해요. 음악, 영화, 산책, 운동, 음식……. 뭐든 좋아요. 제겐 그것이 책과 독서 모임이었어요. 독서 모임은 부모와 자녀가 혼자 오해하고, 각자 걱정하고, 서로 화 내지 않게 해주었어요. 사춘기 때 아이들 생각을 들을 수 있어서 참 좋았어요.

독서 모임에서 토론한 내용을 『10대를 위한 행복한 독서토론』이란 책으로 출판하면서 민하에게 내용을 검토해 달라고 부탁했어요. 민하는 맞춤법과 띄어쓰기 틀린 곳을 찾아 줬고 내용이 어색한 부분도 말해 줬어요.

이때의 경험을 민하는 이렇게 썼어요.

아빠가 잘 찾았다고 칭찬을 해주셔서 기분이 좋았다. 내가 어떤 수정사항을 찾았는지 설명할 때 아빠가 내 말을 잘 들어주시고 "이렇게 고치면 좋을 것 같다."고 말한 것을 다 받아주셔서 아빠랑 아주 친해진 것 같았다. 물론 평소에도 우리 둘은 아주 친하지만 같이 무언가를 한 지 오래됐다. 그런데 오랜만에 같이 글에 대해 이야기해서 좋았다.

아빠 글을 읽으면서 평소에는 잘 몰랐던 아빠 생각을 알게 되었다. 내가 생각하는 아빠 이미지와는 조금, 아니 많이 달라서 놀랐다. 평소에 아빠는 똑똑하고 완벽한 것 같았는데 '아빠도 사람이구나, 살면서 힘들어하기도 하고 예전에 했던 일을 후회하기도 하는구나!' 생각했다. 앞으로 아빠를 어떻게 대해야 할지는 잘 모르겠다. 하지만 꼭 태도가 바뀌어야 하는 건 아닐 것이다. 그건 너무 어려우니까. 그냥 아빠가 만능이 아니란 걸 알고 있는 것만으로도 충분하지 않을까?

저는 인간이 어떤 존재인지 고민하는 아빠예요. 아이들을 보며 저를 돌아보고, 제 반응에 따라 아이들이 어떻게 행동하는지 살펴요. 같은 내용이라도 표현만 살짝 바꾸면 아이들에게 부담을 주지 않는다는 걸 알아요.

집에서도 재미있는 교사 역할을 자주 했어요. 그래서 아이들은 제 진짜 마음을 몰라요. 어릴 때는 그저 좋기만 했는데 아이들이 자라면서 '크면 알겠지!' 할 때가 많아졌어요. 그래도 어릴 때 보여주던 태도를 유지하려고 노력했어요.

제가 독서 모임을 통해 민하 마음을 알았듯 민하는 제가 쓴 책을 읽으며 아빠 마음을 알았어요. 평소에 사춘기 딸들과 마주보고 앉아 마음을 이야기할 수도 있었는데 어려웠어요. 자녀에게 투덜대는 아빠가 되고 싶지 않았거든요. 아이들 앞에서 듬직한 아빠가 되고 싶었나 봐요.

대학생이 된 지금은 아이들이 제게 솔직한 이야기를 해 줘요. 사춘기 자녀에게는 아빠가 진솔하게 이야기하면 좋아요. 다만 "아빠도 힘들어. 너를 위해 힘들어도 참는 거야. 그러니까 공부 열심히 해라."처럼 부담 주는 말은 하지 마세요. 사춘기 자녀들은 이미 부담에 짓눌립니다. 자녀와 관계가 좋은 아빠라면 토닥이며 부드럽게 말해주세요. 자녀와 친하지 않다면 먼저 친해지려고 해보세요. 부모와 자녀 사이에 '늦었다'는 말은 없습니다.

독서의 목적은 기쁨과 즐거움이에요

민하와 서진이는 학원에 가지 않았어요. 휴대 전화도 고등학생이 되어서야 사주었죠. 필요하냐고 몇 번이나 물었지만 필요 없다고 했어요. 통화가 꼭 필요할 때면 친구의 전화로 연락했어요. 우리 가족은 옷에 관심이 없었고 외모를 가꾸지도 않아요. 시골에 살기 때문에 텃밭에서 먹거리가 나와요. 학원비, 통신비, 외식비, 물건 구입비를 모아서 여행 비용을 마련했어요.

민하가 초등 4학년, 서진이가 초등 3학년일 때 독일에 여행 갔다가 루드윈스버그 궁전에 들렀어요. 보조 다리를 끼워서 거의 2미터 50센티미터나 되는 하얀 마녀와 툼누스 씨를 만났어요. 하얀 드레스를 입은 여성을 볼 때는 '뭔가?' 했는데 염소 다리에 뿔이 달린 사람을 보는 순간 우리는 동시에 외쳤어요.

"툼누스 씨다!"

독일에서 우연히 나니아 이벤트를 만난 거예요. 얼마나 반가웠는지 몰라요. 그 당시 우리 가족은 『나니아 연대기』 시리즈를 비롯한 판타지 소설에 푹 빠져 있었어요. 옷장에 들어가 놀고, 망토를 쓰고 놀고, 마니아들과 나니아 캠프를 즐겼죠. 이럴 때 제대로 분장한 툼누스 씨와 하얀 마녀를 봤으니 얼마나 좋았던지요! 책 덕분에 누린 행복한 추억이에요.

서진이가 중학교 3학년 독서 수업을 하면서 독서의 목적을 배웠다고 했어요. 그러자 민하가 곧바로 이렇게 말했어요.

"목적이 있는 책 읽기는 진정한 책 읽기가 아니야. 진정한 책 읽기는 읽는 그 자체가 목적이야. 책은 결코 수단이 될 수 없어."

둘의 대화를 듣고 저는 '우아!' 하고 감탄하며 곧바로 대화 내용을 기록했어요.

책은 공부, 정서, 가족 관계 등에 좋은 영향을 줍니다. 그러나 목적을 앞세워 책을 읽으면 오래 가지 않아요. 목적이 가족 관계를 짓누르기도 해요. 책을 즐기세요. 자녀와 함께 시간을 보내며 행복을 누리세요. 특히 늦었다고 생각할 때가 시작할 때입니다. 아이들이 살아갈 세상은 기쁨과 즐거움이 경쟁력이에요. 즐기면 추억이 덤으로 따라옵니다.

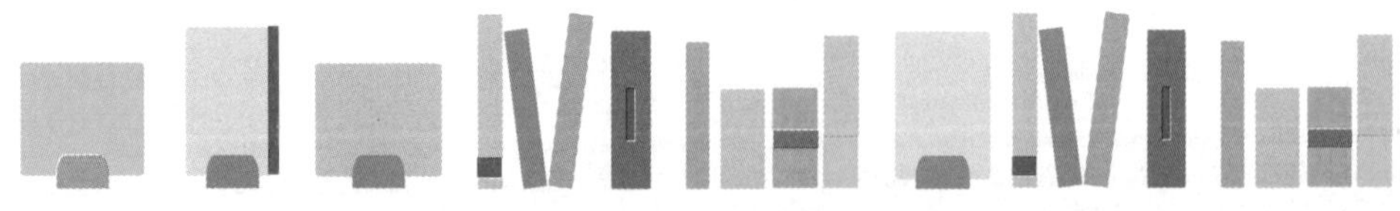

3부

스스로 읽고 생각하는 힘

여름방학 기간에 청령포 초등학교에서 독서 캠프 요청이 왔다. 도움이 필요해서 서진이를 데려갔다. 영월로 가면서 이야기를 나누었다. 이러저런 수다를 떨다가 '삼척'이라는 지명 이야기로 이어졌다.

나 '삼척'이 왜 삼척인지 알아?

서진 삼척동자(삼척 캐릭터)는 알겠는데……. 그 '삼척(三尺, 1미터 정도 되는 작은 키)'이 삼척 맞아요?

나 삼척에는 냇물이 세 개가 흘러. 오십천, 마읍천, 전천이 흘러서 삼척이라고 불렀어. 오십천은 길이가 오십 킬로미터, 마을이 오십 개, 큰 굽이가 오십 개 있어서 오십천이지. 사람 사는 곳에는 우리가 모르는 이야기가 있단다.

서진 (표지판을 보고) 여기가 '상거노리'네요. 상거노가 뭐예요?

나 조금 지나면 '하거노리'가 나올 거야.

서진 아, 상거노는 위쪽, 하거노는 아래쪽이네. '거노'는 무슨 뜻일까?

나 글쎄, 노인이 많이 사는 동네인가? 여기가 미로면인데 늙지 않는다는 뜻이거든.

서진 솔거노비(주인집 가까이 사는 노비)는 아니겠지!

거노는 건너는 곳을 일컫는다. 건널목을 뜻하는 말이 점점 거노로 바뀌었다. 위쪽은 상거노, 아래쪽은 하거노가 되었다. 우리는 보고 들리는 여러 가지를 궁금해했다. 온갖 것들로 이야기를 나누었다. 우리가 함께한 시간과 공간마다 이야기가 쌓였다.

| 7장 |

집중력, 탐구심, 창의력, 그리고 여유

대한민국 부모들은 정말 열심히 삽니다. 아침부터 저녁까지 쉴 틈이 없어요. 저녁에도 일해요. 아이들을 학원에 보낼 수밖에 없어요. 피아노 치고, 그림 그리고, 운동을 배우는 건 좋아요. 초등학교 시절에 배운 건 평생 즐기는 취미가 되죠. 보는 눈과 듣는 귀, 참여하는 움직임을 선물해 줘요. 제 아이들도 학원에서 피아노, 미술, 발레를 배웠어요.

그렇지만 공부 관련 학원에는 보내지 않았어요. 학원에서는 대부분 선행학습을 시키는데 똑같은 내용을 먼저 배우면 배움의 기쁨이 줄어들어요. 선행학습을 할수록 공부하는 즐거움을 잃어요. 교과 선행학습은 돈을 들여 배움을 걷어차는 일이라 생각했어요. 부모가 조급하게 더 높은 점수에 매달릴수록 아이는 스스로 알고 깨닫는 기쁨을 잃고 점수에 얽매여요. 그런데도 많은 부모들이 자녀를 선행학습 학원에 보냅니다.

대한민국에 태어난 아이라면 응당 공부의 늪에서 벗어나긴 어렵기 마련이다. 다행히 난 그 늪에서 꽤 선전한 편이었다. 대단한 편이라 말할 수는 없지만, 부모님께 걱정 끼치지 않고 학교도 다니고 입시도 치렀으니 그렇다고 말할 순 있겠다.

난 특별히 예습하거나 다른 공부를 한 적은 없었다. 사교육은 부모님이 퇴근하실 때까지 공백을 메우기 위해 피아노와 미술학원만 다녔다. 어릴 적 나는 공부를 곧잘 하는 아이였다. 음악이나 미술, 체육에 재능이 있다고 말하긴 어렵지만 평범한 공부는 선생님의 설명을 잘 따라갔다. 어린 시절을 기억하기란 쉽지 않고, 타인과의 객관적인 비교가 가능한 시기도 아닌 만큼 초등학교 시기의 차이가 어디에서 비롯되었는지 난 말할 수 없다.

그러나 고등학교에 진학하면서 나타난 학교에서의 태도 차이는 말할 수 있다. 고등학교 시절 우리 반 친구들은 곧잘 전멸하곤 했다. 한국 지리, 세계사 같은 사회과 과목은 물론이고, 국어, 수학, 영어, 과학 등등의 과목 수업 때 뒤를 돌아보면 9할이 넘는 아이들이 책상 위에 혼수 상태로 엎드려 있었다. 내신이 중요한 지방 인문계 고등학교에 다니는 학생들에게 가장 중요한 것은 정규수업일 텐데 말이다. 친구들도 나름 노력했다. 난 여고를 다녔는데, 절반이 넘는 아이들이 열심히 공부하려고 노력하고 시험 기간이면 밤을 새우면서 공부했다. 다들 학원에 다니고 과외를 하고 독서실에 다니고 학교에서 야간 자율학습을 하며 현 입시 체제 하에서 최선을 다하고자 노력했다. 거금을 들여 강의를 듣거나 기숙학원에 다니는 아이는 없었지만 그건 지방의 한계가 아니겠는가?

결국 가장 중요한 건 집중력이라고 생각한다. 수업을 듣지 못하면 복습도 할 수 없고, 시험도 치를 수 없고, 좋은 성적을 받을 수도 없다. 건강한 체력을 바탕으로 정규수업을 빠지지 않아야 하고, 수업 시간에 졸지 않고 집중해야 한다. 난 학교에서 9시까지 남아 보충수업을 듣고 야간 자율학습을 하는 루틴을 따랐는데, 각 수업 시간에 집중하고, 쉬는 시간 틈틈이 이전 과목과 이후 과목을 복습하며, 야간자율학습 시간에 충실했다. 밤 9시에 집에 가서 더 공부한 것도 아니었다. 3월 말 신학기 적응으로 연례행사처럼 몸이 아플 때에도 정규수업만은 충실히 듣고자 노력했다. 그저 주어진 시간을 잘 활용하고 집중했을 뿐이다.

지루한 수업을 들으면 졸릴 게 당연하다고 하는데, 난 한 번도 수업 시간에 졸았던 적이 없다. 학교에서 배우는 내용에 기본적인 흥미도 있는 편이었고, 책을 읽어서 배경지식이 있기에 이해도 곧잘 하는 편이었다. 게다가 소심하고 내향적인 성격으로 선생님이 앞에 계시는데 졸면 어른들과 친구들이 뭐라고 생각할지 전전긍긍하는 편이기도 했다.

학교 교육에만 집중하면 거의 모든 과목은 잘 따라가기 마련이다. 내신 시험과 수능도 큰 차이가 없다. 그 덕에 나는 대학에 수시로 붙었고, 수능 최저를 무난히 맞추었다. 결국 수업 시간에 자지 않고, 딴짓하지 않고 집중할 수 있으면 되는 거다. 그런 집중력이 있으면 짧은 시간에 집중해 복습할 수 있다. 그러나 집중력은 어디에서 오는가? 왜 수업 시간에 졸린 것일까? 그건 내가 경험해 본 적 없기에 다양한 이론이 필요하다.

_ 권서진, 〈공부하는 법〉

집중력

학원은 내용을 먼저 가르쳐요. 선행학습을 통해 기억하게 만들어요. 이런 방법은 시간이 지날수록 역효과를 냅니다. 학원에 다니는 아이와 제 자녀를 견주어 봤어요. 선행학습을 하면 학원에서는 집중도가 높지만 시간이 지날수록 집중력이 떨어져요. 성적 유지에 도움이 된다 해도 부담은 점점 커집니다. 책을 읽은 아이는 공부할 때 집중력을 발휘해요. 시험에 대한 부담이 크지 않으니 노력하는 만큼 성적이 오릅니다.

책을 많이 읽는데도 성적이 좋지 않은 아이도 있어요. 책을 공부하듯 읽기 때문이에요. 학원에서는 기억하는 공부를 해요. 가르쳐준 내용을 기억할 때까지 문제를 풀어요. 책을 기억하는 방식으로 읽으면 어떨까요? 책 읽은 아이에게 "무슨 내용이야?" 하면 아이는 기억나는 내용을 대답해요. "책에서 누가 무엇을 했어?"도 기억을 확인하는 질문이에요. 부모가 기억하는 방식으로 공부했기 때문에 여전히 기억을 확인해요. 책을 읽으면 뭐라도 기억해야 한다고 가르치는 셈이지요. 부모가 이렇게 접근하면 아이는 기억하는 방식으로 책을 읽습니다. 기억하는 방식의 독서는 재미가 없어요. 아이들은 재미없으면 안 합니다. 이렇게 기억하기 방식의 독서에 머물다 보면 책을 잘 읽던 아이도 어느 순간 책을 안 읽어요. "어디가 재미있었니? 공감하는 부분이 어디야?" 하며 아이가 좋아하는 부분으로 접근해서 "주인공이 뛰쳐나갈 때 마음이 어땠어?"처럼 생각하는 독서로 이끌어야 해요. 기억을 위한 독서를 하면 지식을 묻는 공부에만 도움이 됩니다. 수능에서는 별로 도움이 되지 않아요.

더구나 책을 집에서 혼자 읽는 아이가 많아요. 미디어의 유혹이 점점 커져요. 책을 읽기 어려운 환경이지요. 이런 여러 가지 어려움을 뚫고 아이가 책을 읽었는데 부모가 "다 읽었냐? 무슨 내용인지 다 알아?" 하고 질문하면 정말 답답합니다. 초등학생일 때는 부모의 말을 듣지만, 중학생이 되면 결국 책을 내려놓고 맙니다.

"책 잘 읽던 아이가 책을 안 읽어요. 도대체 왜 바뀌었는지 모르겠어요."

이건 사실 부모가 기억을 강요해서 아이가 독서를 그만둔 거예요. 독서가 공부에 도움이 되려면 생각하게 도와주어야 해요. 그래야 탐구심이 길러지고 응용력과 창의력이 좋아집니다.

탐구심과 창의력

민하가 고등학생 때였어요. 학원에 열심히 다니는 친구가 있는데 열심히 하는 만큼 성적이 안 나온다며 안타까워했어요. "네가 도와주지 그러니?" 했더니 이렇게 말해요.

"수학을 가르쳐 주는데, 문제를 해결하는 과정을 차근차근 말하면 필요없고 공식부터 알려달라고 해요. 제 설명을 듣고는 다시 학원 문제집을 풀어요. 빨리 정답 찾고 다른 문제 풀어야 한대요. 그러고는 시험 치면 또 틀려요. 문제를 읽고 생각하다 보면 어떻게 풀어야 하는지 보이는데 그냥 단순하게 답만 찾으려고 해요."

친구가 학원에 열심히 다니면서 잃은 게 있어요. 문제를 요모조모 따져보고 어떻게 해결해야 하는지 찾는 마음, 해결 방법을 찾을 때의 기쁨, 이런 기쁨 때문에 몇 시간 동안 문제를 풀어도 재미있는 느낌……. 이걸 우린 탐구심이라 불러요. 인간에게는 새로운 것을 찾아내고 이해하려는 욕구가 있어요. 탐구심은 보이지 않는 바다 너머를 기대하며 망망대해를 건너게 하고 눈보라 몰아치는 산에 오르게 했지요. 달에 발을 내딛는 순간을 꿈꾸게 했어요.

아이들에겐 탐구심이 있어요. 어마어마하죠. 쪼그리고 앉아 개미를 들여다보고 뜨거운 모래밭에서 몇 시간이고 모래를 쌓아요. 어른이라면 돈을 준다고 해도 하지 않을 행동을 아이들은 재미나게 합니다. 지루해 하지도 않고 몇 시간이고 계속하는 건 탐구심이 많기 때문이에요. 숨어서 휴대 전화를 들여다보는 것도 탐구심의 한 부분이에요. 탐구심은 호기심을 갖고 알아보는 마음이고 어린아이라면 누구나 기본으로 갖는 마음이에요.

고등학교 1학년 겨울 방학 때 민하에게 수학 인터넷 강의를 들으면 어떨까 하고 물었어요. 싫다고 해요. 방학 동안 학교에서 해주는 보충수업에도 안 가요. 독서실도 가기 싫다면서 집에서 공부합니다. 오랜 시간 공부하는 건 아니에요. 하루에 2~3시간 수학 공부하고 나면 그다음에는 놀아요. 저는 곁에서 책을 읽었어요.

한번은 한 문제를 몇 시간 동안 붙잡고 씨름하기에 "답지 보고 방법을 배우는 게 어때?" 했더니 화를 냅니다. 어떻게 해서든 혼자 풀어보려고 하고, 쉬운 방법을 마다하고 끙끙댑니다. 그런데 이게 꽤 효과가 있는 것 같아요. 다음에 풀 때는 틀리지 않거든요. 어려운 문제를 앞에 두고 이렇게 해 볼까, 저렇게 해 볼까 노력하는 게 탐구심이잖아요. 이렇게 할까 저렇게 할까 선택하는 과정에서 창의성이 길러지는 것 같아요.

탐구는 시간이 오래 걸려요. 학원은 빠르고 효과적인 방법을 알려주고 그 대가로 돈을 받지요. 문제를 빨리, 많이 풀어보는 방식은 학생의 탐구심을 빼앗습니다. 그럼 창의성도 사라져요. 재빨리 결과를 확인하고 풀이 과정을 찾아보려 하죠. 스스로 생각하며 천천히 탐구하려 하지 않아요. 스스로 해보려는 마음이 없는데 색다른 접근 방법을 찾을 수 있을까요? 학습 능력은 집중력, 탐구심, 창의성, 끈기에 달렸어요. 이제 민하는 대학에서 컴퓨터공학을 배워요. 1학년 때 공부를 힘들어 해서 도움을 받으라 했는데 마다하고 혼자서 끙끙대더니 지금은 과제를 척척 해 내고 있어요.

구분		일반 학생	책벌레 자녀
선행학습	방법	학원, 과외	책 읽기
	집중도	높은 편	높음
학교수업	방법	반복 학습	처음 참여
	집중도	갈수록 낮아짐	계속 높음
복습	방법	과제 (학원, 과외)	가끔 문제풀이
	집중도	갈수록 낮아짐	높음
시험	방법	일정 수준 유지	조금씩 높아짐
	부담감	갈수록 높아짐	별로 없음

대치동 유명 학원의 논술 교재를 구해서 꼼꼼히 살펴봤어요. 솔직히 별로였어요. 우선 내용 파악 활동이 거의 없었어요. 아이들이 책을 '어떻게' 읽었는지 확인하지 않고 문제를 제시했어요. 내용을 얼마나, 어떻게 이해했는지 확인한 뒤에 문제를 풀어야 하는데 대뜸 문제 풀이부터 시켰어요. 제 힘으로 살펴보는 시간을 주지도 않고 정답 찾기로 가는 거지요. 논술도 기계적으로 절차에 따라 쓰는 훈련에 불과했어요. 자기 생각을 쓰려면 먼저 곰곰이 생각하는 과정이 필요한데 그럴 시간 없이 후다닥 쓰고 다음 문제(논제)로 넘어갔어요.

공부한 것처럼 보이는 시간과 실제로 공부하는 시간, 두뇌에 집어넣으려고 애쓰는 공부와 자기 머리로 생각하는 공부는 달라요.

스스로 탐구하며 노력해야 제 것이 됩니다. 학원에 가거나 인터넷으로 강의를 들으며 공부하는 학생들이 많아요. 강의를 들을 때는 다 아는 것 같지만 실제로는 문제를 못 푸는 경우가 많아요. 직접 고민하며 문제를 풀며 이해하는 과정이 없어서예요. 영상을 보며 모르는 내용에 대해 설명을 들었다면 반드시 제 힘으로 문제를 풀어보는 과정을 거쳐야 진짜 공부가 될 수 있습니다.

여유

자기 자식 잘 가르치는 부모가 드물다고 하죠. 자녀를 자신의 소망을 이루어 줄 수단으로 여기고 부모의 소유물이니 마음대로 대해도 좋다고 생각하기 때문이에요. 저는 고전 문학을 좋아해요. 고전 문학은 인간의 마음이 어떻게 움직이는지 보여주는 내용이 많아요. 고전 문학을 읽으면서 제가 어떤 상황에서, 왜 화를 내는지 살폈어요. 책을 읽고 아이들을 만나며 아이들 마음을 알게 됐어요. 마음을 살피면 부모라도 자녀를 가르칠 수 있어요. 저는 아이 마음을 먼저 생각하며 공부를 도와주었어요.

공부는 마음에 달렸어요. 집중력과 탐구력, 창의력의 핵심은 동기이고, 동기는 마음이 움직이는 거예요. 하고 싶은 마음이 있으면 반딧불 불빛에도 책을 읽고, 쌓인 눈에 반사되는 달빛 아래 책을 읽어요. 하고 싶은 마음이 없으면 원하는 거 다 주겠다고 해도 안 해요. 아이들은 '공부 잘해야 해. 훌륭해져. 돈 많이 벌어.' 하는 말에 움직이지 않아요. 머리로는 '공부해야지. 돈 많이 벌어야지!' 하겠지만 몸이 따르지 않아요.

주말에 두 시간씩 독서 토론하러 오는 학생들은 시험 기간에도 토론을 계속 하자고 해요. 토론하는 두세 시간이 성적에 영향을 주지 않는대요. 오히려 토론을 하고 나면 마음이 시원하고 편안해져서 집중이 더 잘 된다고 했어요. 그렇게 말하는 학생에게 공부 잘하는지 물었더니 우리나라에 있는 대학 어디든 갈 수 있다고 자신 있게 말해요. 실제로 이 아이들은 원하는 대학에 진학했어요. 시험 기간이라고 헉헉대며 공부하지 않았고 여유가 있었죠. 자기 마음을 관리하는 능력을 가졌다는 뜻이에요.

> 나는 구석지고 좁은 공간이 좋다. 구석에 박혀서 책을 읽으면 안정감이 든다. 방 한가운데는 어쩐지 위태로운 느낌이다. 기댈 곳이 없기 때문이다. 그 연장선상으로 도서관도 그렇게 좋아하지 않았다. 왜냐하면 낯선 사람이 많고 너무 넓어서다. 지금은 괜찮지만, 어릴 때는 학교 도서관에 가는 것도 무서웠다. 낯선 책이 많은 것도 한 몫했다. 우리 집 책들은 내가 읽은 책이 많고 읽지 않았더라도 익숙한 책들인데, 도서관에 가면 책들 사이에서 표류하는 느낌을 지울 수가 없었다. 낯선 책에 둘러싸이는 건 낯선 건물에 둘러싸이는 것만큼 무서웠다. 지금은 둘 다 그렇게 무서워하지 않는다.
>
> 사람마다 책 읽기 좋아하는 장소는 다르다. 나는 혼자 있는 아늑

한 공간이 좋다. 고등학생 때였다. 책을 읽는 데 불편하진 않았지만 썩 마음에 드는 환경은 아니었다. 그때 침대에 들어가고 싶다는 생각이 들었다. 우리 집 침대는 목수가 원목으로 만들었는데, 서랍도 달려 있고 이부자리를 치우고 궤짝처럼 문을 위로 열면 수납공간이 나온다. 침대 4분의 1 크기의 공간인데, 사람이 들어가기 딱 좋은 크기다. 나는 문을 열고 거기에 쏙 들어갔다. 딱 맞았다!

그런 곳에 들어가고 싶어 하는 건 사람의 본능 아닐까? 어릴 때는 옷장에 들어가곤 했었다. 높이 쌓아 놓은 이불 위에서 놀 때, 계속 그 안에서 지내고 싶었다. 책상 밑에 기지를 차리기도 하고 화장대 밑에 들어가기도 했다. 그 모든 곳에서 나는 책을 읽었다. 불편한 걸 무시하고 말이다. 침대 속도 마찬가지였다. 나무는 딱딱했고 자세가 불편했다. 열어 둔 문이 머리를 쳤다. 그런데도 안에서 나오기 싫게 만드는 뭔가가 있었다.

나는 별로 신뢰가 가지 않는 책들은 책장 앞에서 읽었다. "언제든지 널 다시 책장에 꽂아 버릴 수 있어!"라는 경계의 표시랄까. 좋은 책들은 책장 앞에서 읽기 시작하더라도 끝나는 곳은 침대나 의자였다. 어떤 책은 책장 앞을 벗어나지 못하지만 어떤 책은 내 공간까지 들어온다. 그리고 또 다른 책은 나를 옷장이나 궤짝으로 들어가게 한다. 시간도 마찬가지다. 언제고 읽게 되는 책이 있는가 하면, 가끔 들여다보기만 하는 책도 있다.

책 읽기 좋은 시간은 따로 없는 것 같다. 아침에 일어나자 마자,

또는 밤에 자기 전도 좋다. 특히 다른 사람이 자고 있을 때라면 기분이 너무 좋다. 낮에도 괜찮다. 사람들이 일하거나 공부할 때라면 금상첨화다! 하지만 가장 중요한 건 시간대보다는 주변 환경이다. 예를 들어 엄마가 텔레비전을 보면서 웃고 있을 때 책을 보기란 여간 어려운 일이 아니다. 반면 아빠가 책을 읽고 있을 때 책 한 권을 챙겨서 옆에 앉는 건 쉽다.

독서하기 가장 좋은 시간은 한가로울 때다. 학원에 가야 하거나, 급한 숙제가 있을 때는 책을 읽기 힘들다. 텔레비전이 켜져 있거나 밖에 눈이 쌓여 있어도 안 된다. 눈이 쌓여 있으면 당연히 놀러 나가지, 왜 책을 읽겠는가? 한 마디로 일거리도, 놀거리도 없어야 한다. 어른이라면 알아서 시간을 만들 테니 별 상관이 없지만 아이에겐 중요하다.

초등학생 때 나는 말 그대로 하루 내내 할 게 없었다. 밖에 나가는 걸 싫어했고, 텔레비전도 없었고, 학원도 가지 않았다. 완벽한 자유, 색종이를 접든 인형을 가지고 놀든 내 마음대로 할 수 있는 시간이 넘쳐나는 상태였다. 나와 동생의 옷을 죄다 꺼내서 다시 개고 정리해 넣었다. 책장의 책들을 내용별로 정리했다. 아빠 서재에 있는 책들의 제목을 다 읽고 내용을 상상했다. 물건들의 배치를 몇 번이나 바꿨는지 모른다. 책 읽기는 이 정도로 한가해야 할 수 있다.

재미있는 책들이 꽂힌 책장, 책을 가지고 숨을 수 있는 비밀 공간, 방해받지 않고 자유로운 시간. 그리고 무엇보다 옆에서 책을 읽는 사람이 필요하다. 우리는 아빠 냄새라고 부른다. 책 읽는 아빠 냄새. 누가 책을 읽고 있는 것만으로도 독서 환경이 조성된다.

_ 권민하, 〈독서하는 환경〉

민하와 서진이는 여유롭게 지냈어요. 책을 설렁설렁 읽었고, 읽다가 귀찮으면 놀았어요. 실컷 놀다가 아빠 옆에 와서 책을 읽었죠. 이런 기억이 주는 따뜻함 덕분에 고등학교 시험 기간에 저도 아이들 곁에서 책을 읽었어요. 읽다가 졸기도 하고 때론 코를 골며 자기도 했어요. 그래도 아이들은 아빠가 곁에 있으면 '아빠 냄새'가 나서 공부가 잘 된다고 했어요. 우린 마음이 통하거든요.

수행평가가 많거나 학교 공부에 떠밀려 괴로워할 때마다 저는 아이 방에 들어가서 팔을 쫙 벌리고 빙빙 돌았어요. '아빠 냄새'를 꺼내 아이 방에 퍼뜨리는 움직임이에요. 아이를 사랑한다는 표현이었죠. "힘 내라. 지금 열심히 하면 나중에……." 라고 말해 봐야 아이 마음에 와 닿지 않아요. "아빠 냄새를 사방에 보내 주마!" 하면 충분했어요. 팔을 벌리고 빙빙 돌면 아이가 웃으며 좋아했어요.

우리는 인간이에요. 사람 사이에 일어나는 관계로 힘을 얻고, 말 한 마디에 실망하는 존재죠. 좋은 말, 바른 말을 되풀이한다고 아이가 듣는 게 아니에요. 사실 부모가 하는 말 중에 바르지 않은 말도 많아요. 부모가 살던 시대와 다른 시간을 살아갈 아이들에게, 부모 시대에나 통했던 규칙을 내세우면 받아들이기 어렵지요. 빠르게 변하는 세상에서 더 빨리 달리라고 아이들에게 채찍을 휘두를 때 아이가 숨을 돌리고 평안을 되찾을 곳이 있어야 해요. PC방, 노래방이 아니라 집이 그런 장소여야 하죠. 우리 아이들이 들어가 놀았던 아늑한 공간 말이에요.

아이에게서 여유를 빼앗지 말아주세요. 아무것도 하지 않는 것처럼 보이는 가운데서도 아이들은 배웁니다. 어릴 때는 공부할 기반을 다지고 공부하기 위한 능력을 길러야 해요. 집중력, 탐구심, 창의력은 여유 가운데 길러집니다. 집중력 훈련, 탐구 과정, 창의력 학원에 가야 하는 게 아니에요. 자녀에게 여유를 선물해주세요.

| 8장 |

공부 의지가 공부를 좌우한다

교사로 지내며 정말 공부 잘하는 아이를 몇 명 만났어요. 그중 한 아이가 기억납니다. 시험 점수는 대부분 백 점이었고 중학교 문제까지 척척 풀었죠. 책을 많이 읽고 글도 잘 썼어요. 운동도 잘하고 그림도 잘 그렸어요. 그럼에도 아이는 자주 자신을 비관했어요. 세상이 온통 경쟁으로 가득찼기 때문에 아무리 노력해도 끝이 없다고 한탄하기도 했어요. 어둡고 비관적인 내용으로 글을 채웠죠. 공부만 시키는 엄마 때문에 권위에 대한 반발이 강해 어른들에게 종종 맞서곤 했어요. 몇 년 뒤 교사 모임에서 한 고등학교 선생님이 '갑자기 창문으로 뛰어내릴 것 같은' 아이가 있다고 했어요. 바로 공부 잘하던 그 아이였지요. 모일 때마다 아이를 위해 기도했어요.

한 문제만 틀려도 부들부들 떨면서 폭발하던 아이도 있었어요. 책상에 머리를 찧으며 자신을 '멍청이, 빡대가리'라고 외쳤어요. 물건을 내던지고 소리를 지르며 뛰쳐나갈 때마다 기분이 거지 같다고 하면서도 멈추지 못했어요. 공부를 잘 못 하는 친구를 보면 제대로 대학 못 갈 거라며 걸핏하면 무시하곤 했는데, 한 문제만 틀려도 자신을 그렇게 봤어요.

"넌 무시해야 직성이 풀리는 것 같아. 친구가 아니면 너 자신이라도."

제가 이렇게 말했을 때 그 아이는 잠시 생각하는 듯하더니 다시 처음으로 돌아갔어요. 책을 수백 권 넘게 읽고 공부도 잘하는 아이였지만 친구 마음을 헤아리지 못했어요. 『아몬드』*71를 읽었는데 별로래요. 『아몬드』는 편도체 이상으로 희로애락을 느끼지 못하는 아이가 겪는 이야기예요. 『아몬드』를 읽고 아무것도 느끼지 못하는 아이가 『아몬드』 주인공과 비슷하다고 생각했어요. 감정을 잘 느끼지 못하는 아이는 자신이 받아들이기 어려운 상황을 만나면 해결하지 못해서 좌절하고, 비난하고, 공격해요.

두 아이 모두 주변에서 서울대 가라는 압박을 받았어요. 학원, 문제집, 공부, 성적, 경쟁이 대화의 중심이었죠. 책을 많이 읽어서 말솜씨도 좋았어요. 어려운 책만 너무 많이 읽는 것 같아서 쉽고 재미있는 판타지 책을 권했어요. 환상의 세계에서 조금이라도 재미를 느끼기를 바랐지요. 그러나 아이는 글씨만 읽었어요. 『나니아 연대기』는 재미없고 『반지의 제왕』도 엄마가 읽으라고 해서 읽었대요. 엄마 말을 철석같이 따랐지요.

감정을 잘 느끼지 못하면서 그저 읽기만 하는 모습이 안타까웠어요. 세 살에 한글 읽고, 네 살에 영어를 시작하고, 다섯 살에 글 쓰는 능력을 갖춘다고 좋은 게 아니에요. 공부 잘하는 데에만 몰두하느라 마음을 소홀히 하면, 어려운 책을 읽는다고 해도 글자만 읽는 사람이 돼요. 오히려 자극적인 내용을 찾죠. 저는 아이가 공부 실력보다 먼저 공감하는 마음을 갖기를 바랐어요. 무엇보다 자신을 이해하기 바랐어요. 그래야 기대한 대로 이루어지지 않아도 좌절하지 않고 다시 도전할 수 있거든요. 당장 눈앞에 보이는 결과를 따르다가 놓쳐 버린 것들을 뒤늦게 후회하며 찾는 사람이 많아요.

앞에서 이야기한 첫 번째 아이는 지금 직장 생활을 하고 있어요. 엄격한 위계 질서와 권위적인 분위기로 유지되는 곳이에요. 권위에서 벗어나려고 발버둥쳤음에도 결국 그 안에 갇혀 버린 거지요. 사슬에 묶여 있는 자신이 싫으면서도 그래야만 안심할 수 있는 사람이 된 거예요. 권위가 없는 곳에서는 불안할 거예요. 정말 싫어하는 걸 족쇄처럼 차고 다녀야 하는 건 슬퍼요.

스스로 하려는 의지가 꺾이면

코로나 때문에 아이들 학력이 낮아졌다고 해요. 2020년에는 아이들이 4월이나 되어서야 등교할 수 있었어요. 3학년을 가르쳤는데 아이들이 곱하기를 무척 어려워했어요. 3학년을 마치며 '가장 많이 변한 친구'를 주제로 쓰게 한 글 속에도 곱하기가 나와요.

이제 드디어 4학년의 길을 걸을 수 있다. 우와왕. 난 애들이 변한 것 같다. 그중에서 ○○○을 소개하겠다. 일단 달라진 점은 ○○○가 한층 더 똑똑해졌다. 처음에는 50~60점을 달리던 애가 이젠 70~80점 정도로 성장했다. 이건 기적이다. 역시 선생님이 ○○○에게 60번이나 반복하면서 수학을 가르치신 보람이 있다. 그걸 해낸 ○○○이 기적을 일으켰다. 수학 100점을 맞았다. 와우! 기적이다. 선생님도 꽤 놀라셨다. ○○○가 엄청나게 성장했다. 역시 60번의 힘인가? 2학년 때 60~70점을 달리던 애가 100점이라니. .

_ 김○○, 〈○○○의 기묘하고 멍청한 변화〉

40분짜리 계산 분량을 4시간이나 붙잡고 끙끙대던 아이가 있었어요. 모르는 건 아닌데 혼자 문제를 읽고 답을 찾게 하면 틀릴 때가 많아요. 책을 많이 읽은 편인데도 문제를 잘 이해하지 못했어요. 특히 곱하기를 어려워했어요. 그래서 받아올림이 있는 (두 자리)×(두 자리)를 이해할 때까지 반복해서 가르쳤어요. 똑같은 내용을 친절하게 60번이나 되풀이했어요. 암기하지 말고 이해하기를 원했거든요. 2주가 넘어가도록 아이는 곱하기로 저를 힘들게 했어요. 그러더니 어느 날 갑자기 곱하기를 이해하기 시작했어요. 그 후에는 계산을 어려워하지 않았고 복잡한 문제도 헷갈리지 않았어요.

집중력과 탐구심이 나쁘지 않은 아이였어요. 책을 많이 읽었고, 못한다고 안달하는 성격도 아니에요. 학습 태도도 괜찮고 공부하려는 의지도 있어요. 수업 시간에 잘 듣고 친구들과 함께하며(학습 태도), 문제를 60번이나 되풀이하면서도 배우겠다는 마음(공부 의지)을 잃지 않으면 공부를 잘하는 게 당연합니다. 그런데도 아이는 왜 곱셈을 못 했을까요? 왜 계속 답을 틀렸을까요? 1, 2학년에 배우는 내용이 어렵지 않은데 왜 점수는 60점에 머물렀을까요?

실력이 부족해서가 아니라 문제를 어떻게 푸는지 모르는 거예요. 아이들은 이럴 때가 있어요. 어릴 때는 더 자주 그렇지요. 책을 많이 읽고 학습 태도가 괜찮은 아이라면 얼마 지나지 않아 저절로 해결됩니다. 이런 믿음이 있었기에 계속 되풀이해서 가르치면 된다고 생각했어요. 아이 역시 같은 내용을 60번이나 들으면서도 주눅 들지 않았어요. 똑같은 설명을 또 듣고 반복해서 배웠어요. 화를 낸다고 해결되지 않아요. 백 번이라도 친절하게 도와주어야 해요. 아이가 스스로 깨달을 때까지. 어릴 때 책을 자주 읽고 많은 대화를 한 아이들은 중학생이 되어 책 한 권을 깊이 토론하고 글을 쓰는 연습을 통해 문해력이 좋아질 수 있어요. 유치원과 초등학교에서는 학습 태도를 잘 배워야 해요. 부모님이 자주 말해주어야 해요. "공부 시간에 선생님이 하는 말씀을 잘 들어라.", "친구가 발표할 때 잘 듣기만 해도 공부를 잘하게 된다.", "친구와 같이 하면 더 잘 할 수 있다." 윽박지르지 말고 천천히 설명해주세요.

많은 부모들이 학습 태도와 문해력은 중요하게 생각하면서 공부하려는 의지는 소홀히 여겨요. 부모가 중요하게 생각하면 당연히 자녀가 의지를 가질 거라고, 가져야 한다고 생각해요. 윽박지르는 말로도 충분할 거라 생각해요. 이런 부모들의 생각을 간단히 말하자면 이렇지요.

"초등학생 때인 지금부터 열심히 해야 중학교 성적이 좋고, 그래야 수능 성적도 좋다. 그러니까 계속 열심히 해라."

맞는 말처럼 들려요. 그러나 아이에겐 이해하기 어려운 잔소리일 뿐이에요. 아이들은 '지금 이 순간'에 몰두하니까요.

3학년 때는 곱하기를 힘들어 할 수 있어요. 설명하고 또 설명했는데도 왜 알아듣지 못하느냐고 화를 내면 안 돼요. 이 말은 공부할 의지를 꺾어 버려요. 꾸중 듣고 비난 받으면 주눅 들어요. 그러면 공부하기 싫어져요. 뇌에서 이성적으로 올바른 결정을 내려도 마음이 거부하면 다르게 움직여요.

60번이나 설명하는 동안 저는 매번 이렇게 이야기했어요.

"괜찮아, 난 계속 설명해 줄 거야. 네가 잊어먹고 또 틀려도 계속 알려 줄 거야."

솔직히 화가 나지 않은 건 아니었어요. 열 번쯤 가르치면 알아들어야 하잖아요. 30대 초반 나이까지는 화를 내고 손을 놓기도 했어요. 아이가 이해하도록 가르치지도 못하면서 저 혼자 화를 내고 냉소적으로 굴었어요. 제가 화를 내면 아이도 마음을 닫았어요. 제 마음만 흔들렸지요. 그러다 언제부터인가 '난 잘 참는 교사야. 아이가 틀려도 화를 내지 않을 거야. 화를 내는 건 가르치지도 못하면서 성질만 내는 거야. 이해할 때까지 백 번쯤 설명하면 되겠지!' 하고 생각하게 됐어요. 나는 괜찮은 사람이라고 스스로에게 이야기하며 아이가 틀려도 웃으려 노력했어요.

관계보다 성취를 중시하는 성향을 가진 사람은 자녀를 가르칠 때 힘들 수 있어요. 하지만 자녀를 가르치면서 '분수의 계산을 90점 이상 맞게 하겠다.'는 목표만 생각하면 안 돼요. 아이와의 관계를 우선해야 해요. 아이가 분수의 계산을 못 하면 다시 알려주면 돼요. 그러나 아이와 관계가 나빠지면 아이는 배우기를 거부해요. 강요 끝에 자녀가 공부를 잘하게 된다 해도 결국 관계가 깨질 수 있어요.

누구든 앞이 탁 막혀 아무것도 안 보이는 순간이 와요. 갑자기 아무 이유 없이 그냥 공부가 안 되는 때가 있어요. 이런 상황에서 벗어나는 데 시간이 걸리면 주위에서 답답해 합니다. "정신 차려라. 이렇게 하면 어떻게 대학 가겠냐?" 같은 말로 잔소리를 하지요. 하지만 이런 말은 아이에게 반발심을 일으키고 의지를 꺾어요. 꾸중과 잔소리도 필요하지만, 사랑하는 마음이 전해지지 않는 꾸중은 아무 소용 없어요. 자녀를 도와주는 말이라면 수십 번 말해도 되지만, 자녀에게 도움이 되지 않는다면 참아야 해요.

민하는 의지가 강해요. 강요하면 오히려 하지 않아요. 저는 꼬드길 뿐 강요하지 않았어요. 화가 났지만 아이에게 대놓고 표현하진 않았어요. 화를 내면 아이가 마음을 닫고 저를 밀어낼 테니까요. 대신 설득하려고 노력했어요. 저는 민하의 의지를 억지로 꺾지 않고

기다렸어요. 그래서 민하는 스스로 해요. 그래서 더 깊이 있어요.

내가 『책벌레들의 책 없는 방학』을 읽기까지 일 년이 걸렸다. 한 번 읽고 나서는 왜 지금까지 이걸 안 읽었나 하고 후회했다. 나는 비슷한 경험이 많다. 아빠가 책이 좋다고 가져다주시면 나는 일단 한 발자국 물러선다. 그리고 제목, 표지, 추천사를 살펴본다. 그러고 난 다음에도 바로 책을 읽기 시작하는 경우는 드물다. 보통은 "흠……." 하면서 책을 옆에다 둔다. 길고 긴 시험의 시간이다.

며칠 지나면 아빠가 "그 책 읽었어?" 하고 물어보신다. 나는 우물쭈물하면서 아니라고 대답한다. 아빠는 나에게 그게 얼마나 좋은 책인지 설득하려고 애쓰신다. 내가 좋아하는 책을 쓴 작가라거나, 내가 좋아하는 어떤 책과 비슷한 내용이라거나 하는 식이다. 그러면 내가 그 책을 빨리 읽을 확률이 높아진다.

만약 내가 좋아하는 책과 별로 관련이 없는 책이라면 설득은 더 어려워진다. 아빠는 어떤 인물이 나오고 어떤 일이 벌어지는지, 무슨 의미가 있는 책인지 설명해야 한다. 어떻게든 내가 책에 관심을 가지게, 의심의 눈초리를 거두고 책을 펼쳐들게 말이다. 나는 뭔가를 억지로 시키면 더 하기 싫어하는 성격이라, 몇 번 설득하고 나서는 책을 읽으라는 말을 더 하지 않으신다.

나는 혼자가 되어서야 책을 읽을지 말지 선택한다. 아빠가 읽으라고 하셔서 읽는 건 싫다. 만약 아빠가 추천해주신 책을 읽겠다고 결정했을지라도 아빠 앞에서가 아니라 내 방에 들어가서 책을 편다. 아무 압박도 없는 상태에서 아무 목적 없이 책 읽기가 가장 좋다. 학교에서 시켰거나 숙제를 하기 위해서 책을 읽으면 유익하고 나름의 재미도 있지만 내가 읽고 싶어서 읽는 것만은 못하다.

아빠가 나를 앉혀 놓고 책을 읽게 만들었다면 재미가 반감되었을 거다. 책 읽기는 온전히 나의 선택이다. 내가 책을 들고 방에 들어가서 문을 닫으면 아빠는 아빠가 추천해 준 책을 내가 읽고 있는지 아닌지 알 수 없다. 나는 다른 책을 읽거나 다른 놀이를 할지도 모른다. 아니면 그냥 누워 있을 수도 있다. 아빠가 내 선택을 존중하시고 방문을 열지 않으셨기 때문에 주도권은 나에게로 넘어왔다.

나는 무언가 해야 한다는 무게감이 싫었다. 책 한 권을 읽더라도 스스로 선택해서 한 일이었으면 했다. 어릴 때는 그게 무슨 마음인줄 몰랐다. 그냥 읽기 싫은 거라고 생각했다. 글을 쓰며 깨달은 건데, 중요한 건 자유 아니었을까 싶다. 어떤 강요와 부담도 없고 책을 읽어야만 하는 이유도 없는 상태가 되어서야 나는 책을 읽기 시작했다. 아빠가 시켜서가 아니고, 책을 많이 읽어야 하니까 그런 것도 아니다. 『작은 아씨들』도 마찬가지였다. 아빠가 『작은 아씨들』을 언제 내게 권했는지는 기억이 나지 않는다. 동생이 읽었으니까 나에게도 추천해주지 않았을까 생각한다. 하지만 나는 동생이 『작은 아씨들』을 읽은 후 몇 년이 지나도록 꼼짝하지 않았다. 표지를 들여다보지도 않았다. 제목이 마음에 들지 않았다. 뭔가 고리타분한 이야기일 것 같았다.

어느 날 아빠와 동생이 『작은 아씨들』에 대해 이야기하는 것을 들었다. 그때 나는 아무것도 아는 게 없었으므로 하나도 알아듣지 못했다. 엄청난 소외감이 들었다. 뭐라고 끼어들지도 못하고, 그 책이 재미있냐고 묻지도 못했다. 어떤 내용인지 물어봤으면 됐을 텐데 말이다. 불쑥 『작은 아씨들』을 읽고 싶다는 생각이 들었다. 소외감은 사람이 무언가를 하게 만들기 아주 좋은 감정이다. 하지만 나는 소외감 때문에 책을 읽기는 싫었다. 그건 내가 스스로 선택해서 책을 읽는 게 아니기 때문이다. 스스로 책을 읽는다는 건 어떤 책에 대한 기대감만으로 책을 집어드는 걸 말한다. 다른 사람들이 다 읽었는데 나만 안 읽어서 책을 펼치는 게 아니다. 결국 나는 몇 년을 더 버텼다. 정확히 몇 년인지는 모르겠다. 동생은 초등학교 2학년 때 『작은 아씨들』을 봤다는데 나는 중학생이 되어서야 읽었다.

사람들은 독서에 목적이, 그로 인해 얻는 무언가가 있어야 한다고 생각한다. 책을 읽고 나면 아는 게 많아지고 교훈을 얻는다고 한다. 물론 책을 읽으면 좋은 점이 많지만, 결과만 생각하다가는 재미를 다 놓치고 만다. 내가 소외감 때문에 『작은 아씨들』을 봤다면 내용에 대한 기대가 덜했을 것이고 몰입감도 떨어졌을 테다. 끈질기게 버텼기 때문에 더 재미있었다. 책 읽기 싫어서 미뤄놓고 변명한다고 하면 할 말은 없지만.

_ 권민하, 〈스스로 읽기〉

'무얼 배웠니?' 보다 '어떻게 배웠니?'

영어를 쓰는 곳에서 살면 저절로 영어를 배워요. 프랑스에서 살면 자연스럽게 프랑스어를 하고 독일에 살면 독일어를 배우죠. 외국에 살아도 코리아타운에서 우리나라 사람하고만 어울리면 우리말만 하게 돼요. 인간은 주위 환경에 맞춰서 살아가기 마련이에요. 주위 사람들이 쓰는 언어를 배우는 건 자연스럽고 당연한 일이에요. 배우는 속도에 차이는 나지만, 시간이 지나면 학원에 다니지 않아도 자연스럽게 말을 하게 되지요.

책상에 앉아 문제집만 푸는 것이 공부의 전부가 아니에요. 살아가면서 보고 듣고 말하고 생각하는 모든 것들이 공부입니다. 아이는 날마다 새로운 일을 만나고 배워요. 많이 보고, 많이 듣고, 많이 생각하게 도와주면 아이는 책상에 앉지 않고도 충분히 배워요. 아이와 여행을 자주 가고, 박물관이나 미술관에 데려가서 설명해야 많이 배운다는 말이 아니에요. 가르치고 주입하는 방식이 아니라 아이 스스로 많이 보고 듣고 생각하게 하는 방식이어야 해요. 이게 배움터를 넓히는 거예요.

부모 세대는 책상에 앉아 문제를 풀거나 외우면서 공부했어요. 누워서 공부하면 "그렇게 해서 집중이 되겠냐?" 하고 꾸중을 들었어요. 이런 경험 때문에 부모는 학교나 학원에 가고, 문제를 풀고, 종이에 쓰거나 외워야 공부하고 배우는 것이라 인정해요. 이건 배움터를 좁게 보는 관점이에요.

아이는 온갖 방법으로 곳곳에서 배워요. 어릴 때 아이가 있는 곳은 모두 학교였고, 아이가 듣는 말은 모두 책이었어요. 아이는 "엄마야! 엄마, 엄마라고 해 봐!" 하는 말을 들으며 '엄마'를 배웠어요. 온갖 물건을 입에 넣어보며 배웠어요. 배우려는 의지가 넘쳐서 아무리 말려도 안 들어요. 입에 넣어서라도 배우고 또 배우지요.

아이가 조금 더 자라면 부모가 학교를 운영할 기세로 아이를 가르쳐요. 두뇌 발달에 좋다는 음악을 들려주고, 잠재력을 계발하게 해주는 장난감을 사고, 아이가 어릴 때부터 학원에 보내요.

"저기 봐! 저게 벼야, 밥해 먹는 쌀이 저기에 달려!"

엄마가 차를 타고 가다가 아이에게 알려주고 싶어 외쳐요. 엄마는 가르칠 의지가 넘치지만, 아이는 배우려는 마음이 없어요. 아이는 벼가 아니라 차 옆으로 휙휙 지나가는 가드레일에 마음을 빼앗겨요.

"아니, 저기 보라고!"

아이가 엄마 소원대로 벼를 보고 물어요.

"벼는 뭐야? 벼가 어떻게 쌀이 돼?"

"벼에 쌀이 달리는 거야!"

"벼에 어떻게 쌀이 달려?"

이 대화가 "몰라도 돼!"로 끝나면 안 돼요. "나중에 알려줄게." 나 "크면 알 거야!"로 끝나도 안 돼요. 다른 이야기로 슬쩍 넘어가도 안 돼요. 벼가 어떻게 쌀이 되는지 설명하지 못해도 괜찮아요. 대부분 아이는 정확한 설명이 아니라 이야기를 원해요. 아빠와 엄마가 어릴 때 겪은 벼와 쌀 이야기를 들려주면 돼요.

아이가 정확한 설명을 듣고 싶어 한다면 검색해서 답을 알려주지 마세요. 그 대신 도서관에 가서 『벼가 자란다』[*72]나 『모락모락 맛있는 밥이 되는 벼』[*73]를 찾아 함께 읽어보세요. 그러면 아이가 본 것, 엄마에게 들은 것, 이야기하며 생각한 것 모두가 공부로 이어집니다.

자기도 모르게 공부할 의지를 꺾는 부모

오래전에는 자연에 맞추어 살아가야 했어요. 이길 수 없는 자연의 힘 앞에 무릎 꿇고 비가 오게 해 달라고 빌었죠. 과학이 발달하면서 그 대상이 인간으로 바뀌었어요. 과학은 인간이 편하게 살아가도록 도와주었지만 사람을 도구로 전락시키기도 했어요. 경쟁이 치열해지고 누군가를 이겨야만 좋은 자리를 차지하는 구조가 확고해졌어요. 일자리는 적고 좋은 일자리를 찾는 사람은 많으니 경쟁이 치열해요. 지금 학생들도 겪는 일이에요.

경쟁이 치열할수록 공부할 의지가 줄어들어요. 아무리 해도 경쟁을 이겨내기 어려우니까요. 게다가 최근 엄청난 적이 새롭게 나타났어요. 스마트폰은 부모가 감당하기 어려운 적이에요. 아이가 스마트폰을 잡는 순간 공부할 의지가 꺾여요. 밥 먹을 때도, 걸어다닐 때도, 잠을 자야 할 때도 스마트폰에서 눈을 떼지 않아요. 좋아하는 것을 끝없이 할 수 있는 새로운 집이 생긴 거예요. 스마트폰 세상에서는 자신이 더 괜찮은 사람이 된 느낌이 들어요.

스마트폰은 인간을 나만의 세상에 밀어넣었어요. 스마트폰을 쥔 아이는 자기 자신과 싸워야 해요. 결국 이겨야 하는 대상이 자기 자신이 된 거예요. 자신을 경쟁 상대로 싸워서 누가 이길까요? 칸트 같은 사람이 아니라면 대부분 집니다. 초등학생, 중학생 아이들은 도저히 이기지 못해요.

학급에서 제 아이만 휴대 전화가 없었어요. 고등학생이 되고 나서야 사 줬어요. 아이와 더 많이 이야기하고 더 가까이 지낼 수 있었던 것은 휴대 전화가 없었던 덕분이에요. 자녀와 함께 있으면 불편하거나 하고 싶은 일을 못 하는 부모가 아니라면 휴대 전화를 주는 데 신중해야 해요. 휴대 전화는 공부할 의지를 확 꺾어 버리는 지름길이라는 걸 잊지 말아야 합니다.

| 9장 |

생각을 표현하는 방법, 글쓰기

집에 제 책은 많지만 아이 책은 적었어요. 제 책은 아이에게 장식일 뿐이에요. 아이가 읽을 책을 많이 사지 않았어요. 아이를 위해 거실을 책으로 채우는 분들에게는 안된 말이지만, 책장에 책이 많다고 아이가 책을 읽는 게 아니에요. '사방을 책으로 채웠으니 책을 읽겠지.' 하고 생각해도 아이 눈에는 책이 보이지 않아요. 거실 벽을 가득 채운 책장이 아이 눈에는 책 무늬 벽지로 보여요.

책은 아이의 선택 사항이 아니에요. 아이가 책을 읽게 하려면 한 권씩 눈에 띄어야 해요. 아이 마음에 꽂혀야 해요. 방법은 아이마다 달라요. 부모가 읽어주는 책은 아이 마음에 담길 수 있어요. 아이가 좋아하는 소재로 꼬드겨도 효과가 좋아요. 슬쩍 건네야 읽는 아이, 일 주일에 한 권씩 목표를 정해주면 읽는 아이도 있어요. 방법은 다르지만 한 권씩 만나면 아이는 점점 책을 좋아하게 될 거예요.

읽기와 쓰기는 달라요. 책을 많이 읽으면 글쓰기에 도움이 된다고 하지만 꼭 그렇지는 않아요. 글을 쓰려고 마음 먹은 사람에게는 책을 읽은 경험이 효과를 발휘해요. 책에서 본 낱말과 문장을 응용하거나 좋아하는 작가의 책을 따라 쓰면 분명 글쓰기에 도움이 됩니다. 하지만 글을 쓰려는 마음으로 책을 읽지 않으면 책은 책이고 글은 글일 뿐이에요. 책 읽기를 좋아하지만 글쓰기는 좋아하지 않는 사람도 많아요.

30년 동안 아이들과 글을 쓰면서 '정말 글을 잘 쓰는 아이'를 많이 만났어요. 1학년 아이들은 마음에서 시가 뿜어져 나왔어요. 산골짜기 남자아이 하나는 책을 거의 읽지 않았고 일기도 써 본 적이 없어요. 아빠는 없었고 엄마는 일하느라 바빴어요. 그런 아이가 마치 작가처럼 글을 썼어요. 베트남에서 온 엄마를 걱정하던 4학년 여자아이가 있어요. 이 아이의 글은 저를 몇 번이나 울렸어요. 마음에 찼던 울분이 글로 바뀌면서 엄마의 자랑이 되었어요. 이 아이들은 책을 많이 읽지 않는데도 글을 잘 썼어요.

아이 마음 속에는 어른이 상상도 못 하는 글이 있어요. 사람마다 지문이 다르듯이 아이 마음에 있는 글도 빛깔이 달라요. 자기만의 빛으로 반짝이지요. 비 온 뒤에 무지개가 뜨듯 아이 마음에 있는 글도 때를 기다려요. 무지개는 기상 조건이 맞아야 생기죠. 글도 마음에 맞아야 스며나와요. 일곱 빛깔로 빛나는 글을 보려면 알아야 할 게 있어요.

실재에 대한 인식에서 글이 나온다

글은 경험을 바탕으로 쓴 기록이에요. 상상하는 글도 경험에서 나와요. 일기 쓸 거리가 없다고 고민하는 아이를 위해 놀이터나 공원, 음식점에라도 데려가는 건 경험을 부여하기 위해서예요. 글을 쓰려면 경험이 있어야 해요.

그럼 많이 경험하면 쉽게 글을 쓸까요? 그렇지는 않아요. 아이들이 가장 많이 쓰는 글인 일기만 봐도 그래요. 아침부터 저녁까지 겪은 일이 많은데도 일기 쓸 거리가 없대요. 아이들은 날마다 겪는 일상을 '쓸 만한 내용'으로 생각하지 않아요. 날마다 수십 명을 만나고, 수백 가지 경험을 하고, 수천 마디 말을 하니 당연히 쓸 거리가 많을 텐데 말이지요. 왜 쓸 게 없다고 할까요? 경험을 글로 쓸 '실재'로 인식하지 못하기 때문이에요. 실재에 대한 인식은 정말 중요해요. 많이 경험해도 '실재'로 인식하지 않으면 글을 쓰지 못해요.

'실재'를 인식하는 감각은 사람마다 달라요. 같은 일을 겪고도 어떤 사람은 책을 한 권 쓰고, 어떤 사람은 쓸 내용이 없다고 해요. 같은 경험을 부모와 아이가 서로 다르게 기억해요. 부모와 자녀가 함께 겪은 실재를 서로 다르게 '인식'하는 거예요. 엄마 마음을 포근하게 만드는 장면이 아이에겐 보이지 않아요. 아이는 다른 데 마음을 빼앗겨요. 그게 아이가 느끼는 실재거든요. 아이들은 순간을 누리며 살아요. 순간에 집중하느라 다른 걸 잊어요. 얼마 전에 간 곳, 한 말을 잊어요. 순간에 집중하느라 기억하지 못하는 거예요. 그래서 거짓말을 할 때가 많아요. 어른이 느낀 실재를 아이가 다르게 느끼기 때문이에요.

아이들은 자극적인 영상을 좋아해요. 사람들이 많이 보는 영상은 '튀는' 것이 많아요. 100년 전 사람들은 늘 그대로인 풍경과 사람들 사이에서 살았어요. 지금 아이들은 달라요. 며칠 전에 본 영상이 금방 과거가 되고 새로운 영상이 끊임없이 솟아납니다. 어제의 나, 오늘의 나, 내일의 내가 달라요. 집에서의 나, 학교에서의 나, SNS에서의 내가 달라요. 부캐를 만들어서 계속 새로운 모습으로 바꿔요. 가상 현실에서 살아가는 감각이 발달할수록 실재를 인식하는 눈이 희미해져요.

존 번연(John Bunyan)은 『천로역정(Pilgrim's Progress)』을 감옥에 있을 때 썼어요. 밀턴(Milton)의 『실락원(Paradise Lost)』이나 세르반테스(Cervantes)의 『돈키호테(El ingenioso hidalgo don Quijote de la Mancha)』 역시 감옥에서 쓴 작품이에요. 이들은 새로운 경험을 전혀 할 수 없는 감옥이라는 환경에서 이전의 경험을 바탕으로 걸작을 써냈어요. 고립되고 무엇도 할 수 없는 상황이었지만 지금까지 누구도 쓰지 못한 글을 쓸 정도로 실재를 민감하게 느낀 것이지요. 그들의 마음에서 글이 샘솟았어요. 실재에 대한 인식이 마음을 가득 채웠기 때문이에요. 글을 잘 쓰려면 아이들이 실재를 인식하게 도와줘야 해요.

눈에 띄는 걸 곧바로 써요

아이가 사는 곳, 늘 다니는 길, 자주 만나는 사람을 어떻게 바라보는지 인식하는 게 중요해요. 아이는 자기가 사는 곳이 글로 쓸 대상이라고 생각하지 않아요. 늘 다니는 길은 글쓰기 대상에 넣지 않아요. 학교 가는 길, 집에 갈 때 만나는 사람을 자세히 살피면 좋은 글이 나오는 줄 몰라요. 아이는 특별한 일을 써야 한다고 생각해요. 그렇지 않아요. 일상이 중요해요. 축구 시합보다 아빠가 한 말이나 옆집 아주머니가 글로 쓰기에 더 좋은 주제일 수 있어요.

서진이가 2학년일 때 『하하호호 공생 티격태격 천적』*[74]을 읽었어요. 공생 관계인 동물을 소개하는 책이에요. 흰동가리는 말미잘 사이에 숨어서 천적을 피해요. 흰동가리는 말미잘 독에 면역이 있어서 괜찮지만 다른 물고기는 말미잘 가까이 오지 못해요. 흰동가리가 배설하는 질소와 찌꺼기는 말미잘 성장에 도움이 되지요. 흰동가리를 잡아먹는 천적 물고기는 말미잘과 흰동가리의 공생 관계를 싫어할 거예요. 먹이가 줄어들잖아요.

공생 관계가 많아질수록 천적들이 먹이를 구하기 어렵다고 이야기하는 도중에 서진이가 물어요.

“아빠, 가장 큰 천적이 무엇일까요? 모두의 천적이 되는 것도 있을까요?”

“천적은 대상에 따라 다르지. 사자를 무서워하는 동물도 있고 작은 벌레를 무서워하는 생물도 있지!”

"모두의 천적은 죽음인 것 같은데……."

깜짝 놀랐어요. 초등학교 2학년 아이가 죽음을 천적으로 생각하리라 예상하지 못했거든요. 이건 기억하고 붙잡아야 해요. 서진이가 한 말이 참 소중하다고, 이런 걸 글로 써야 한다고, '그 말'을 붙잡아 지금 써 보라고 했어요. 그 말이 사라지지 않고 실재가 될 수 있게 알려줬어요.

"죽음이 모두의 천적이라는 말은 기억할 가치가 있어. 이건 글로 남겨야 해. 괜찮은 생각이 떠오르면 글로 써 놓는 거야. 일기 쓸 때 겪은 일을 쓰는 아이가 많지? 딱 떠오르는 생각, 말 한 마디, 행동 하나를 쓰는 게 더 좋아! 지금 한 말을 일기로 쓰면 선생님이 놀라실 거야!"

아빠가 글로 쓰기 좋다고 하니까 서진이가 곧바로 일기를 썼어요. 아빠와 『하하호호 공생 티격태격 천적』이란 책을 읽은 이야기, 천적이 죽음이라고 말하기까지의 대화 과정을 적고 이렇게 썼어요.

> 어른들은 죽음을 나쁜 것이라고 생각하지만 나는 죽음은 자연이 정한 것이라고 생각해요. 어른들은 죽음이 생명을 삼켜 먹어서 나쁘다고 생각한 것이에요. 그러다 보니 자연스럽게 죽음을 나쁘다고 생각한 것이에요. 나는 죽음이 무섭지만 어쩔 수 없다고 생각해요. 왜냐하면 죽음이 데려가면 다시 돌아올 수 없기 때문이에요.

아빠가 쓰라고 말하지 않았으면 서진이는 '모두의 천적은 죽음'이라는 생각 대신 친구들과 놀았던 일을 썼을 거예요. 본 것, 들은 것, 냄새, 말 한 마디, 약간의 변화 들이 좋은 글감이라고 알려주세요. 비 온 날 전깃줄에 매달린 물방울, 콘크리트 틈에서 자란 풀, 아침마다 같은 자리에서 지저귀는 새, 물건 진열하는 아저씨, 이것들이 아이 눈에 띄게 해주세요. 글을 쓸 때 아이가 다양한 '실재들'을 떠올리게 해주세요. 이런 걸 써야 한다고 알려주세요.

다음 세 가지 중 어떤 글이 가장 좋은 글일까요?

<가> 아침부터 저녁까지 열두 시간 동안 일어난 일을 쓴 한 쪽짜리 글

<나> 한 시간 동안 일어난 일을 쓴 한 쪽짜리 글

<다> 1분 동안 일어난 일을 쓴 한 쪽짜리 글

<가>는 아침에 일어나서 씻고, 밥 먹고, 학교 가서 공부하고, 점심 먹고, 오후에 공부하고, 학원 갔다가 집에 돌아왔다고 씁니다. <나>는 게임, 국어 시간, 체육 시간, 축구 시합을 주제로 쓸 거예요. <다>는 금요일 마지막 수업이 끝나기 전 1분, 아침에 엄마가 깨울 때 1분, 기대하던 결과 발표 시간 1분, 게임 끝나기 전 1분간의 일을 쓸 거예요. 실재가 민감하게 느껴지지요. 이것이 글을 잘 쓰게 만드는 주제가 됩니다. 주제만 바꿔도 글을 쓰는 마음이 달라집니다.

일기가 중요해요. 일기는 글로 자기 색깔을 찾아갈 수 있게 도와줍니다. 했던 일만 나열해 쓰는 단점을 벗어나는 것은 아이가 새로운 옷을 입는 것과 같아요. 무얼 쓸지 찾는 눈을 뜨게 해주세요. 창을 내다보며 눈에 들어오는 풍경을 써 보라고 하세요. 3년 전엔 다르게 보였을 거예요. 마음 상태에 따라 세 시간 뒤에도 같은 풍경이 다르게 보일 거예요. 창문으로 보이는 똑같은 풍경이 월요일 아침, 금요일 저녁, 일요일 한낮에 서로 다를 거예요. 이걸 쓰는 게 중요해요. 어른이 되면 그 풍경이 그리워지거든요.

읽기만 하고 글을 쓰지 않으면 아이 각자가 가진 독특하고 특별한 빛이 희미해져요. 시간이 지나면 희석되어 줄거리만 남아요. 작가가 대부분 어른이다 보니 아이 생각이 어른(작가)의 생각에 섞여 버리는 것 같아요. 책을 읽고 나면 대화나 토론으로 아이의 빛깔이 선명하게 나타나도록 도와주어야 해요. 아이 혼자서만 책을 읽고 글을 쓰면 자기만의 생각에 갇혀 버려요. 책을 많이 읽고도 편협한 사람이 되기도 해요.

공감해주고 느긋하게 기다려요

부모가 아이였던 30~40년 전 시절에는 글 쓰는 방법이 단순했어요. 몇 가지 방법만 알아도 가르칠 수 있었죠. 지금은 달라졌어요. 글 쓰는 방법보다 아이 성향을 아는 게 중요해졌어요. 과거에는 방법을 알려주고 그냥 쓰라고 하면 그만이었어요. 지금 아이들은 글을 쓰라고 하면 못 쓸 이유부터 말합니다. 획일적인 가르침이 통하는 시대도 아니고 아이들은 저마다 개성을 뽐내며 다양한 모습으로 살아가니까요. 그래서 글을 쓸 때 아이에 맞춰 말해주어야 해요.

민하는 말이 없어요. 천천히 말해요. 자기 생각을 잘 말하지 않기 때문에 덧붙이기도 어려워요. 민하는 기다려야 글이 나와요. 쓸 게 있다고 하면 기다려요. 쓸 게 없다고 하면 이것도 괜찮고 저것도 쓸 만하다고 말하고 나서 기다려요. 얼마 뒤 민하에게 글을 썼는지 물어보면 아직도 생각 중이라고 말할 때가 있어요. 하루 이틀은 기본이고 어떤 글은 두세 달 기다리기도 해요. 하지만 제 방법을 알려주거나 가르치려 들지 않아요.

기다리는 동안 몇 번이나 '아직도 안 쓰다니! 잔소리할까, 글 쓰는 방법을 알려줄까, 같이 개요를 짤까?' 생각했지만 말하지 않았어요. 제가 개입할수록 민하는 자기 글을 잃어버리거든요. 아래 소개한 글도 한참이나 기다린 끝에 받은 글이에요. 민하가 쓴 글은 놀라워요. 일기 쓸 때 가장 중요한 건 아이가 솔직하게 쓰도록 공감하는 거래요.

내가 가장 처음에 쓴 글 중 하나는 일기 아니었을까 싶다. 이제는 아빠가 어떻게 일기를 쓰라고 말했는지 기억나지도 않는다. 초등학생이 되면 일기를 쓴다고 말해서 쓰게 되었던가? 하여간 우리는 일 주일에 2~3번 저녁에 일기 쓰는 시간을 가졌다. 새로 산 식탁, 먹는 방법, 정리 정돈 등 기억에 남는 일을 아무렇게나 쓰면 된다. 아빠는 일기에는 거짓말을 쓸 필요가 없다고 말했다. 일기를 아빠와 선생님이 읽기 때문에 솔직해지는 건 쉽지 않다. 하지만 부모님과 선생님이 일기를 읽기 때문에 좋은 점도 있다. 바로 은근히 하고 싶은 말을 전할 수 있다는 점이다.

<제목 : 정리정돈>

오늘은 귀찮은 정리 정돈을 했다. 나는 책과 장난감을 치웠다. 억지로 정리를 해서 좀 그랬다. 그래도 정리를 하니까 기분이 좋았다. 서진이는 인형과 무엇을 치웠는데 뭘 치웠는지 잘 모르겠다. 난 그걸 꼭 알고 싶다.

▶ 아빠가 자주자주 치워 줄게.

초등학교 1학년 때 쓴 일기다. 여기서 중요한 것은 정리 정돈이 아니다. 서진이가 무엇을 치웠는지 모르겠다는 게 요점이다. 나는 아빠한테 "열심히 정리했는데 쟤는 청소를 별로 안 한 것 같아서 억울해요!"라는 말을 하고 싶었던 거다. 그리고 아빠는 현명하게도, 우리 둘 중 누구의 편을 들지 않고 아빠가 치워 주겠다는 답을 달아주었다. 그때의 내가 저 대답에 만족했을지는 모르겠다. 하지만 원하는 대답이 돌아오지 않아도 글로 털어놓으면 기분이 후련해지는 법이다.

가족 간에 대화가 힘들 때가 있다. 따지고 싶은 것도 있고, 원하는 것도 있는데 말을 꺼내기 어려운 경우 말이다. 나는 특히 더 그랬다. 그래서 일기를 통해 아빠에게 하고 싶은 말을 했다. 생일 선물로 갖고 싶은 게 생기면 일기에 썼다. 아빠에게 서운한 일이 있으면 그것도 적었고, 직접 말하기 어려운 것은 모두 일기를 통해 전달했다. 내가 일기에 어떤 내용을 써도 아빠는 뭐라 이야기하지 않으셨다. 그래서 더 솔직한 마음을 쓸 수 있었다.

> 오늘은 아주 평화로운 아침을 보내고 (몇 가지 사소한 다툼을 빼면) 평화롭게 차를 타고 (잠깐씩 기분이 더러울 때도 있었지만) 룰루랄라 (이런 걸 룰루랄라라고 하는 거라면) 호텔에 도착했다. 별 4개짜리 호텔이라는데 아주 새것이었다. 너무 새것이어서 공사장에서 나는 냄새가 났다. (후략)

중학교 때 여행을 가서 쓴 일기다. 이날 아침은 평화로웠던 걸까, 아니면 끔찍했던 걸까? 사실, 일기의 분위기를 결정하는 것은 그날의 경험보다는 일기를 쓸 때의 기분이다. 똑같은 일을 겪었더라도 일기를 쓸 때의 기분이 어떤가에 따라 일기 내용은 천차만별로 달라진다.

일기를 솔직하게 쓰라는 말은 일기를 쓰는 사람의 감정과 기분을 숨기지 말라는 것이다. 그날 다툼을 겪고 기분이 더러웠더라도,

일기에 '평화로운 아침'과 '룰루랄라'로 표현해도 된다. 이건 거짓말이 아니라, 표현 방식이 다른 것뿐이다.

기분이 나쁘면 글씨체도 나빠지고, 즐겁다면 말투가 경쾌해진다. 갑자기 괄호가 대량으로 등장할 수도 있고, 그림을 그려 넣기도 한다. 말도 안 되는 과장으로 사실을 뻥튀기하기도 하고 사실을 반대로 말하기도 한다. 중요한 건 일기를 매일 쓰느냐, 얼마나 길게 쓰느냐 하는 게 아니다. 기분, 생각, 스스로의 모습이 일기에 들어 있는지가 가장 중요하다. 일기는 사실 그대로 쓰는 게 아니다. 실제로는 100개의 잘못을 했어도 나는 아무 잘못이 없다고 주장해도 되는 곳이다.

다른 사람이 보기엔 거짓이라도 당사자에게는 그게 진실일 수 있다. 내가 쓴 일기와 동생이 쓴 일기가 일치하지 않거나, 아빠의 기억과 다른 경우는 많았을 것이다. 하지만 아빠는 한 번도 우리에게 일기 내용을 두고 이렇다 저렇다 말한 적이 없다. 우리가 써 내려간 것은 있었던 일의 나열이 아니라 마음의 일부분이었기 때문이다. 우리는 모두 다른 마음을 가지고 있다. 아빠는 내 일기를 보고, 민하의 마음은 이렇구나 하셨을 것이다. 나는 아빠가 내 마음을 알아주는 게 좋아서, 일기를 쓸 때 솔직해지려고 애썼다.

– 권민하, 〈일기〉

방법을 알려주고 응원해요

민하는 지금도 저와 같이 오프라인 독서모임을 해요. 『주홍 글씨』를 읽고 쓴 글에 민하가 이렇게 표현했어요.

> 인간은 결코 죄의 무게를 잴 수 없으며, 오직 용서를 통해서만 그 무게를 확정시킬 수 있기 때문이다. 용서란 온 지구를 도는 고행길을 걷는 사람에게 이만하면 됐다고 말하는 것이다. 백 걸음, 이백 걸음이면 된다고 선을 그어주는 것. 그게 용서다.

이 문장이 정말 좋았어요. 주홍 글씨를 새긴 옷을 입고 사람들의 비난과 멸시를 온몸으로 받으며 살았던 헤스터를 통해 작가인 너새니얼 호손(Nathaniel Hawthorne)이 용서의 의미를 말하려 했다고 생각해요. "네 잘못이 아냐!" "그 정도면 충분해. 이젠 됐어." 지금도 사람들은 용서를 기다려요.

'용서란 온 지구를 도는 고행길을 걷는 사람에게 이만하면 됐다고 말하는 것'이란 표현을 듣고 모임 참가자들이 깜짝 놀랐어요. 용서받지 못했다고 생각하며 자신을 채찍질하는 사람에게는 이제 그만 해도 된다는 말이 정말 필요할 거예요.

민하가 글쓰기를 힘들어 하던 때가 있었어요. 초등학교 3학년 때였는데, 딱 석 줄 쓰더니 더 이상 쓸 게 없다고 했어요.

난 일기를 쓰고 싶었다. 그런데 일기를 쓰려다 보니 읽은 책이 읎었다. 내일은 책을 읽어 독서일기를 꼭 쓸 깃이다.

일기장에 이렇게 써 놓고는 생각이 안 난대요. 서너 줄 쓰고 쓸 게 없다는 아이가 많아요. 쓸 거리가 생각나지 않는 거예요. '왜 이렇게 쓰느냐, 생각이 없냐, 도대체 뭐 하는 거냐.' 닦달해도 소용없어요. 아이도 생각나지 않아서 답답하거든요.

이때 글 쓰는 방법을 처음 알려줬어요. '문장 쪼개기'라는 방법이에요.

"민하야, 생각이 안 나지? 이럴 때는 이미 쓴 문장을 쪼개서 쓰면 돼. 새로운 걸 생각하는 게 아냐. 일기를 쓰고 싶었다고 쓴 문장을 쪼개서 세 문장으로 만드는 거야. 왜 일기를 쓰고 싶었어? 무슨 일기를 쓰려고 했어? 그런 게 있을 텐데 일기를 쓰고 싶었다는 문장 하나만으로는 잘 모르겠어. 그러니까 문장을 쪼개서 설명해 봐. 세 문장을 세 개씩 쪼개서 쓰면 아홉 문장이 될 거야. 한 번 해 볼래?"

아이들은 자세하게 쓰지 않아요. 저는 문장 쪼개기라는 말로 자세하게 쓰기를 가르쳤어요. 민하가 다시 쓴 글은 이해가 돼요. 자세하거든요.

난 일기를 쓰고 싶었다. (저번 주에 아빠가 독서일기를 쓰자고 했다. 난 그때 일 주일에 한 번 독서일기를 쓰기로 했다.) 그런데 일기를 쓰려다 보니 읽은 책이 없었다. (그래서 독서일기를 못 쓰게 되었다. 이럴 줄 알았으면 책을 한 권이라도 읽는 건데……. 하지만 이미 늦어버려서 어쩔 수가 없다.) 내일은 책을 읽어 독서일기를 꼭 쓸 것이다. (그리고 내일은 고조선을 읽을 것이다. 무척 재미있어 보이기 때문이다.)

중학생이 되었을 때 논술 쓰는 법, 독서감상문 쓰는 법을 알려줬어요. 그러나 민하는 혼자 고민하고 개요를 짠 뒤에 글이 마음에 차오르는 시간을 가졌어요. 그때까지 기다렸다가 기록하는 태도를 유지했어요. 민하의 글은 민하 자신을 보여주었지요.

아이가 좋아하는 방법으로 가르쳐요

서진이는 말이 많아요. 계속 조잘대요. 온갖 소재를 끌어와서 말해요. 말과 생각을 툭툭 펼쳐 놓아요. 그래서 정리해주는 사람이 필요해요. 저는 민하를 위해서는 생각을 펼치는 역할, 서진이를 위해서는 생각을 정리하는 역할을 해요.

나는 하고 싶은 말이 참 많은 아이였다. 우리 집 공식 수다쟁이였다. 한시도 쉬지 않고 조잘거렸다. 집에서, 밥을 먹으면서, 이를 닦으면서, 산을 헉헉대며 오르면서도 수다를 떨었다. 집안 어른들이 우리의 어린 시절을 회상하면서 꼭 언니가 말이 없어서 걱정했다고 말씀하시는데 그 말을 내가 빼앗아 버린 것 같다.

그래서일까? 글을 쓰면서도 막힘이 없었다. 아빠는 항상 우리에게 서론과 결론을 쓰는 게 어렵다고 하셨다. 글을 시작하는 게 어렵고, 글을 마무리짓고 대안을 제시하는 게 어렵다는 것이다. 그런데 내가 기억하기론 난 단 한 번도 서론이 막힌 적이 없다. 그냥 종이에 연필을 가져다 대면 글을 시작하고 이어갈 수 있었다. 끝을 낼 수 없었을 뿐이다. 결론을 요약하고 다시 설명하고 질질 끌어가다 결국 흐지부지 끝나곤 했다.

학교 다닐 때 쓴 내 글들엔 내가 녹아 있다. 조잘거리던 내 모습이 녹아 있다. 말의 무게는 생각하지 않고, 생각나는 내용을 계속 말하던 내가 들여다보인다. 즐겁게 말을 이어가다 보면 말의 끝은 고려하지 않는다. 그냥 자연스레 다음 주제로 넘어갈 뿐이다.

독서감상문을 쓰는 걸 어려워하는 사람들이 있었다. 첫 글자를 쓰기가 힘들다는 것이다. 어떻게 할지 몰라 머뭇거리다가 결국 포기한다. 하지만 결국 감상이다. 내 생각을 쓰는 것이다. 깊은 뜻을 담을 필요도 없다. 물론 그러면 좋겠지만 필요조건은 아니다. 이 책이 너무 싫었다는 이야기를 써도 된다. 다만 왜 싫었는지 설명해야 한다. 이런 점이 싫었고, 그래서 내 기분이 어떠했다는 걸 풀어서 말해주어야 한다.

사람들이 자기 생각을 자유롭게 말하는 걸 어려워하는 것 같다. 아빠는 독서토론을 시작할 때면 우선 이 책에 대한 감상을 말해보라고 하셨다. 규칙은 단 하나, 앞 사람과 겹치는 단어는 사용해서는 안 된다. 맨 먼저 '재밌다'가 나온다. 그 다음에 '즐거웠다. 흥미로웠다'가 나온다. 그러면 뭐가 재미있었는지, 뭐가 즐거웠는지, 뭐가 흥미로웠는지 물어보게 된다.

나는 책에 대한 감상을 말하지 않았다. 그냥 책의 한 쪽, 한 부분, 등장인물에 대한 감상을 말했다. 그 부분의 음식이 참 맛있어 보였다는 말부터, 저런 실험은 처음 보는데 조금 이상한 것 같다는 말까지 자유롭게 오간다. 내가 생각하던 감상을 앞사람이 말해도 상관없다. 토론을 위해 읽은 책은 보통 200쪽을 넘어가고 그 안에 할 말이 참 많다. 생각을 얘기하는 것뿐이니 지금 당장 생각나는 걸 내뱉어도 좋다. 글자 하나하나의 모양, 문장의 느낌, 인물, 사건, 구조 등 할 얘기가 이렇게나 많은데 항상 '재미있었다'이다.

글을 너무 어렵게만 생각할 필요는 없다고 생각한다. 물론 한참을 숙고한 끝에 한 글자 한 글자 써내려가는 글도 있지만 모든 글이 그런 것은 아니다. 생각을 묻는 말에 그럴듯한 말이나 정형화된 말이 아닌 내 생각을 말할 수 있어야 한다고 생각한다. 정 안되면 수다를 떨면 된다. 글을 읽을 독자에게 말을 걸고, 설명하고, 조잘대다 보면 하나의 글이 완성된다. 수다와 달리 다음 주제로 자연스레 전환되지 않아 끝을 맺기 어렵지만.

_ 권서진, 〈내 생각 말하기와 독서감상문〉

서진이가 쓴 것처럼 사람들은 자기 생각을 자유롭게 말하는 걸 어려워해요. 특히 글로 쓸 때는 막힐 때가 많아요. 온갖 것을 산만하게 생각하기 때문이에요. 일상에서 작은 한 부분이 보이지 않기 때문에 아침부터 저녁까지 겪은 일을 다 쓰지요. 글은 작은 한 부분을 자세하게 써야 해요. 한 가지를 수다 떨 듯이 말하면 돼요. 그러면 글을 쉽게 씁니다.

개요 짜기를 알려주세요

쓰고 싶은 내용을 정하면 개요를 짜야 해요. 꼭 개요를 생각할 필요는 없지만, 개요를 짜면 글을 쓰기 쉬운 것만은 틀림없어요. 개요는 글을 쓰기 위한 계획서예요. 형식을 갖추어야 하는 글(설명문, 논설문)을 쓸 때는 꼭 개요를 짜야 해요. 시와 일기, 수필처럼 느낌을 표현하는 글은 개요를 짜지 않아도 괜찮아요.

3학년쯤 『큰 숲 속의 작은 집』*75을 읽고 글을 썼어요. 개요 짜기를 가르쳐 주고 한번 생각해보라고 했어요. 민하가 개요를 짠 것을 보고 어떻게 말해야 내가 지적하는 게 아니라고 생각할까 고민했어요. 민하 표정을 살피며 조심스레 물었을 거예요. 서진이는 달라요. 서진이는 오히려 정확하게 알려달라고 해요. 그래서 대놓고 물어요.

"책 좋았어? 누가 좋아? 어디가 좋아?"

"캐나다 가고 싶어? 가면 뭐할 거야? 가장 하고 싶은 게 뭐야?"

"이 책 읽으며 생각나는 다른 책 있어?"

서진이는 이렇게 해봐라, 저렇게 고쳐 보자 말해주면 오히려 좋아해요. 서진이가 『큰 숲 속의 작은 집』을 읽고 쓴 개요예요.

- 로라, 메리의 특징
- 사람들이 메리를 더 좋아하는 이유
- 표지 그림을 본 나의 생각
- TV 드라마를 보고 싶음
- 엄마의 파마, 물엿+눈
- 이 책의 좋은 점
- 재미있는 부분 : 춤 대결, 사진 사건, 설탕 눈
- 그 아이들과 나의 생활 비교

서진이가 쓴 개요에 문단 순서를 바꾸고 분량, 추가할 내용을 알려주었어요.

- 표지 그림을 본 나의 생각 (책 소개) 50자
- 로라, 메리의 특징 (민하와 서진이를 예로 들어) 120자
- 사람들이 메리를 더 좋아하는 이유 (첫째 아이와 둘째 아이를 대하는 사람들의 태도, 여자아이를 대하는 태도) 120자
- 재미있는 부분 : 춤 대결, 사진 사건, 설탕 눈 120자
- 엄마의 파마, 물엿+눈 80자

- 이 책의 좋은 점 (옛날에 대한 신기하고 새로운 느낌) 60자
- 그 아이들과 나의 생활 비교 100자
- TV 드라마를 보고 싶음 50자

제 설명을 듣고 서진이가 다시 고쳐 쓴 개요예요.

1. 표지 그림을 본 내 생각 – 소개, 외모
2. 로라와 메리의 특징 – 성격(민하 차분, 서진이 명랑)
3. 사람들이 메리를 더 좋아하는 이유 – 여자아이에 대한 예전 사람들의 생각과 내 생각
4. 재미 : 춤 대결, 사진, 설탕 눈, 7번 읽음
5. 엄마 손수 파마, 물엿, 눈
6. 이 책의 좋은 점 – 신기, 새로운 느낌
7. 그 아이들과 내 생활 비교 – 일기 참고, 놀이
8. TV 드라마를 보고 싶음

개요를 짜며 내용을 생각해 놓으면 글로 쓰기 쉬워요. 이미 생각한 내용을 옮겨 쓰기만 하면 되거든요. 저는 글을 아껴요. 글은 아이가 살아온 역사의 기록이에요. 기록으로 남기면 기억에 남아요. 사진이 한순간을 기억으로 남긴다면, 글은 생각이 자라는 과정을 기억으로 남기는 거예요. 그래서 가족 신문을 만들었어요. 아이가 '글

로 자라온 기억'을 남기고 싶었거든요. 신문을 만들면 자기 글이 나왔다며 좋아해요. 그리고 또 글을 쓰지요.

세밀하게 반응하세요

아이가 쓴 글에 세밀하게 반응하세요. "잘 썼다." 한 마디로 그치면 아이는 처음에는 좋아하지만 불안해질 수도 있어요. 어디를 어떻게 잘 썼는지 알려주면 그렇게 쓰려고 노력할 거예요. 세밀하게 알려주지 않고 칭찬하면 기분은 좋지만, 앞으로 어떻게 해야 할지 몰라요. 그럼 눈치를 보거나 글쓰기에서 점점 멀어져요. 민하는 글을 잘 쓰는데도 제가 칭찬해주기를 기다렸어요. 저를 믿고 저에게 기대하기 때문이에요.

글쓰기도 일기와 마찬가지다. 자기 마음을 알고, 솔직하게 써야 한다. 하지만 가장 중요한 건 따로 있다. 쓰고 싶은 게 있어야 한다! 글쓰기가 어려운 이유는 뭘 써야 할지 모르기 때문이다. 눈앞에 종이가 있고 필기구를 잡고 있는데 막상 떠오르는 내용은 없다. 백지의 빈 공간은 너무 크고, 머리 속에 들어 있는 건 쥐꼬리만 하다. 당연한 일이다. 처음부터 종이를 자기만의 생각으로 가득 채울 수 있는 사람이 어디 있겠는가? (있을지도 모른다는 생각이 들기도 한다.)

어렵게 생각할 것 없다. 그냥 가장 많이 한 생각, 가장 먼저 떠오른 생각이면 된다. 책을 읽고 글을 쓴다면 책을 읽는 동안 가장 많이 들었던 생각을 떠올린다. 꼭 의미있고 멋진 생각일 필요도 없다. '왜 이렇게 재미없어?' 좋다. '뭔 소리야. 쓸데없는 내용이네.' 훌륭하다. 아주 좋은 글이 될 수 있는 주제가 나왔다. 나는 『걸리버 여행기』, 『만세전』, 『돈키호테』 등 여러 책으로 '이 책을 왜 읽는지 모르겠다.'라고 말하는 글을 썼다. 거의 비슷한 주제로 여러 번을 썼는데도 전혀 질리지 않았고 매번 다른 글이 나왔다.

시작은 작아도 된다. 한 문장, 하나의 생각, 하나의 느낌. 내가 『주홍 글씨』를 읽고 쓴 글은 그 책을 읽으면서 내내 품고 있었던 하나의 바람에서 출발한다. 나는 그냥 로저가 아서를 용서해주었으면 했다. 그래서 용서에 대한 글을 쓰기로 마음먹었다(184쪽의 글—편집자) 하나의 생각을 표현하기 위해 글을 쓴다. 어떻게 그런 생각이 들었는지, 그런 생각이 들 수밖에 없는 이유가 무엇인지 다른 사람들도 느낄 수 있게 설명한다. 설명하려고 애쓰다 보면 더 깊게 생각하게 되고, 더 쓰고 싶은 말이 생긴다.

자기가 하고 싶은 말을 하는 것이 중요하다. 마음에 없는 말을 쓰면 다른 사람들의 생각을 따라 하는 것밖에 할 수 없다. 나만 가지고 있는 마음 한 조각, 나라서 떠오르는 생각 하나를 잡아채야 한다. 처음에는 허접한 것밖에 떠오르지 않는 것 같아도, 몇 번 하다 보면 스스로도 깜짝 놀랄 만한 영감이 찾아온다. 내가 『책벌레들의 책 없는 방학』을 읽고 자만심이라는 주제를 떠올렸다는 것에 깜짝 놀랐던 것처럼(97쪽의 글—편집자), 하고 싶은 말로 글을 쓰는 연습을 하면,

나중에는 별로 마음에 들지 않는 주제로도 그럴 듯한 글이 나온다.

주제를 결정하고 첫 문장을 적는 것도 어렵지만, 종이에 마구 쏟아낸 내용을 정리해서 마무리 짓는 것도 그만큼 어렵다. 잘못하면 쓰다 말고 중간에서 뚝 끊긴 글이 되고 만다. 글의 마지막에서 지금까지 적은 내용을 모아서 자기가 진짜 하고 싶은 말을 한다. 가장 쉬운 방법은 "그러므로 사람들은 서로 용서해야 한다."라고 주장하는 문장으로 끝맺는 것이다. "용서란 좋은 것이다." 하고 주제를 요약해도 좋다. 내가 좋아하는 방법은 자기 생각을 솔직하게 말하며 마무리하는 것이다.

"나는 로저가 아서를 진작 용서했더라면 하는 생각을 한다."

이렇게 힘들게 글을 다 써도 끝난 게 아니다. 아직 글을 다른 사람들과 나누고, 고치는 과정이 남아 있다. 자기가 쓴 글을 다른 사람들이 읽을 때는 굉장한 용기가 필요하다. 이때 지적을 많이 당하거나 비난을 받으면 글 쓸 의욕이 뚝 떨어진다. 하나를 비판하면 적어도 하나는 칭찬해주어야 한다. 맞춤법이나 어휘를 지적하는 만큼 주제가 좋다고 추켜세워 주어야 한다. 나는 늘 비판보다는 칭찬을 많이 받는 편이었는데도, 사소한 몇 가지 지적이 마음에 걸려서 남에게 글 보여주는 것이 무서웠다. 사실 지금도 그렇다. 아빠, 칭찬 좀!

_ 권민하, 〈글쓰기〉

글을 쓰세요. 아이 글을 냉장고에 붙이세요. 이야기할 때 아이가 쓴 글에 대해 말하세요. 가족 신문을 만들면 더 좋지요. 아이가 쓴 글이 보이고, 가족이 이야기해서 글이 둥둥 떠다니게 하세요. 그러면 아이가 글을 씁니다. 아이 글은 오랫동안 두고두고 기억하며 이야기하는 가족 역사가 될 거예요.

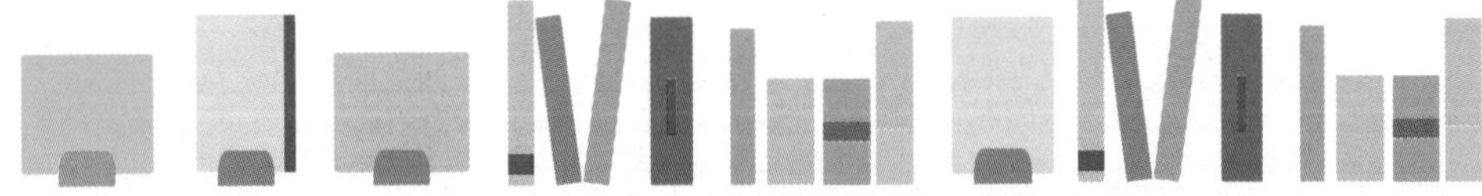

4부

제대로독서
진짜공부

초등학교 고학년 때 학교에서 역사를 배웠다. 이때 배운 내용을 블록으로 만들면서 놀았다. 움집, ㄷ 모양 집, ㅁ 모양 집 들을 만들었다. 안채와 사랑채 등 다양한 집들을 만들었다. 서진이는 평소에 만들던 걸 되풀이해서 만들었다. 민하는 새로운 걸 만들었다.

민하　(움집을 만들고) 다 됐다. 완벽해.
서진　음, 벽이 없는데? 이게 무슨 집이야? 가구가 있긴 한 거야?
민하　집 맞아. 예전에는 다 이런 데서 살았어.

민하가 새로운 걸 만들면 새로운 이야기가 생겨났다. 집 가운데 화로를 세우고 빗살무늬토기를 두었다. 창을 들고 야생지대에 나가서 동물을 잡아왔다. 동물을 길들여 외양간을 세우고, 경작을 시작하며 울타리를 만들었다.

서진　(빨강 블록 들고) 이제 겨울이 오고 있어. 식량 창고를 채워야 해.
민하　(파랑 블록 들고) 나는 지붕을 수리할게. 이 상태로는 겨울에 얼어 죽고 말 거야.
서진　맞아, 맞아! 저기 고쳐야 한다고 얘기했었잖아.

아이들은 이렇게 놀았다. 서진이는 이런 놀이를 하면서 고정관념에서 벗어났다고 한다. 미디어에 나오는 집이 아니라 새로운 세상을 만들어 나갔다. 민하는 마음대로 이야기를 만들며 놀아서 좋다고 했다. 단조롭고 일상적인 둘만의 세상이 점점 커졌다. 아이들이 자라면서 이야기도 같이 자랐다.

| 10장 |

선행학습이 아니라 예습을

초등 1~2학년은 국어, 수학 외에 통합교과로 여러 과목을 배워요. 일기 쓰고(국어), 구구단 이해하고(수학), 친구들과 어울려 지내고, 주위에서 일어나는 일에 관심을 기울이고 몸으로 표현하면 됩니다. 살면서 자연스럽게 배우는 내용이 대부분이에요. "다음 중 잘못된 것을 찾으시오." 같은 문제 풀이로 배울 필요가 없어요. 어릴 때는 몸과 마음을 움직이며 배움이 즐겁다고 느끼면 돼요. 아이가 스마트폰에 빠져들지만 않아도 잘 하는 거예요.

3학년부터는 과목이 세분화됩니다. 국어, 수학 외에도 사회, 과학, 영어, 그리고 예체능 교과로 나뉘어요. 3학년부터는 두뇌를 활용하는 내용이 많아요. 2학년까지는 몸을 움직이며 배우는 시간이 많았지만, 3학년부터는 꾸준히 의자에 앉아 공부해야 해요. 특히 사회와 과학이 낯설어요. 일상에서 접하지 않은 내용이 많거든요. 처음 듣는 낱말과 새로운 내용이 많으면 어렵게 느껴요. '아는 내용이야! 이걸 들으니 다른 게 생각나네.' 해야 즐겁게 공부해요.

그래서 예습이 필요해요. 어느 정도 알면 관심이 높아지고 집중해서 듣잖아요. 배울 내용을 미리 알려면 어떻게 할까요? 대부분 학원에 보내죠. 학원에서 먼저 배우고 학교에서 다시 배우면 잘할 거라 생각해요. 하지만 정말 그런가요? 선행학습과 예습은 다릅니다. 공부의 배경을 만드는 건 예습이에요. 예습은 곡식이 잘 자라도록 밭을 준비하는 거예요. 장마에 대비해서 둑을 높이고 거름을 뿌려 열매를 많이 맺게 하는 준비 과정이에요.

선행학습은 다른 사람보다 먼저 곡식을 심는 겁니다. 일찍 심으면 열매가 많이 달릴 거라고 생각하지요. 유치원부터 영어를 배우고 초등 2학년이 분수와 소수를 배워요. 중학생이 고등학교 과정의 문제를 해결하면 공부 잘한다고 생각하지요. 물론 몇몇 아이에게는 선행학습이 효과적이에요. 같은 내용을 보고 또 보면 성적이 좋아지는 성향인 아이가 있어요. 그러나 대부분은 배운 내용을 되풀이하면 지루해해요. 지치죠.

저학년 때는 "제가 알아요." 하며 손을 번쩍 듭니다. 학원에서 배운 걸 학교에서 되풀이해도 즐거워해요. 그러나 이미 배운 걸 학교에서 다시 배우는 과정을 몇 년 되풀이하고 나면 더는 발표를 하지 않습니다. 공부가 지겨워지고 수업 시간이 점점 지루해져요. 잘 모르는 내용이라도 모른다고 생각하지 않아요. 이미 배웠던 것이니까 잠시 잊었다고 생각하죠. 사실은 모르는데, 알던 내용을 잊었다고 생각하니까 다시 공부해도 꼼꼼하게 보지 않아요. 그러면서 또 적당히 넘어갑니다. 쉬운 문제는 잘 해결하지만, 문제가 조금만 어려워지면 틀려요. 안타까워요.

다른 아이보다 먼저, 문제를 더 많이 푸는 게 중요하지 않아요. 저는 다른 아이보다 빠르네, 늦네 생각하지 않았어요. 비교는 금지! 아이가 잘 하거나 못 해서가 아니에요. 멀리 길게 보면 빠르고 늦은 게 중요하지 않기 때문이에요. 1~2년 늦거나 빠르다고 불안해 할 필요가 없었어요. 제겐 아이가 공부에 부담을 갖지 않으면서도 공부를 좋아하게 만드는 예습 방법, 선행학습보다 효과가 좋은 방법이 있거든요.

책으로 예습해요

2학년을 마치는 겨울 방학부터 빌려오는 책이 달라져요. 이젠 교과서 내용을 다루는 책도 읽어야 해요. 교과서는 공부할 내용을 요약한 책이에요. 학교에서는 교과서 내용을 바탕으로 관련 활동을 하며 가르쳐요. 그러므로 공부할 때는 교과서 내용에 관련 내용을 덧붙여 이해해야 해요. 낱말을 알고, 관련 내용을 이해하고, 인과 관계를 설명해야 해요. 지식을 기억하는 능력보다 이해하고 연결하는 능력이 필요하지요.

3학년 사회는 우리 고장의 모습, 고장에 전해 오는 이야기와 문화 유산, 교통과 통신 수단의 변화를 배워요. 아이가 사는 고장의 역사를 문제 풀이로 배우면 안 돼요. 디지털 영상지도의 특징을 기억하는 것보다 고장을 직접 살펴보는 게 중요해요. 100년, 500년 이전 역사를 지금 우리가 어떻게 아는지 이해해야 해요. 도서관에서 책을 읽고 박물관에 가고 고장의 문화 유산을 찾아다녀요. 그럼 3학년 사회 시간이 재미있어집니다.

3학년 과학은 물체의 기능과 물질의 성질, 동물의 한살이(배추흰나비), 자석의 성질, 지구와 달의 모습을 배워요. 일상에서 자연스럽게 접하지 않는 내용이라 어렵게 느껴져요. 관련 책을 미리 읽으면 이해하기 쉬워요. 책을 읽으면 아는 내용이라 관심을 기울이고, 공부하면서 관련 내용을 떠올리기 때문에 집중해요. 그러면 공부를 잘 해요.

방학이 되면 다음 학기에 배울 내용을 책으로 먼저 읽었어요. 학원에서는 정해진 교과 내용을 미리 배워요. 학교에서는 학원에서 배운 내용을 비슷하게 되풀이하죠. 똑같은 내용을 되풀이해서 듣고 또 들으면 시간이 지날수록 흥미가 줄어들어요. 몇 년 학원에 다니면 학교 선생님 설명을 듣지 않고 학원 공부에 매달리지요. 책으로 하는 예습은 달라요. 배경지식을 넓혀 주지만 교과서 내용을 정확하게 그대로 알려주진 않아요. 책으로 예습하면 공부할 때 관련 내용이 자꾸 생각나요. 교과서 내용을 벗어난 부분까지 이해해요. 배움터를 넓히는 거예요. 교과서 내용, 선생님 설명, 친구들 발표와 책에서 읽은 내용을 떠올리며 연결해요. 책으로 예습하면 문제의 정답이 아니라 관련 이야기를 많이 알아요. 저절로 집중하게 되죠.

제 아이들은 고등학교 때도 수업 시간에 집중했어요. 친구들이 학원에서 배운 내용을 되풀이할 때 관련 내용을 떠올리고 연결해서 생각하며 공부했어요. 고등학교 모의고사와 수능에서도 효과가 좋았어요. 아무리 어려운 내용도 낯설지 않았다고 해요.

어릴 적 아빠는 우리를 시립도서관에 데려가 한꺼번에 대출증을 만들었다. 그때 엄마, 할아버지, 할머니까지 같이 만들었는데 가족의 대출증은 대신 사용할 수 있으니 우리가 빌릴 수 있는 책이 엄청나게 늘어났다. 아빠는 도서관에서 한 번에 열 몇 권을 빌려오셨다. 우리는 책들을 원하는 만큼 볼 수 있었다. 아빠는 매주 도서관에 책을 반납하고 새로운 책을 빌려오셨다. 우리 수준에 맞는 다양한 주제의 책이었다. 함께 도서관에 가 직접 책을 고르기도 하고, 아빠 혼자 빌려다 주기도 하셨다.

그때도 우리는 활자를 좋아했던 아이들이었기에 한두 권을 빼면 거의 다 읽었다. 아빠가 다 읽으면 좋겠다는 의견을 피력하셨고, 분위기가 그렇게 형성되어 있었기 때문이다. 나는 아빠의 특별관리 대상이었는데 내가 문학책만 읽으려고 했기 때문이다. 아빠는 나에게 적어도 한 권의 비문학 책을 읽으라고 하셨다. 과학책이었던 것 같은데 내가 문학은 좋아하지만, 과학은 싫어했기 때문이다. 역사책은 그래도 꽤 읽었고, 사회도 그리 싫어하진 않았지만, 과학책은 손이 가지 않았다.

아빠는 다양한 분야에서 책을 골라주셨는데 같은 분야의 책은 비슷한 내용으로 구성되었던 것 같다. 지금 생각해보면 그 책들은 우리가 배우게 될 내용과 관련이 있었던 것 같다. 어릴 적 일이라 책 한 권 한 권이 기억나진 않지만, 책으로 읽어서 알고 있던 내용을 학교에서 배웠던 기억은 있다. 아마 아빠가 초등학교 진도 같은 걸 생각해서 적절한 수준의 문학책들과 교과와 관련된 비문학 책을 골라 주었던 건 아닐까?

한 권이 그리 길지도 않아서 쉽게 읽을 수 있었다. 같은 분야의 책이 비슷한 것들로 구성되었던 건 아마 다양한 저자의 말로 다양한 관점을 접하다 보면 자연스레 그 부분을 이해할 수 있기 때문이라고 생각한다.

중고등학교 시절에는 더 이상 책을 빌려다 주시지는 않았다. 아빠가 읽으라는 책을 읽었던 시기가 지나가기도 했다. 하지만 언니와 나는 직접 학교 도서관에 다녔다. 중학교에는 의무로 채워야 하는 봉사 시간이 있었고 언니는 도서부가 되어서 봉사 시간을 채우기로 했다. 그러면서 자연스레 도서관에 가게 된 것 같다.

나는 도서부가 아니었다. 1학년 초에 가위바위보에 져서 도서부에 떨어졌고, 상실감에 괜히 도서관에 가지 않았다. 몇 달 후에는 마음이 진정되었고, 1학년 2학기 때부터는 도서관에 계속 드나들었다. 쉬는 시간이면 교실은 너무 소란스러웠고, 복도를 지나 구름다리를 건너서 한 층만 올라가면 바로 왼쪽에 도서관이 있었다. 나는 2교시 끝난 쉬는 시간과 점심시간, 6교시 후의 청소 시간에 도서관을 계속 방문했다. 매일 책을 빌렸고, 도서관에 방문하지 않는 시간 틈틈이 책을 읽었다. 기말고사가 끝나고 학교가 느슨해지는 기간에는 하루에 두세 권씩 읽기도 했다. 그때는 정말 도서관 곳곳을 너무 잘 알았다.

매번 책을 읽으려고 방문한 것은 아니었다. 사서 선생님과 친해져서 괜히 더 방문하기도 했다. 나는 도서부가 아니었지만 하도 도서관에 드나든 나머지 사서 선생님이 나를 도서부라고 착각하셨다. 2학년 때에는 결국 도서부가 되었다. 역사책이나 사회과학책을 많이 읽었던 것 같다. 쉬는 시간 틈틈이 책을 읽다 보니 자꾸 흐름이 끊겼고, 챕터별로 읽어도 큰 지장이 없는 책들을 선호하게 되었다. 소설책은 그럴 수 없었지만 역사나 사회과학책은 괜찮았다. 이때 읽어 둔 역사나 사회과학책이 큰 도움이 되었다. 한국사나 세계사에서는 짤막하게 나오는 사건들에 대해 더 자세히 알고 있었고, 외우기 어려운 이름들도 자연스럽게 알았다. 사회 시간에 배우는 지리나 문화에 대해서도 이해하기 쉬웠다.

고등학교 때는 이런저런 공부에 바빠서 쉬는 시간마다 책을 읽지 못했다. 평소 학교에서 책을 읽던 시간에 교과 복습을 했기 때문이다. 도서관이 멀었던 것도 한 이유이다. 중학교 때에는 2층에 있었지만 고등학교 때에는 4층이 도서관이었다. 접근성이 좋지 않으면 잘 방문하지 않게 된다. 우리 청소구역이 바로 앞 수석 교사실이었기 때문에 간간이 들르긴 했지만 예전 같지는 않았다.

아빠가 더 이상 우리의 독서 생활을 조정하진 않았지만 이따금 도움을 주셨다. 수업을 듣고 잘 이해할 수 없는 개념이 있다고 말하면 관련 책을 두세 권 가져다 주셨다. 다양한 사람들이 사용하는 실례를 보면 더 잘 이해할 수 있게 되기 마련이다. 정말 좋은 책이 있으면 읽어보라고 추천하기도 하셨다.

_ 권서진, 〈책으로 하는 예습〉

민하가 고등학생이 되자 현대사가 어렵다고 했어요. 저는 직접 겪거나 자주 들었기 때문에 사건이 일어난 배경과 과정, 관련 대통령을 알아요. 민하는 사건의 배경과 순서를 몰라서 어려웠지요. 초등 고학년 수준의 현대사 책을 두세 권 읽으면 흐름을 이해하리라 생각했어요. 도서관에서 『스토리텔링 초등 한국사 교과서』*[76]와 『행복한 한국사 초등학교』*[77]를 빌려와서 현대사 부분만 읽어보라 했어요. 책을 읽더니 이제 이해가 된대요. 두 책이 좋은지 나쁜지는 저도 몰라요. 제 눈에 띄어서 집어든 책이거든요. 민하는 모의고사부터 수능까지 내내 한국사를 1등급 받았어요.

책으로 예습하면 공부가 쉬워진다는 걸 알기 때문에 우리 반 아이들에게 방학 숙제로 책 읽기를 제시해요. 가까운 도서관에 가서 2학기에 배울 내용을 다룬 책을 찾아 목록을 만들어 나눠주었죠. 국어 교과서에 나오는 책 목록, 사회와 과학 내용을 다룬 책 목록이에요. 도서관 청구기호까지 적었어요. 책을 읽으면 2학기 공부가 쉬울 거라고 안내하며 읽으라고 꼬드겼어요. 제 말을 따른 아이는 공부를 잘하게 되었어요.

과제와 수행평가도 책으로 해요

아이 과제가 부모 과제라고 하지요. 수행평가는 아이들 실력이 아니라 부모의 관심을 평가하는 것과 마찬가지라는 말이 들려요.

과제를 내는 목적이 뭘까요? 배운 내용을 복습하며 기억하기 위해서만은 아니에요. 과제를 하며 가족과 이야기하고, 스스로 공부하는 습관을 기르고, 공부하는 방법을 배우라는 뜻이기도 해요. 저학년 아이는 과제를 스스로 하기 어려워요. 부모가 자녀의 과제를 도와주며 과제를 '어떻게 하는지' 알려주어야 해요. 저학년은 과제를 하면서 공부하는 방법을 배우거든요. 이때 방법을 잘 배우면 고학년, 중학생이 되어서도 잘 할 거예요. 초등학생에게는 결과보다 과제를 하는 과정이 중요해요. "숙제 어떻게 해요?"라고 물었을 때 "인터넷에서 검색하면 되잖아!" 하면 자녀는 '아, 숙제는 인터넷으로 하는 거구나!' 하고 생각해요. 요리하거나 다른 무언가를 할 때 부모가 인터넷의 도움을 받으면 아이는 '어려움이 생기면 인터넷을 보면 되는구나!' 생각해요. 인터넷 검색은 우리를 편리하게 해줍니다. 그러나 자녀가 유치원, 초등학생일 때는 인터넷 검색을 자제

하세요. 아이들 앞에서는 하지 마세요. 왜냐하면 부모가 검색할 때마다 '인터넷이 최고야! 검색하면 정답을 알려줘. 그대로 따라 하면 돼!'를 가르치는 셈이거든요. 부모가 인터넷 사용을 잘 조절해야 한다고 아무리 말해도 아이는 눈으로 보고 몸으로 느끼며 배워요. 부모님이 검색으로 문제를 해결할 때마다 '모르는 게 생기면 나도 인터넷에서 찾아봐야지!' 하죠.

저는 아이가 과제를 가져오면 책을 찾았어요. 제가 아는 것도 일부러 "책에 있을 거야. 어떤 책에 나올까?" 하며 책을 줬어요. 검색하면 5분만에 해결할 내용을 한 시간 동안 책을 읽게 했어요. 당장은 귀찮겠지만 습관이 생기면 훨씬 좋을 거라 기대했어요. 아이는 과제를 해결해야 할 때 책을 찾아 읽었어요. 검색해서 찾지 않고 도서관에 가서 책을 빌려왔어요. 저는 중학생이 되기 전에 공부는 책으로 하는 것임을 알려주고 과제를 할 때 책을 읽는 습관을 만들어 주고 싶었어요.

대부분의 아이들이 인터넷 검색 결과를 보고 과제를 작성해요. 아이들이 알기 어려운 낱말도 섞여 있고 내용이 비슷비슷해요. 하지만 책을 읽고 작성한 과제나 수행평가는 확실히 달라요. 민하와 서진이는 책을 보고 한 자신들의 과제가 친구들과 다르다는 걸 깨달았어요. 책을 읽으며 과제를 준비하는 태도는 고등학교 수행평가, 대학 리포트 쓸 때도 도움이 되었어요.

어린이 책은 아이뿐만 아니라 어른에게도 좋아요. 예전 어린이 책들은 교훈을 주기 위한 것들이 많았어요. 지금은 좋은 책이 참 많아요. 지식과 정보를 제공하고, 마음을 이해하고 위로하며, 넓고 깊게 생각하도록 해주죠. 그러니까 자녀와 함께 읽어보세요. 자녀는 부모와 대화하며 배우고 자랍니다. 책 이야기로 대화를 나누면 얼마나 좋겠어요!

내 방에는 어린이 책이 많았다. 그 중에는 그림책도 있고, 짧은 동화책도 있었다. 『숲은 어떻게 만들어지는가?』*78 라는 책이 생각난다. 나는 과정, 단계의 흐름에 관심이 많아서 이 책이 재미있었다. 몇 년이 지나 이 책을 잊어버렸다. 고등학교 2학년 생명과학 시간에 숲의 형성 과정에 대해 배웠고 이 책이 다시 생각났다. 책과 교과서의 내용이 조금 다르긴 했지만 기본적인 구조는 똑같았다. 환경에 알맞은 식물이 자라면서 환경을 바꿔 버리면, 다시 바뀐 환경에 알맞은 새로운 식물이 자라기 시작한다는 거다.

초등학생을 위한 책에도 고등학교 교과서에 나오는 내용이 담겨 있다. 절대로 어린이용 도서를 무시하면 안 된다. 어린이도 수요와 공급의 변화가 가격에 어떤 영향을 끼치는지 이해한다. 전쟁과 차별이 사람들을 불행하게 만든다는 것, 사회적 약자를 보호해야 한다는 걸 알아듣는다. 수많은 어린이 책이 그런 것들에 대해 이야기하고, 아이들은 책에서 많은 것들을 배운다.

어린이도 경제, 인권, 정의와 같은 개념들을 문제없이 이해한다.

수준에 맞게 제대로 설명된 책을 고르기만 한다면 말이다. 설령 이해 못하더라도 괜찮다. 이해하려고 시도했던 것만으로도 나중에 진짜 공부할 때 도움이 된다. 내가 숲의 형성 과정을 공부할 때 '숲은 어떻게 만들어지는가?'를 떠올리지는 못했지만, 어떻게든 도움이 되었을 거라 믿는다. 『물리학 클래식』*79(진짜 어려움)을 처음 읽을 때 이해하지 못한 내용을 두 번째 읽을 때에는 더 많이 이해했다.

잘 들여다보면 어린이 책에 생각보다 많은 내용이 담겨 있다는 것을 알게 된다. 오즈 시리즈가 그렇다. 우리가 『오즈의 마법사』에서 찾아내는, "우리가 갈망하는 것은 사실 우리 안에서 찾을 수 있다"라는 교훈 따위를 말하는 게 아니다. 오즈 시리즈를 읽다 보면 문장 하나에, 인물들의 대화와 가치관에서, 여러 마법적인 요소들에서 생각할 거리를 찾아내곤 한다.

오즈 시리즈에서 악역으로 몇 번이나 등장하는 루게도는 사랑을 혐오한다. "전쟁은 언제나 있어."라는 말과 자신을 지배하는 사람은 모두 왕이라는 말도 생각해 볼 만하다. 모두가 왕인 어떤 요정의 나라에서는 단 한 명의 위대한 시민이 지배자이다. 우가부 군대는 졸병보다 장교가 더 많지만, 졸병이 없으면 아무것도 하지 못한다. 이 예시들은 '오즈의 틱톡'에서 찾아낸 것들 중 일부일 뿐이다.

무슨 책이든 원작 그대로를 읽는 게 좋다. 짧게 각색된 책은 원작의 재미를 살리지 못한다. 물론 예외도 있다. 나처럼 『걸리버 여행기』를 읽고 화만 난다거나 하는 식으로 말이다. 하지만 그건 말 그대로 예외일 뿐이다. 예를 들어, 짧게 각색된 『오즈의 마법사』를 읽는 것보다 14권짜리 오즈 시리즈를 모두 읽는 것이 100배는 더 재미있다. 『오즈의 마법사』만 읽은 사람은 진짜 오즈를 모른다.

어린이가 어른용 책을 읽는 것은 어렵다. 하지만 어른이 어린이 책을 읽기는 쉽다. 어린이 책은 모두가 읽을 수 있다. 누구나 읽을 수 있기 때문에 다른 사람과 이야기하고 생각을 나누기 좋다. 어린이 책은 평생 읽어야 한다. 교과서에서보다 오즈에서 배울 게 더 많을지도 모른다. 아이들은 어른들의 생각보다 똑똑하다.

_ 권민하, 〈어린이 책은 영원하다〉

스스로 공부하는 방법을 찾아야 해요

수행평가는 배운 내용을 자신의 말로 정리하거나, 주제에 맞는 내용을 찾아 글로 쓰는 형식이 많아요. 리포트도 주제에 맞는 자료를 찾아 이해하고 정리해서 쓰는 거예요. 책을 읽고 공부하면 저절로 잘하게 되죠. 책으로 해결하기 어려운 과제는 검색해서 해결했어요. 이럴 때는 저도 같이 자료를 찾았어요. 아이가 찾는 자료와 제가 찾는 자료가 달랐어요. 저는 아이보다 빠르고 정확하게 자료를 찾았어요. "아빠는 어떻게 빨리 찾아요? 비결이 뭐예요?" 하고 물어요. 저는 책을 많이 읽었고, 교사로 아이들을 오랫동안 가르쳐서 전체를 볼 수 있어요. 왜 그런 과제를 냈는지 알면 무얼 찾아야 하는지도 쉽게 알아요. 즉 검색어로 무얼 입력해야 하는지 알지요. 아이는 저를 보면서 배워요. 시간이 지날수록 저와 아이들의 차이가 줄어들었어요. 아이들도 점점 전체를 생각하며 알맞은 내용을 찾는 능력이 생겼어요.

능동적인 태도를 지니면 공부를 잘 한다고 해요. 공부하는 방법을 배울 때도 아이가 스스로 공부하는 방법을 찾아내야 해요. 전문가의 설명을 들은 뒤에도 자녀가 직접 겪으며 느껴야 도움이 됩니다. 책을 읽으며 예습하고, 책에서 내용을 찾으며 과제를 하면 아이가 차이를 깨닫게 돼요. 뿌듯하고 재미있어요. 다만 이 방법은 검색에 비해 시간이 오래 걸리기 때문에 시간이 많을 때 해야 해요. 초등학생에게 딱 좋은 방법이죠.

고등학교에 다닐 때 나는 어떻게 해야 공부를 잘 할 수 있을지 질문을 받곤 했다. 그때마다 확실한 답을 하지 못했다. 나는 내 성향에 알맞은 방식으로 공부할 뿐, 그 방법을 다른 친구가 쓴다고 좋은 결과를 거둘 거라고 확신할 수 없기 때문이다. 공부 방식은 정해져 있지 않다.

깨끗한 교과서가 공부 안 하는 아이라는 증거가 되지는 않는다. 나는 웬만하면 필기를 하지 않고 버틴다. 선생님이 써 두라고 말씀하셔도 안 쓴다. 그럴 시간에 열심히 듣는다. 필기를 하면 손을 움직이느라 집중력이 떨어지지만, 눈으로 보면서 공부하면 머리만 굴리면 되기 때문에 집중이 쉽기 때문이다.

나는 빈손으로 공부한다. 문장 하나하나를 뜯어보면서 그게 과연 옳은지, 그게 옳은 이유는 무엇인지 생각한다. 고민하고 또 고민한다. 30분 동안 책 한 장을 못 넘긴다. 다른 사람의 눈에는 멍 때리는 것처럼 보인다. 겉모습만 봐서는 내가 공부하고 있는지, 아니면 책만 펴 놓고 딴생각을 하고 있는지 알 수 없다. 펜을 들지 않고도 공부할 수 있다. 30분 동안 책 한 쪽만 쳐다볼 수도 있다. 멍 때리는 것처럼 보여도 괜찮다. 다른 사람을 따라 할 필요가 없다. 어떤 방식으로 공부하든 자기에게 알맞은 방식이면 된다.

_ 권민하, 〈공부법〉

학교의 역할이 무엇일까요? 아이가 친구를 만나고, 추억을 쌓는 것도 학교의 역할이지요. 무엇보다 어떻게 공부해야 하는지 알아가는 곳이 학교라고 생각해요. 그렇다면 자기에게 맞는 공부 방법을 찾아야 해요. 초등학교, 중학교에서 자기 자신을 알고, 앞으로 어떻게 살지 꿈을 찾고, 그걸 이루기 위해 어떻게 공부하는지 찾아야 하잖아요. 그런데 지금은 학교가 경쟁하는 곳이 돼 버렸어요. 누가 잘하는지 따지다 보니 자신이 무얼 좋아하는지도 몰라요. 자기에게 맞는 공부 방법을 찾을 여유도 없어요. 친구보다 자기가 더 잘 한다는 것으로 기뻐하는 건 위험해요. 언젠가 자기가 누군지, 무얼 해야 하는지 고민하는 시간이 올 거예요. 뒤늦은 사춘기는 자신을 무너뜨릴 수 있어요.

| 11장 |

책 읽는 즐거움을 알려주는 학원

책을 많이 읽는 게 어려워요. 요즘 아이들은 책을 잘 안 읽어요. 열심히 읽지만 소용없는 것 같은 아이도 있어요. 쉽고 빠르고 편한 방법을 찾지만 그런 건 없어요. 그런 방법을 내세운다면 과장일 겁니다. 그래서 부모들은 학습량을 늘리는 방법을 선택해요. 다른 아이보다 조금 더 일찍, 더 많이, 오래 공부하게 하죠.

독서 동아리를 운영했어요. 3~4학년 아이들 중에는 엄마 뜻에 따라 억지로 온 아이가 많았어요. 토론하는 책도 잘 읽으려 하지 않았어요. 반면 5~6학년은 스스로 온 아이가 많았어요. 마지못해 떠밀려 온 아이들도 책은 읽었지요. 3~4학년 아이들은 아무리 책을 싫어하는 아이라도 부모 말을 따라요. 하지만 5~6학년 아이들은 아무리 부모라도 억지로 보내지 못한 거예요. 중고등학생은 모두 제 발로 왔어요. 시험 기간에도 독서토론을 계속 하자고 했어요. 두세 시간 더 공부한다고 성적이 달라지지 않는다고 하더군요. 중고등학생이 되면 억지로 학습량을 늘려 봐야 별 도움이 안 되는 걸 아는 거예요.

아이들이 자랄수록 자기 생각이 확고해져요. 부모가 낯설어 하는 모습으로 자녀가 바뀝니다. 억지로 책을 읽히고, 강제로 공부를 시키면 조금은 효과가 있겠지요. 하지만 이런 효과가 얼마나 지속될까요? 초중고 12년 내내 공부에 집중할 수 있는 아이는 거의 없어요. 최대로 보아도 3년이고 사실 2년간 집중력을 유지하는 것도 어렵다고 생각해요. 책도 그래요. 정말 책을 좋아했던 아이도 중학생이 되면 책에서 손을 놓습니다.

미래를 내세워 짐을 지우지 말고

반 아이들에게 해마다 몇 가지를 꼭 강조해요. 책 읽으라는 말도 그중 하나예요.

"얘들아, 책만 읽어도 공부 잘할 수 있어. 책을 읽으면 지치도록 문제 풀지 않아도 성적이 좋아."

"왜요?"

"국어는 글을 이해해야 문제를 풀지? 영어도 마찬가지야. 영어로 썼을 뿐 글을 이해해야 해. 책을 많이 읽으면 무슨 뜻인지 알려고 노력하지 않아도 저절로 이해하게 된단다. 고등학교 수학은 긴 문장을 읽고 식을 만들어야 해. 글을 이해하는 능력이 있으면 식을 찾기 쉬워. 아무리 계산을 잘해도 어떻게 풀어야 하는지 찾지 못하면 소용없어. 고등학교 수학이 그래. 다른 과목도 글을 이해하는 능력이 좋을수록 문제를 잘 풀 수 있어. 도시 학원에서는 응용문제 유형까지 모두 외우게 한다고 들었어. 그러려면 시간이 엄청 많이 필요해. 그러니까 초등학생이 중학교 수학을 미리 공부하고, 중학생이 고등학교 수학을 미리 다 배워. 고등학생이 되면 되풀이해서 문제 풀이를 연습해. 시간이 얼마나 많이 필요하겠니? 그래서 밤 11시, 12시까지 학원에 있다고 하더라. 힘들지 않니? 학원에서 공부하는 거."

"학원 가기 싫어요. 그래도 학원 가야 공부 잘한다고 그래요."

"학원에서 뭐 해?"

"설명 듣고 문제만 풀어요. 틀리면 다시 풀고, 비슷한 문제를 왕창 풀어서 짜증 나요."

"학원에 얼마나 더 다녀야 하는지 계산해 볼까? 대학 시험 볼 때까지 몇 년 남았어?"

"지금 초등 3학년이니까 얼마 남은 거예요?"

"10년이나 남았네. 아이고, 앞으로 10년 동안 계속 학원 다녀야겠네. 차라리 책을 읽는 게 낫지!"

"선생님, 책은 재미없어요. 재미없는 책을 어떻게 읽어요?"

아이들은 책이 재미있다 없다 하며 재잘재잘 이야기해요.

"학원 다니면서 억지로 문제 푸는 거 몇 년이나 할 수 있을까? 아무리 좋아하는 일도 몇 년 동안 계속하면 지루해진단다. 너희들 지난번에 딱지 쳤잖아. 그다음에는 쉬는 시간마다 축구 했고, 지금은 피구에 빠졌잖아. 왜 계속 딱지 치지 않아? 딱지치기가 좋으면 계속 딱지치기 하지 그래?"

"계속하다 보면 엄청 재미있었는데도 재미없어져요."

"맞아. 아무리 재미있어도 똑같은 걸 계속하면 다른 걸 하고 싶어져. 공부를 좋아하는 사람은 거의 없잖아. 공부하기 싫어하는 사람이 훨씬 많지. 하기 싫은 일을 억지로 해야 한다면 몇 년이나 집중할 수 있을까? 억지로 공부하면 몇 년이나 제대로 할까?"

아이들은 이렇게 생각하지 않아요. 아이에게 공부하라고 말하는 어른도 자녀가 몇 년이나 집중해서 공부할 능력이 있는지 생각하지 않아요. 그냥 시켜요. 공부하라는 말을 반복하고, 아무리 말해도 듣지 않는다며 계속 잔소리해요. 아이가 공부 잘하기를 바라는 마음으로 유명한 학원을 찾아다니고, 옆집 아이와 비교하고, 잔소리를 계속할 뿐이죠. 대학은 아이들에게 멀고 먼 미래예요. 아이들은 수능 시험이 우주보다 더 멀다고 느껴요. 보이지 않는 먼 곳을 바라보며 공부하라고 말하면 잔소리로 들리죠. 잔소리로 들리면 역효과를 냅니다.

"책 읽어라. 책을 읽으면 공부를 잘한다."

"공부해라. 공부 잘해야 행복하게 산다."

"엄마가 시키는 대로만 해. 그럼 성공할 거야!"

그렇지 않아요. 책은 제대로 읽어야 공부에 도움이 됩니다. 공부 잘해서 느끼는 행복은 오래가지 않습니다. 엄마가 시키는 대로 하는 아이는 어른이 돼서도 엄마에게 의존해요. 저 역시 아이가 세상에서 가장 소중한 존재이기 때문에 내 아이 잘 되길 바라며 잔소리하는 부모님의 마음을 알아요. 그럴수록 더더욱, 아이에게 도움이 되지 않는 방법을 고집하지 말고 전략을 세워야 해요.

저는 아이가 열심히 공부에 집중할 수 있는 기간이 최대 1~2년 정도라고 생각했어요. 그럼 언제 이 집중력을 써야 할까요? 언제 온 힘을 다해 공부할까요? 초등 저학년? 고학년? 중학교? 저는 아이가 고등학생이 되기 전까지는 공부하라는 말이 부담만 지운다고 생각했어요. 그럼 공부를 지겹게 생각해요. 이건 시작하기도 전에 지치게 만드는 거예요. 미래를 내세워 짐을 지우는 일이에요.

지금 하나씩 이루어가는 재미로

저는 아이들에게 "공부해야 해!"라고는 말하지 않았어요. 어른들이 당연하게 생각하는 것도 아이들은 이해하지 못하는 경우가 많아요. 부모가 뭉뚱그려서 말하면 아이는 못 알아들어요. "책을 읽어라, 공부해라, 스마트폰 그만 봐라!" 공감하지 않는 말을 자꾸 들으면 잔소리라고 생각하지요. 잔소리는 달리기 출발선에서 뛰쳐나가려는 아이 발을 거는 것이나 다름없어요. 그보다는 "책을 이렇게 읽어라. 책을 같이 읽자. 공부를 이렇게 하자. 인터넷은 몇 시까지 하자." 하며 자세하게 알려줘야 해요.

아이들은 어려요. 코로나19 때문에 경험의 폭이 더 줄었어요. 모르는 게 많은 아이들이 알아서 잘하기를 기대하면 무리예요. 초등학생에게는 하나하나 자세하게 안내해야 해요. 책을 백 권 읽고 싶다면 한 권씩 차근차근 읽게 도와주어야 해요. 하루에 한 낱말, 한 문제, 영어 듣기 십 분……. 이렇게 차근차근 하도록 도와주어야 해요. 저는 스티커 판을 만들었어요.

초등학교 시절 우리 집에는 스티커 판이 있었다. 학교에서 붙이는 스티커 판과 유사했다. 성경 읽기, 수학 문제집 풀기, EBS 영어 강의 듣기 등의 칸이 있었는데 칸마다 점수가 달랐다. 성경은 한 장을 읽는 것이라 상대적으로 쉬웠기 때문에 점수가 적었고, 수학 문제집 30분 풀기나 영어 강의 1시간 듣기는 상대적으로 점수가 더 높았다.

스티커 판은 한 달마다 새로 나왔는데, 목표치를 달성하면 아빠에게 소원을 빌 수 있었다. 점수 합계 얼마 이상은 외식하고, 얼마 이상이면 원하는 걸 사주는 등의 방식이었다. 지금 생각해보면 스티커 판을 채우지 않고 부탁만 해도 들어주실 만한 것들이었는데도 언니와 나는 스티커 판에 연연했다. 그냥 하나하나 채워 나가는 게 뿌듯했던 것도 같다. 또 부탁할 정도로 외식을 하고 싶은 건 아니지만 채우면 한다니 좋았기도 했다.

초등학교에서도 그랬다. 스티커 판이 있었고, 그걸 채우는 걸 좋아했지만, 왜 채우는지, 채우면 무엇을 받는지 잘 몰랐다. 그냥 내 판에 스티커가 많으면 좋았고, 남들보다 적게 붙어 있는 게 싫었던 것 같다. 내가 유달리 순진했던 건지도 모른다. 방과 후에 선생님을 도와드리고 스티커 2개를 받았던 적도 있다. 선생님은 스티커와 주전부리(과자나 초콜릿) 중에서 선택하라고 하셨다. 난 스티커를 골랐다. 당장 먹을 수 있는 과자를 받는 게 더 나았을 텐데 말이다. 100개를 채우고 10색 볼펜을 받았는데 아직도 내 책장에 꽂혀 있다.

어릴 적에는 무언가를 차근차근 채워 나간다는 게 좋았다. 정해진 목표가 있는 게 좋았다. 그냥 스티커가 좋았다. 정확한 목표가 있고, 완벽히 설명된 방식으로 그걸 이뤄갔다. 오늘은 공부하고 싶지 않아도 스티커 판이 있어서 성경 읽기나 수학 공부, 영어 강의 중 하나는 해야겠다는 의무감이 들었다.

물론 적절한 관리 감독이 필요하다. 스티커 판을 채우기 시작한 지 몇 달이 지나면 꼼수를 쓰고 싶어진다. 영어 강의를 틀어두고 딴짓을 하기도 한다. 이따금 아빠가 옆에서 같이 있어야 했다.

_ 권서진, 〈우리집 스티커 판〉

국어 공부는 하지 않았어요. 국어를 문제 풀이로 공부하는 건 바보 같은 짓이라 생각했거든요. 국어는 독서로 충분해요. 수학과 영어는 학습량이 많기 때문에 공부가 필요해요. 수학은 문제집으로 복습했어요. 단순한 문제를 반복하는 문제집은 피했어요. 문장으로 된 문제가 많은 문제집을 골랐어요. 영어는 자주 듣자고 꼬드겼어요. 학교 진도나 능력별 단계는 신경 쓰지 않았어요. 단어를 외우게 하지도 않았어요. 문법도 학교에서 배우면 된다고 생각했어요. 꾸준히 듣고 말하면 독서 경험과 맞물려 영어를 잘하게 될 거라고 생각했어요.

초등 2학년까지는 스티커를 쓰지 않았어요. 효과가 좋지만 부작용도 크거든요. 이 시기 아이들은 자기 중심적인 성향이 있어 스티커에 집착해요. 스티커 하나에 기뻐하고 좌절하기 때문에 자꾸 비교해요. 내가 더 많다, 언니에게 하나 더 주는 건 불공평하다 하며 다퉈요. 너무 일찍 시작하면 금방 질리게 되고, 너무 늦게 시작하면 관심을 두지 않아요. 스티커가 효과적인 시기가 있어요. 저는 좋은 습관을 만들기 위해 3~4학년 때 사용했어요. 아이가 순진하다면 5학년 정도까지도 괜찮아요.

다문화 가정 아이 넷, 부모가 따로 지내는 아이가 넷인 6학년 8명을 가르친 적이 있어요. 자녀 교육에 관심이 부족한 분위기에서 자란 탓인지 아이들이 책을 별로 좋아하지 않았어요. 이런 아이들에게 스티커 경쟁을 시켜 봐야 한두 명을 제외한 나머지는 무관심할 거예요. 그래서 모두가 함께하는 <천 권 읽기 도전>을 제시했어요. 우리 반 아이들이 읽은 책이 천 권 넘으면 원하는 걸 들어주겠다고 했지요. 솔직히 500권도 어려운 목표라 생각했어요. 하지만 아이들이 이 목표를 신선한 도전으로 받아들여주기를 기대했어요.

"천 권 읽으면 제주도에 가도 돼요?"

"천 권 읽으면 제주도 가지!"

"선생님, 해외여행도 돼요?"

"500권은 읽은 뒤에 물어봐야 하지 않니?"

실제로 8명이 일 년간 천 권을 읽는 건 쉽지 않아요. 8명 모두가 한 달에 12~13권씩 일 년간 읽어야 하거든요. 하지만 이렇게 힘든 목표를 세운 까닭이 있어요. 우리 반 아이들은 밝아요. 활기차고 가벼운 아이들은 몇 권을 읽어야 하는지 계산하지 않아요. 그냥 읽어보자고 하죠. 진지하고 꼼꼼한 아이가 많았다면 100권, 200권 단계별로 자세하게 목표를 제시했을 거예요. 아이를 가르치는 일은 '관계'를 만드는 거예요. 옆집 아이가 성공한 좋은 방법을 열심히 따라 해도 안 되는 경우가 많아요. 아이의 특징과 기질에 맞게 접근해야 아이가 따릅니다.

4월 말까지 100권을 읽었어요. 1학기 말인 7월에야 200권을 겨우 채웠어요. 3월부터 7월까지 5개월간 한 사람당 평균 20권의 책을 읽었으니 이것만도 훌륭하다고 생각했어요. 그래서 2학기가 되었을 때 500권 읽기라도 하자고 했지요. 아이들은 목표가 500권이나 줄었다며 좋아했어요. 이렇게 계속 읽으면 한 사람당 50권 정도는 읽지 않겠어요? 그럼 학교에서 삼겹살 파티를 하고 도서관에서 하루 잘 거예요. 추억은 최고의 선물이에요. 친구들과 떠들며 같이 먹고 자면서 책 읽기 참 잘했다고 생각할 거예요.

스티커 판 채우기 상품도 거창하지 않았어요. 아빠가 끓여주는 라면 먹기, 아파트 놀이터에 놀러 가기, 외식하기 정도였어요. 스티커 판 채우는 과정이 즐거웠고 다 채워서 인정받는 게 좋았지요. 상품으로 책을 사주기도 했어요. 빌려서 읽은 책 중에 아이가 정말 갖고 싶어 하는 책이 있어요. 스티커 판 다 채우면 '그 책'을 사주는 게 상품이에요. 읽고 싶다고 하는 책을 그냥 사줄 수도 있지만 아이가 제 힘으로 이루는 기쁨을 주고 싶어서 책을 상품으로 내걸었어요.

아이가 원하는 건 거창한 게 아니에요. 어린아이에겐 비싼 장난감보다 작고 소소한 기쁨, 제 힘으로 이룬 성취감, 스티커 판을 채우는 재미가 더 좋아요. 영어와 수학 공부하면서 스티커 판을 채우고 상품으로 다시 책을 샀어요. 그 책은 얼마나 소중할까요! 중고등학생이 되었을 때는 아이가 좋아한 책 원서를 사줬어요. 아끼는 이야기를 영어로 읽으며 아이는 다시 어릴 때로 돌아가요. 자녀는 대학이라는 목표를 향해 돌진하는 군인이 아니에요. 기쁨과 슬픔, 흥미와 좌절을 느끼며 살아가는 인격이랍니다.

문제집으로 하는 복습

3학년 때부터 문제집을 풀었어요. 수학 문제집을 학기 중에 한 권, 방학 동안 한 권을 풀었어요. 다른 과목은 그렇게 하지 않았어요. 사회, 과학 점수를 높이려면 암기해야 하는데, 초등학생이 점수 높이려고 내용을 요약하고 외우는 게 효과가 없다고 생각했거든요. 대학이 목표라면 12년 동안 장기 계획이 필요해요. 어릴 때 문제 풀이로 내몰아서 지치게 하고 집중력이 떨어지게 할 필요가 없다고 생각했어요. 배경지식을 넓히고 문해력을 높이면 저절로 문제를 잘 풀 거라 믿었어요.

초등학교 시절 우리는 전과목 문제집을 풀지는 않았다. 우리는 수학 문제집을 풀었다. 다른 과목과 달리 수학은 아는 것보다 아는 걸 활용해서 문제를 푸는 게 중요했기 때문이다.

이때 아빠는 어려운 문제들만 들어 있는 수준 높은 문제집을 주셨다. 한 문제 한 문제 푸는 게 너무 힘든 문제집이었다. 그때 아빠가 사고력을 키우고 문제를 푸는 힘을 길러준다고 그렇게 하셨던 것 같다. 어려운 문제가 나온다 해서 포기하지 않고 다양한 방법을 스스로 사고해보면서 문제를 푸는 인내심과 끈기를 기른다는 것이었다. 수능의 어려운 수학 문제까지 내다본 장기기획이었는데 그 성과는 애매하다. 당시에도 난 푸는 법을 알 수 없는 어려운 문제를 오래도록 붙잡고 있는 걸 좋아하지 않았다. 더 들여다본다고 해서 크게 달라질 것도 없기 때문이다. 인내심이 부족했던 것도 있다. 그리고 이런 인내심은 노력한다 해서 길러지는 것이 아니었다. 고등학교 때에도 어려운 문제가 있으면 답지를 보는 걸 선호했다. 한번 답지를 보고 비슷한 유형을 여러 번 푸는 게 더 나았다. 그냥 내가 수학을 잘하지 못했던 것일지도 모르겠다.

결국 성격 차이다. 언니는 한 문제로 계속 고민하는 일을 충실히 하며 아빠를 따랐던 반면 나는 문제가 막히면 한 10분 고민하다 낙서를 시작했다. 지금의 나라면 다음 문제로 넘어가서 시도해보겠지만 그때 나는 어른의 말을 따르는 것에 어중간하게 집착하던 아이였고, 풀기는 싫지만 넘어갈 순 없어서 그 문제에서 멈춰서곤 했다. 성격이 어떻게 형성되는 건지는 잘 모르겠지만 결국 이렇게 많은 일에 영향을 미치곤 한다.

_ 권서진, 〈문제집으로 하는 복습〉

문제집을 고를 때도 관계를 생각해야 해요. 고등학생 제자가 공부를 열심히 하는데도 수학 성적이 잘 오르지 않는다고 해요. 그래서 서점에 직접 가서 문제집을 살펴보고, '이건 정말 풀기 싫다. 누가 이런 문제집을 사냐?' 싶은 걸 사라고 조언했어요. 익숙한 방식을 벗어나 새로운 관점으로 보게 해주는 책을 사라는 뜻이었죠. 공부해도 안 된다면 지금까지와는 다른 방식을 시도해 볼 필요가 있어요. '낯선 문제집, 손이 안 가는 문제 제시 방식'을 따르면 자신의 오류를 알게 되고, 오류에서 벗어날 거라는 뜻이었어요.

모든 아이에게 맞는 방법은 없어요. 자신감이 없는 아이는 약간 쉬운 문제를 풀면서 할 수 있다는 마음을 가지게 도와주어야 해요. 똑같은 실수를 되풀이하는 잘못을 고치려고 문제를 더 많이 푸는 건 도움이 되지 않아요. 문제를 풀수록 같은 실수를 계속 되풀이해서 '문제를 대충 읽고, 함정에 빠지고, 오류를 되풀이하는' 습관이 고정되거든요. 한 문제라도 꼼꼼하게 따져 보는 게 좋아요.

우리집은 책을 많이 읽기 때문에 탐구형이 어울린다고 생각했어요. 민하는 제가 제시하는 방식을 좋아했어요. 잘 모르는 문제를 만나면 천천히 하나씩, 꼼꼼하게 배우거든요. 서진이는 어려운 문제가 있으면 답지를 보고 풀이 과정을 알아내는 게 더 좋았대요. 제 말을 그대로 따르지 않고 자기만의 방식을 찾아낸 것이 좋았어요. 아이를 학원에 맡기고 학원비만큼 성적이 나오는지 따졌다면 아이를 몰랐을 거예요. 스티커 판 채우기와 문제집으로 복습하기는 아이들에게 추억이 되었어요. 덤으로 성적도 따라왔지요. 미래를 내세워 짐을 지우지 말고 지금 하나씩 이루어 가는 재미를 맛보게 해주세요. 그럼 공부를 잘할 거예요.

저는 집에서도 교사예요. 아이들은 저와 공부할 때 '아빠 학원'에 간다고 말했지요. 아빠 학원이 세상에서 가장 좋은 학원이라고 해요. 강요하며 다그치는 학원이 아니라 필요할 때 곁에 있어주는 학원이거든요. 자녀를 '아빠 학원'에 보내세요. 다만 학원 규칙을 지켜주세요. 화내지 않고 친절하게 알려주기, 비교하지 않기, 끝까지 아이를 믿기.

| 12장 |

문해력을 키우는 공부

공부를 잘하려면 문해력이 좋아야 한다고 해요. 문해력은 글을 읽고 이해하는 능력입니다. 문제를 해결하려면 글을 이해해야 하죠. 수학도 글을 이해하고 문제를 해결하는 방법을 찾은 다음 계산해야 합니다. 문해력이 부족하면 좋은 성적을 받기 어려워요. 어떻게 하면 문해력이 높아질까요?

맥락을 이해해야 글이 제대로 보인다

첫째, 읽은 낱말과 문장, 글이 무엇을 뜻하는지 알아야 합니다.

낱말을 알고(어휘력) 문장 뜻을 알면 글을 이해하겠죠. 원어민 영어 교사는 학생을 만나기 전에 한글 자음과 모음을 연결해서 글자를 이루는 원리를 배워요. 영어 파닉스처럼 한글을 읽습니다. 하지만 읽고도 무슨 뜻인지 몰라요. '사과'라는 낱말이 어떤 뜻(apple)인지 알기 위해서는 공부해야 해요. 하지만 우리는 자연스럽게 '사과'

라는 낱말의 뜻을 알게 됩니다. 살면서 저절로 소리와 뜻을 익히죠. 낱말을 이해하면 낱말을 연결해서 문장을 만들 수 있습니다.

외국인은 어떨까요? 외국인은 저절로 익히기 어려워요. 그래서 '사과를 먹는다(I eat apple).' '과자를 먹는다(I eat cookie).'와 같이 외워요. 우리가 영어를 공부하는 방식이지요. 이렇게 해도 장애물을 만납니다. '마음먹는다'는 무슨 뜻일까요? 'I eat heart.'는 말이 안 됩니다. 외국인이 '마음먹는다'라는 말을 자연스럽게 이해할까요? 그럴 수 없어요. 그러면 또 따로 숙어처럼 외워요. 구문과 문장 역시 마찬가지예요. 열심히 익혀도 뜻을 모르는 문장이 많으니 이것도 외워야 해요. 모국어가 아니니까요. 시간이 오래 걸립니다.

문장을 이해한다고 글을 이해하는 건 아니에요. 글의 흐름을 모르면 글을 이해하기 어렵죠. 문해력은 암기력이 아니에요. 낱말을 알아도 문장을 이해하지 못하는 경우가 많아요. '마음먹는다' 같은 문장이 많거든요. 더구나 수능 시험에 나오는 글은 굉장히 어렵습니다. 문장도 어렵고 글의 흐름은 더 어려워요.

문해력이 있으면 낱말을 몰라도 문장을 이해할 수 있어요. 모르는 문장이 있어도 글의 맥락을 이해하죠. 민하가 고등학교 첫 모의고사를 치르고 와서 영어 시험이 어려웠다고 했어요. 학교에서 배우는 단어 외에 따로 단어를 외우지 않았거든요. 시험지에 모르는 낱말을 표시한 걸 보니 시험지가 화려했어요. 그런데도 그 글이 무얼 말하는지는 대강 알겠더래요. 반면 다른 친구는 낱말 뜻을 대부분 알고 문장을 해석까지 했는데도 그 글이 무슨 내용인지 제대로 몰랐다고 해요. 문해력이 낱말—문장—글을 단계적으로 이해하는 체계 안에서 이루어지지 않는다는 증거지요.

학원과 학교에서는 낱말—문장—글을 단계적으로 이해하는 방식으로 가르쳐요. 체계를 세우기 쉽거든요. 상중하로 나누거나 1단계, 2단계……로 가르침을 세분화할 수 있고, 2단계 3차시를 모르면 2단계 2차시부터 다시 하면 되니까 가르치는 사람에게 편리해요. 하지만 이 방식으로 이해하려면 공부할 분량이 많아집니다. 3단계 수준에 오르려면 1단계와 2단계를 모두 알아야 하니까요. 이렇게 문해력을 공부하는 방식은 에너지 소모가 큽니다. 효율적이지 않아요. 아이들을 힘들게 합니다. 공부할 분량이 너무 많거든요. 그런데도 계속 이렇게 하는 건 비교하기 편해서예요.

"우리 아인 3단계인데, 옆집 누구네 아이는 벌써 5단계야!"

"2단계 수준이군요. B반에서 시작하면 되겠어요!"

이런 방식은 어디에 있는지 위치 추적은 쉬운데 따라가기는 어려운 상황과 비슷해요. 어느 수준인지, 아이보다 잘하는 아이가 몇 명인지 알지만 그 단계에서 벗어나려면 엄청나게 노력해야 해요. 그나마 초등학생은 따라갈 가능성이라도 있지만, 고등학생은 공부 분량이 많아서 단계를 뛰어넘기 어려워요.

둘째, 배경지식이 많으면 문해력이 좋아집니다.

아이가 어떤 일을 하기에 앞서 걱정할 때 부모님이 "다 마음먹기에 달렸어!"라고 하면 마음먹는다는 말이 무슨 뜻인지 이해할 거예요. 이게 배경지식이에요. 비슷한 맥락에서 '다 일체유심조야!' 해도 마음먹기에 달렸다는 뜻인지 알아듣지요. 배경지식이 있으면 글을 잘 이해합니다. 그래서 책을 읽으라고 해요. 책을 읽으면 자연스럽게 다양한 지식과 정보, 이야기, 낱말을 만납니다. 문장을 이해하는 수준이 높아지죠. 아인슈타인 관련 지문을 읽고 문제를 풀어야 한다고 가정할게요. 아인슈타인을 알면 내용을 이해하기 쉬워요.

배경지식이 문해력의 전부는 아니에요. 배경지식이 부족해도 내용을 이해할 수 있어요. 아인슈타인을 몰라도 글을 읽으면 아인슈타인이 과학자이며 남다른 주장을 했다는 사실을 알 수 있습니다. 하지만 배경지식이 많으면 내용을 더 빨리 이해해요. 저는 선행학습을 시키지 않고 관련 책을 읽게 했어요. 책으로 먼저 접한 뒤에 배우면 쉽게 이해해요.

제 자녀들은 고등학생이 되기 전까지 별도로 낱말 뜻을 외우는 공부를 하지 않았어요. 대신 책을 많이 읽었지요. 그래서 우리말로 된 지문이나 글을 읽는 데에는 별 어려움이 없었어요. 하지만 영어는 모르는 낱말이 너무 많아서 처음에 힘들었어요. 고등학교 3년간 공부를 통해 어느 정도는 그 차이를 좁혔지만 여전히 학원에서 영어를 공부한 아이들과는 비교가 안 됩니다. 도시 아이들은 학원에서 정말 많이 공부해요. 교과서 외 지문도 많이 배우고, 문제 풀이와 학원 공부로 배경지식을 채웁니다. 숙제와 공부를 감당하려면 잠을 줄

여야 할 정도예요.

민하와 서진이는 고등학교 수업 끝난 뒤에 평균 2~3시간 공부했어요. 학교에서 야간자율학습으로 1시간 30분 공부하고, 집에 와서 1시간쯤 더 공부했지요. 늘 8시간은 잤어요. 국어, 영어 문제집을 풀지 않았어요. 교과서 외 지문을 다룬 문제집이나 수능 대비용 책도 읽지 않았어요. 독서량이 많다고 하지만 수능이나 모의고사에서 다루는 내용의 3분의 1도 읽지 않았을 거예요. 특히 근현대 소설은 거의 읽지 않아서 지문을 어려워했어요. 그런데도 고등학교 3년 동안 국어와 영어는 대부분 1등급이었어요.

셋째, 문해력은 맥락을 이해하는 능력입니다.

글은 흐름이 있어요. 똑같은 속도와 방향으로 흘러가지 않아요. 느리게 가다가 빨라지고, 곧게 흐르다가 굽이칩니다. 배경이 되는 문장들이 이어지다가 핵심으로 치달아요. 요약이 문해력 향상에 좋다고 하죠. 글의 흐름에서 중요하지 않은 부분을 빼고 핵심을 골라내는 게 요약이에요. 글의 흐름(맥락)을 이해하면 요약을 잘합니다. 맥락을 이해하면 낱말과 문장을 몰라도 글을 이해하지요.

이전에 근무한 학교에서 학부모-자녀 독서토론반을 운영했어요. 한 학기에 열 번, 두 시간씩 부모와 자녀가 책을 읽고 함께 토론했어요. 부모가 자녀를 가르치는 입장이 아니라 자녀와 똑같이 책을 읽고 이야기를 나누는 시간이었어요. 책 속에 엄마가 모르는 내용이 있어요. 그런 걸 물을 때마다 엄마가 긴장하는 모습이 보였어요. 지나치게 엄마를 배려하면 토론이 자연스럽게 흘러가지 않기 때문에 조심스러운 태도로 계속 물었죠. 어느 순간 엄마가 모르는 내용이 나왔어요. 엄마가 답을 몰라 머뭇거리다가 곁에 앉은 딸에게 "넌 알고 있지?" 하고 말했어요. 저는 그 말이 딸에게 답을 묻는 것이라 생각했어요. 그런데 딸이 예상과 다르게 대답했어요.

"아, 머리에 지우개가 있다는 거요!"

딸은 "(엄마가 왜 대답을 못 하는지) 넌 알고 있지?"라는 말로 이해한 거예요. 엄마가 무언가 잘 기억나지 않을 때 집에서 지우개 이야기를 했었나 봐요.

그런데 이 말을 듣고 5학년 남자아이 하나가 물어요. 왜 엄마 머리에 지우개가 있냐고요. 아이들이 물어볼 때 저는 곧바로 답을 말해주지 않을 때가 많아요. 그날도 아이가 스스로 답을 찾을 수 있도록 이렇게 다시 물었어요.

"아가씨, 자녀를 낳지 않은 여성, 아이를 셋 키우는 엄마, 이 중에서 누구 머리에 지우개가 있을 확률이 높을까?"

그랬더니 "아이 셋 키우는 엄마요!" 하고 대답해요. 그렇게 생각한 이유를 물었더니 대답은 하지 않았지만 머리에 지우개가 있다는 게 무슨 뜻인지 알겠다 하더군요. 그때 갑자기 딸이 이렇게 말하는 거예요.

"엄마, 고마워요!"

이 사례엔 여러 가지 맥락이 있어요. 우선 엄마와 딸이 가정에서 나눈 대화, 즉 가족만이 아는 맥락이 있어요. "넌 알고 있지?"란 말을 우리는 "넌 어떤 내용인지 답을 알지?"로 이해했는데 딸은 "내가 왜 대답을 못 하는지 알지?"라고 들었어요. 엄마랑 이야기를 자주 했기 때문에 맥락을 읽어냈지요. 이건 배경지식이기도 해요.

머리에 지우개가 있다는 말을 듣고 엄마가 한 말을 이해하는 것도 맥락이에요. 저는 아이들보다 문해력이 뛰어나요. 그래서 '지우개'라는 말을 듣고 엄마와 딸의 대화 속 맥락을 어느 정도 이해했어요. 5학년 남자아이는 처음에는 무슨 말인지 몰랐어요. 그런데 제가 세 가지 예시를 주며 질문하자 '머리에 지우개가 있다'는 말이 무슨 뜻인지 이해했어요. 질문 하나만 듣고 알아챘으니 5학년 아이도 문해력이 좋은 편이에요. 대화가 오가는 과정 속에서 딸은 엄마 머리에 '지우개'가 생긴 이유를 알게 됐어요. 그래서 "엄마, 고마워요!"라고 사랑 고백을 했습니다. 잠깐 나눈 이야기에 이렇게 여러 가지 맥락이 들어 있어요. 문해력은 바로 맥락을 이해하는 능력이에요.

자연스럽게 저절로

주말 독서토론반에서 중 2부터 고 2까지의 학생 열 명과 염상섭의 『만세전』을 토론했어요. 학생들과 함께 읽으면서 염상섭의 글솜씨에 감탄했어요. 염상섭은 식민지가 되어버린 나라에서 나라 잃은 사람들이 당하는 무기력한 모습을 곳곳에 펼쳐놓았어요. 감당하지 못하는 현실(일본 강점기)에서 주인공은 아무것도 못 해요. 맞서지도 못하고 동조할 수도 없어서 솟구치는 감정을 교묘하게 덮어 버려요. 자신을 정당화하기 위해 자기합리화하는 모습이 우리 일상에도 자리한다는 걸 이야기했어요.

주말 독서반에서는 책 한 권을 10시간씩 토론했어요. 나만의 주제를 정해 글을 쓸 때까지 토론해요. 토론을 마칠 때 고 2 여학생이 학교에서는 이렇게 배우지 않는다고 푸념해요. 선생님이 문장을 읽고 뜻을 말하면 받아쓰고 외우고 그런대요. 정말 싫다고 화를 냈어요. 우리는 『만세전』을 읽고 실컷 이야기했어요. 중 3 남학생이 주인공을 카뮈의 『이방인』과 견주어서 카뮈 이야기도 나누었지요.

고 2 여학생이 학교에서 배우는 방식과 토론을 비교한 말이 마음에 남아서 시험 삼아 수능에 나왔던 『만세전』 문제를 찾아서 나눠줬어요. 중학생들도 거의 정답을 맞혔어요. 토론하면서 글의 흐름을 이해하고 주인공의 상황에 자신을 적용했기 때문이에요. 읽지 않은 작품을 만나도 『만세전』을 읽고 토론하며 이해한 것처럼 분석해서 이해할 거예요. 이렇게 공부하면 즐겁고, 시험 문제도 어려워하지 않아요. 그런데 왜 계속 설명을 불러 주고 외우라고만 할까요.

낱말과 문장을 잘 이해하고 배경지식이 많으면 문해력이 좋아진다고 했어요. 다만 시간과 노력이 정말 많이 필요하지요. 낱말, 배경지식, 맥락 이해, 이 세 가지를 쉽게 익히는 방법이 있어요. 바로 대화와 토론이에요. 자녀와의 대화가 참 중요해요. 아이는 본능으로 무엇이 필요한지 알아요. 그래서 끝없이 말하죠. '이건 뭐예요? 왜 그래요? 이렇게 했어요. 저렇게 해봐요.' 하며 문해력을 기르려 하는데 부모는 귀찮아하며 아이 혼자 놀라고 해요. 이런 태도는 아이가 '공부 잘하게 도와주세요.' 하며 대화하자 하는데 '난 네가 공부 잘하는 게 싫어. 그러니 혼자 놀아!' 하고 밀어내는 거나 마찬가지예요.

현 시대는 부모에게 많은 부담을 지웁니다. 일을 마치고 집에 돌아와도 온전히 쉴 수 없어요. 아이들이 대화를 요구해요. 예전에는 아이들이 또래와 마을에서 놀았어요. 동네 사람들과 만날 기회가 많았어요. 지금은 그 역할을 부모가 해줘야 해요. 친구가 되어주어야 하고, 형과 누나 역할도 해야 하고, 선생님이 되어 알려주어야 하고, 아빠와 엄마로서 사랑을 주어야 해요. 힘들지요. 그런데 이런 상황에서 아이가 부모와 대화할 기회조차 줄어들면 어떻게 될까요?

아이들이 점점 말뜻을 몰라요. 예전에는 아이들이 대부분 뜻을 알았던 낱말인데 지금은 모르는 것들이 많아요. 대화가 부족해서 그런 것 같아요. 저는 끝말 이어가기 놀이를 할 때도 아이가 모르는 낱말을 넣곤 했어요. 아이와 대화할 때도 가끔 어려운 낱말을 넣어서 말해요. 아이가 낱말 뜻을 궁금해 하면 곧바로 뜻을 알려주지 않아요. 대신 그 낱말이 쓰인 예를 계속 말해주면서 낱말 뜻을 유추해서 알도록 해요. 이런 과정을 아이는 공부로 생각하지 않아요. 아빠와 이야기하며 노는 거라고 생각하죠.

책으로도 이야기를 많이 했어요. 아이가 학교에서 겪은 일을 말하면 책 내용을 연결했어요. 다툼을 말하면 책에 나온 다툼, 역사에서 일어난 전쟁, 인간의 자존심을 함께 이야기하는 거예요. 이런 대화 속에서 아이는 폭넓은 생각을 배웁니다. 대화는 일상에서 계속 배우게 해요. 자녀가 자랄수록 대화는 줄어듭니다. 부모에게 곁을 내주지 않으려 해요. 이때는 독서토론이 좋아요. 갑자기 독서토론을 하자고 하면 아이도 낯설겠지요. 평소 책 이야기를 꾸준히 하다가 독서토론으로 이어져야 자연스럽게 받아들여요.

유아 때는 같은 책을 되풀이해서 읽어 달라고 해요. 같은 내용을 계속 들려주면 아이는 마음 속에 책의 그림을 점점 더 자세히 그려나갈 수 있어요. 어렴풋하게 이해한 내용을 반복해 들으면서 구체화하는 거예요. 초등학생이 되면 여러 종류의 책을 많이 읽는 게 좋아요. 다만 무조건 많이 읽는다고 생각을 많이 하는 건 아니에요. 혼자서 많이 읽기보다 대화와 토론으로 시야를 넓히고 생각을 키워주어야 합니다. 사람은 자주 생각하고 고민하는 관점으로 책을 읽어요. 백 권을 읽으면 백 가지 시야를 갖는 게 아니라 한두 가지 관점으로 백 권을 읽어요. 아이는 시야가 좁기 때문에 백 권을 모두 한 가지 관점으로만 읽을 수도 있어요. 아무리 책을 많이, 다양하게 읽었다고 해도 그래요. 자신의 관심에 초점을 두고 책을 읽기 쉬워요. 저는 편견, 선택, 인간의 본성에 관심이 많아요. 어떤 책을 읽어도 편견, 선택, 인간의 본성이 보입니다. 아이도 자기만의 초점으로 책을 읽어요. 백 권을 똑같은 눈으로 읽으면 어떨까요? 재미없게 느껴지는 순간이 옵니다. 책을 잘 읽던 아이도 갑자기 책에서 손을 놓고 말아요.

그래서 토론이 필요해요. 사람마다 살아온 과정이 달라서 같은 책을 서로 다르게 읽어요. 배경지식이 달라서 서로 다르게 해석해요. 토론할수록 문해력이 좋아지면서 생각이 넓어져요. 함께 토론하면 서로 다른 관점과 배경지식을 가진 사람들의 다양한 해석을 들어요. 그러면 '아, 이렇게 읽는구나. 이렇게 보는구나!' 하고 직접 느낄 수 있어요. 혼자서는 생각하지 못한 다른 눈으로 책을 살피게 도와주세요. 중학생이 되면 한 권을 깊이 읽어야 해요. 다양한 주제를 다룬 책을 한 권씩 요모조모로 뜯어서 읽어야 해요.

고등학교 국어 시험에는 교과서 외 지문이 많이 나와요. 문학 관련 내용만 나오는 것도 아니에요. 경제, 사회, 역사, 철학, 과학 관련 내용이 골고루 나오죠. 영어에도 낯선 지문이 계속 나와요. 더구나 극심한 경쟁 때문에 수능 문제가 참 어렵습니다. 변별력을 갖추려고 일정 비율의 학생이 틀리도록 출제합니다. 다양한 관점의 해석 가운데 하나를 알아내야 하므로 틀리기 쉬워요. 한 사람의 생각만으로는 답을 찾기 어려워요.

문해력은 글을 이해하는 능력이에요. 글을 이해한다는 건 문장에 스며든 작가의 마음을 이해하는 거예요. 작가가 무엇 때문에 글을 썼는지, 무얼 말하려고 하는지 알면 책을 제대로 읽은 거예요. 저는 작가의 마음을 이해하고, 자신의 삶에 견주어 봅니다. 작가가 우리 사회에 무엇을 말하고 싶은지 따져요. 이렇게 하려면 다양하게 해석해야 해요. 토론은 여러 학생의 해석을 다 듣게 해줘요. 이런 해서이 있고 저런 해서이 있으니 다양한 해석을 잘 기억하라고 하지 않아도 학생들이 해석하는 능력을 갖춥니다.

학교와 학원에서는 낯선 글을 보면 답을 찾기 어려우므로 수많은 글을 꾸역꾸역 읽으라고 시켜요. 이것보다는 낯선 글을 읽어도 이해하는 능력을 길러주는 게 나아요. 대화와 토론은 자연스럽게 이해하는 능력을 길러줍니다. 글쓰기는 가장 좋은 방법이에요. 책을 읽고 자신의 경험과 생각을 담아 글을 써야 해요. 책 내용을 전혀 쓰지 않아도 돼요. 줄거리만 잔뜩 쓰는 글, 인터넷에서 찾은 내용을 짜깁기하는 글이 아니라 자기 생각을 담은 에세이를 쓰는 거예요. 이렇게 쓴다면 에세이만큼 문해력에 도움이 되는 것도 없어요.

진짜 문해력은 자기 자신을 읽는 거예요

『만세전』에서 주인공 인화는 일본에서 유학하다가 아내가 위독하다는 소식을 들어요. 조선으로 가다 말고 유학생 친구 을라를 만나죠. 아내가 아프면 곧바로 떠나야 하는데 굳이 을라와 만나 하루를 지체해요. 이 만남이 무엇을 의미하는지 토론하다가 '차선(second choice)'이라는 말이 나왔어요. 인화는 아내에게 가는 것(First choice)을 내팽개치고 을라를 만나요. 문득 학생들이 상처 때문에 차선을 선택할 상황을 만날 수도 있겠다는 생각이 들었어요. 그래서 이렇게 이야기했어요.

"얘들아, 살아가면서 정말 중요한 선택을 할 때 상처 때문에 최선을 버리고 차선을 선택할 때가 있어. 어떤 사람과 만나거나 그 사람에게 배우는 게 가장 좋지만, 자신에게 상처를 준 사람(특히 부모)과 비슷하다는 이유만으로 피해 버리기 쉬워. 상처 때문에 회피하다가 좋은 사람, 좋은 기회를 놓치는 거야. 그럴 땐 '아, 내가 상처 때문에 가장 좋은 선택을 피하는구나!' 하고 깨달아야 해."

책을 읽는 건 등장인물을 이해하는 거예요. 작가가 지금 이 시대에 왜 이렇게 책을 썼는지 아는 거예요. 작가가 펼쳐놓은 내용을 통해 자신을 읽는 거예요. 이게 진짜 문해력입니다.

토론하는 방식으로 수업하면 좋겠다고 말했던 고 2 여학생이 이듬해 졸업하면서 편지를 주었어요.

"제가 선생님께 배운 가장 소중한 것은 나를 마주하는 방법이었어요. 스스로를 인정한다는 게 정말 어려운 일이더라구요. 내 미운 점까지 전부 나라는 걸 이제는 받아들일 수 있어요. 부모님을 보며 '난 절대 저렇게 하지 말아야지!' 했던 모습도 결국에는 전부 나였어요. 처음에는 괴로웠는데 솔직하게 인정하고 비워내려 하니까 받아들여지더라구요."

학생은 책을 이해하고, 작가의 마음을 이해하고, 자기 자신을 이해하게 되었어요. 부모님이 그렇게 행동하는 까닭도 이해했지요. 문장 사이에 숨겨진 마음, 문장 너머 자기 자신을 읽는 게 진짜 문해력이에요.

| 13장 |

배움터를 넓힌다는 것

민하가 고 1 때 미술 수행평가 최하점을 받은 적이 있어요. 미술 선생님이 학기 중에 휴직하면서 새로 강사 선생님이 왔대요. 미술 선생님이 기준을 만들고 지도하다가 평가만 남겨두고 가신 모양이에요. 강사 선생님이 과정을 보지 못한 채 결과만 보고 점수를 주었어요. 열심히 했는데도 최하점을 받아서 속상했는데 그 뒤에도 계속 최하점을 받았대요.

저와 아내는 그림을 잘 못 그려요. 민하는 저보다 훨씬 잘 그리지만, 다른 아이들 그림과 비교하면 별로인가 봐요. 서진이 말로는 이전 선생님으로부터 미술 점수를 잘 받는 요령 중에 '미술실에서 늦게 나가기'도 있었대요. 민하는 늘 수업 태도가 좋았고 열심히 그리다가 마지막에 나간 적도 많았다 해요. 과정이나 태도를 중시하신 이전 선생님에 비해 새로 오신 강사 선생님은 결과 위주로 보신 모양이었어요.

최하점을 받은데다 노력을 평가받지 못했으니 속상하고 화가 났을 거예요. 이전 미술 선생님이 계셨으면 더 좋은 점수를 받았을 텐데 하는 생각도 들었겠지요. 그러나 그럴 수도 있겠다 생각했어요. 실제로 점수 때문에 아이들에게 화를 낸 적도 없고, 선생님들에게 항의한 적도 없어요.

진짜 화가 난 이유는 따로 있어요. 얼마 뒤에 강사 선생님이 미안한 표정으로 민하에게 말했대요.

"어머, 너 공부 잘하는 애였니?"

공부 잘하는 아이인 걸 알았다면 점수를 다르게 주었을 건가요? 공부 못하는 애로 보였기 때문에 점수를 낮게 줬다는 건가요? 이러니 평가가 공정하지 않다고 비난받는 거지요. 차라리 "난 결과만 봐. 네 작품은 기준을 만족시키지 못했어."라고 말했다면 받아들였을 거예요.

"어머, 사장님이시네요?"

"어머, 부자셨군요!"

"그런 줄 알았다면 제가 다르게 대접했을 텐데……."

이건 옳지 않아요. 화가 나요.

시험 기간에 놀아요

중학교까지의 시험은 결과보다 과정이 중요해요. 시험 치르기 전에 벼락치기하고, 시험 끝난 뒤에 노는 건 바람직하지 않아요. 제 아이들은 시험 기간에 놀았어요. 초등학생이나 중학생이 좋은 성적을 내려고 시험 기간에 밤을 새워 가며 공부하는 게 당연할까요? 고등학생이라면 그럴 수 있어요. 시험 결과가 미래에 큰 영향을 주기 때문이에요. 그러나 초등학생은 아니에요. 미래의 걱정을 끌어당겨 짐을 지우면 안 돼요.

"시험은 네가 배운 내용을 얼마나 아는지 알아보는 거야. 그러니까 지금은 평소에 아는 상태를 유지하면 돼. 열심히 공부해서 점수를 높이면 잠깐은 많이 아는 것처럼 보이지만 네가 무얼 모르는지 몰라. 진짜 네 실력을 알려면 지금은 놀자. 알았지?"

이유를 묻는 아이에게 이렇게 말하면서 놀았어요. 시험 전날에는 불안한 마음에 혹시 공부할까 봐 더 열심히 놀았죠. 처음에는 불안해 하던 아이들도 어느새 시험 기간에 노는 걸 당연하게 여기게 됐어요. 지금도 민하와 서진이는 시험 전날을 '보드게임 하는 날'로 기억해요. 시험 전날에는 작정하고 놀았거든요.

오히려 시험 끝나면 놀지 않았어요. 틀린 문제를 반드시 다시 풀게 했어요. 같은 주제를 많이 틀리면 그 내용을 다룬 책을 빌려와서 보충했어요. 시험을 통해 무얼 모르는지 확실히 알았으니 다시 틀리지 않도록 더 열심히 공부했지요.

중학교 때도 시험 기간에 놀았어요. 과학고나 외고를 목표로 했다면 중학교 내신을 관리해야겠지만 집 근처 일반고에 진학하는데 굳이 점수 가지고 닦달할 필요가 없다고 생각했어요. 고등학생이 되기 전까지는 여유롭게 지내는 게 낫다고 생각했어요. 학교에서 부여하는 시험 공부 시간에는 민하와 서진이도 따로 시험에 대비한 공부를 했어요. 하지만 집에 오면 일상으로 돌아갔어요. 시험은 그저 지나가는 과정이었죠. 더 중요하다고 생각하지 않았고, 며칠만 참고 더 많이 공부하라고 말하지도 않았어요.

우리 집에는 시험 기간 전통이 있다. 바로 하루 전의 보드게임이다. 중학교 때까지 계속된 이 전통의 유래가 기억나지는 않는다. 다만 시험 바로 전날에는 보드게임을 했었다. 우리 집에는 여러 보드게임이 있지만 시험 하루 전의 보드게임은 왜인지 항상 루미큐브였던 기억이 있다. 벼락치기로는 시험 결과가 크게 달라지지 않는다는 것과 시험에만 너무 연연해서는 좋지 않다는 이유로 시행되었던 제도였다. 평소에 공부해 놓고 자신의 실력을 가늠해 본다는 목적을 생각하는 것이기도 했다. 시험 전에 마음을 편안히 하는 효과도 있었다. 아마 초등학교 시험이 그리 중요한 건 아니라서 할 수 있던 것일지도 모른다.

물론 시험을 전혀 준비하지 않고 놀았다는 건 아니다. 우리는 평소에 공부했다. 매일매일 공부하려고 노력했다. 그래도 시험 준비는 하고 싶어지니까 벼락치기를 몇 주 전부터 시작했다. 정작 시험 하루 전에는 놀았다. 역설적이지만 효과적이고 재미있는 과정이다.

다만 중고등학교에서는 지키기 어려운 습관이었다. 시험이 하루에 끝나지 않고 며칠 동안 이어지다 보니 시험 전날이라는 의미가 퇴색되었기 때문이다. 하루 전에 놀고 시험을 보고 자유로워져야 하는데 시험을 하루 치르고도 며칠간 더 시험을 봐야 했기 때문이다. 되게 애매해졌다. 다만 전통은 전통이었기에 중학교 때까지는 시험 시작 전날 저녁에 보드게임을 했다. 고등학교 때에는 그마저도 사라져 버렸지만.

사람마다 다른 공부 방식이 있다고 한다. 나는 수업을 들을 때 종이 낱장(A4 용지를 반으로 접어서 사용했는데 오탈자가 나면 다시 쓰고 싶어했기에 이면지를 주로 사용했다)에 깔끔하게 공부한 내용을 정리하고 자습 시간을 활용해 그 내용을 달달 외우려고 했다. 시험 기간에는 내가 잘 외우고 있는지 확인하기 위해 빈칸노트를 만들었다. 틀을 만들어서 그 빈칸을 내가 다 채우는 것이다. 이때 빼먹은 내용은 없는지 교과서와 학습지를 확인하며 빈칸노트를 만들었다.

시험 전날이면 내가 잘 알고 있는지 확인해야 했는데, 빈칸노트를 보면서 하면 동시에 대조할 수도 없고, 옆에 있는 정리까지 보이기 때문에 확실히 알고 있는지 확인하기 위해 부모님께 확인해 달라고 했다. 고등학교 때에는 보드게임의 전통은 나의 기나긴 암송과 부모님의 힘든 확인으로 대체되었다.

_ 권서진, 〈목적을 기억하는 시험 기간〉

고등학교에선 시험 기간에 공부해요

초등학생 때는 시험 기간에 놀다가 시험 끝나면 부족한 부분을 보충했어요. 중학생 때는 자율학습 시간을 많이 주기 때문에 학교에서 공부하고 시험 기간에 정리했어요. 고등학교 시험은 달라요. 고등학생 때는 시험 기간에 공부해야 해요. 다만 강요하진 않았어요. 우리나라 입시 제도는 고등학교 점수가 대학을 결정하는 중요한 요인이기 때문에 최대한 잘 준비해야 한다고 설득했지요.

시험 기간 동안 저는 문제를 읽어주는 사람이에요. 저는 묻고 아이는 대답해요. 고등학교 교과서 소단원 제목을 말하면 아이가 내용을 정리해서 대답해요. 과목 정리 공책을 보며 문제를 내요. 배운 내용을 자기 말로 다시 말하는 건 좋은 공부 방법이에요. 제가 묻지 못하는 과목(영어, 수학)을 공부할 때는 곁에서 책을 읽었어요. 이따금 코를 골며 졸았는데도 공부에 방해된다고 하지 않았어요. 졸다 일어나 "공부하는데 자서 미안해!" 해도 괜찮다고 해요. 아빠가 곁에 있으면 된대요. 시험 기간이 되면 아이들은 저를 찾아요. 아빠 냄새가 느껴지면 아빠가 졸아도 상관없었어요. 아이들이 공부할 때 옆에서 군밤 까주고, 포도 씻어주고, 우유 갖다주고, 자리 정리해주고, 책 읽고 그랬어요. 친구들이 10시간 공부할 동안 아이들은 3시간 정도 공부했어요. 집중력을 발휘해서 내용을 자기 것으로 만들었어요. 아빠 냄새가 나면 효율이 몇 배 높아지거든요. 마음이 평안하면 뭐든 잘 되잖아요.

민하가 고등학교 첫 모의고사를 치르고 나서 수학이 어려웠다고 했어요. 영어는 모르는 단어가 많아서 힘들었대요. 학원에 다니지 않았던 아이라 중학교 교과서에 나오는 단어 정도만 알았어요. 그런데도 어느 정도 지문 내용을 이해했고 문제가 무얼 묻는지도 알았어요. 다만 답으로 제시된 단어를 몰라 틀린 것이 많았어요. 그래서 민하에게 앞으로 고등학교 3년 동안 공부하면 이 정도는 충분히 잘 알게 될 거라고, 분명 점수가 오를 거라고 말해줬어요. 문제 풀이 공부 대신 책만 읽었지만 저는 민하 성적에 대해 걱정하지 않았어요. 고등학생이 되어 모의고사를 치르다 보면 그동안 책 읽으며 공부한 가치를 느낄 거라 생각했어요.

얼마 뒤 치른 전국연합학력평가에서는 국어, 영어, 한국사가 1등급, 과탐 2등급, 수학 3등급이 나왔어요. 그다음 모의고사 결과는 수학이 2등급, 나머지는 모두 1등급이었어요. 국어, 영어, 한국사는 3년 내내 대부분 1등급을 받았어요.

2학년이 되면서 수능 시험 선택과목을 정해야 했어요. 민하는 특정 과목을 정하지 않았어요. 모의고사 시험지를 받으면 내키는 대로 물리, 화학, 지구과학, 생명과학 중 하나를 골라 시험을 치렀어요. 따로 공부하고 시간 들여 외우지 않았는데도 네 과목 모두 2~3등급이 나왔어요. 그동안 읽은 책이 배경지식을 이루어 중학교 때 배운 내용도 없어지지 않고 평소 실력으로 쌓인 거예요. 서진이는 성적이 더 좋았어요.

목표를 강조하며 '저곳까지 가야 한다'고 강요한다고 공부를 열심히 하는 게 아니에요. 공부하려는 의지는 마음에서 일어납니다. 우리나라 학생들은 치열한 경쟁을 온몸으로 받아내며 쫓기듯 공부해요. 마음이 계속 흔들려요. 방황하지 않는 학생이 없어요. 1등은 1등을 놓칠까 불안하고, 2등급은 아무리 노력해도 1등급이 되지 않아 불안해요. 중위권, 하위권 모두 불안하긴 마찬가지예요. 이때 부모가 마음을 잡아주어야 해요. 공부하지 않으면 인생 불행해진다고 말하며 불안으로 위협한다고 공부하는 게 아니에요. 학생들은 자신을 믿고 인정해주고 사랑해주는 사람 곁에서 공부를 더 잘해요. 자녀를 믿어주는 건 마음에 따뜻한 바람을 불어넣는 것과 같아요.

시험이 뭐라고

책을 읽으면 아는 게 많아져요. 하지만 책이 지식을 축적하는 도구라고 생각하지 않아요. 책을 읽고 나면 전 아이에게 내용을 묻지 않았어요. 대신 아이가 좋아하는 지점을 찾았어요. 제가 좋아하는 지점을 알려주었어요. 그 지점이 일상에 이어지게 했어요. 책으로 느끼고 놀고 이야기했어요. 그러면 아이는 문장을 아이맥스 영화관에서 보는 화면처럼 읽어요. 한 문장을 읽는데 배경이 들어서고 건물이 보이고 등장인물의 옷과 말투, 특징까지 보여요. 책 내용이 입체로 보이면 공부를 잘해요. 이거면 충분해요. 몇 시간씩 앉아 외우지 않아도 된다고 생각해요.

5지선다 문제에서 수학은 오답 4개에 정답 1개를 제시해요. 다른 과목은 오답 1~2개, 정답 같은 오답 2~3개, 정답 한 개를 제시해요. 이것도 맞고, 저것도 맞지만 가장 알맞은 것을 찾게 해요. 배경과 특징까지 읽어낼 수 있으면 가장 알맞은 정답이 눈에 잘 들어옵니다. 읽는 수준을 뛰어넘어 뒤에 펼쳐진 배경까지 보기 때문이에요. 시험 공부를 많이 하지 않아도 됩니다.

고등학교에선 시험 기간이 되면 학교에서 자습을 많이 한대요. 어느 날 서진이가 자습만 7시간이나 했다고 투덜댔어요. 자습 시간에 좀 놀지 그랬냐 하니 안 그래도 미칠 것 같아 한 시간은 한탄하는 글을 썼다며 이면지에 빽빽하게 쓴 글을 내밀어요. 아빠에게 보여주고 싶었다며…….

하루에 7시간, 정규 수업 시간에 4시간씩 자습을 하다 보면 삶에 대한 한탄이 터져 나온다. 인간은 움직이지 않고 하루에 혼자 공부할 수 있는 양이 정해져 있다. '인간'이라면 말이다. 1시간 자습은 기꺼이, 2~3시간 자습은 그러려니 할 수 있을지 몰라도 7시간은 확실히 무리다. 애초에 학교는 배우러 오는 곳 아닌가? 자습하러 학교에 오다니? 7시간이면 정규 수업 시간을 다 합친 것과 맞먹는 시간이다. 한탄할 수밖에. 지금 내가 이 글을 쓰는 것도 지금이 다섯 번째 자습 시간이기 때문이다. 끝이 보이지 않고, 시작은 아득하기만 한 7시간 중 5번째 시간. (중략) 매일 할 일이 주어지고, 제때 식사가 나오고, 단체로 옷까지 입히는 도축장이 따로 없다. 미치고 팔짝 뛸 노릇이다. 자유로운 영혼 이리 앉혀놓으면 기겁하고 도망갈 테니 어릴 때부터 차근차근 닭장의 크기를 줄인다. 수업 시간이 5분씩 늘어나고, 1교시씩 늘어가다 보면 하루 12시간 앉아 있는 교도소의 죄수, 학생들이 만들어진다. (중략)

어찌 되었든 이건 일어나선 안 되는 일이다. 무슨 만 16세가 인생 한탄을 하고 있는가! 사람들은 우리가 놀아도 되는 어린이와 다르다고, 공부하라고 청소년이라 부르지만 난 엄연히 법적으론 어린이다. 어린이날에 축제에 가서 '와!' 하고 비눗방울 불어도 전혀 이상하지 않은 어린아이다. 사실 난 아직도 그걸 꿈꾼다. 흥미도 없던 어릴 적에는 온갖 체험이 있었는데 이제 이해하고 관심이 가니 나이 들어서 안 된단다. 허, 대박이다! 어려서 안 되는 일도 많은데 이젠 나이 들어서 안 된다니!(중략)

복습은 자습이 아니다. 아니, 사실 이건 학습이 아니다. 공부가 아니다. 한순간 머리에 욱여넣었다가 버리는 걸 공부라고 하지 않는다. 정말 이 모든 걸 사용해보지도 않을 거면서! (중략) 진짜 세상에, 줄 세우지 마라. 그 머리가 그 머리지 뭐가 그리 중요하다고, 왜 성장하냐? 그냥 퇴보해라! 퇴보해라! (후략)

어린이날이 되면 "너희는 법적으로 18세까지 어린아이다. 아직도 어린이야. 축하해!" 하고 말했어요. 아이들은 고등학생일 때도 어린이라는 말을 듣고는 좋아했어요. 물론 선물은 주지 않았어요. 서로에게 존재 자체가 선물이니까요. 서진이가 쓴 글을 읽고 저도 웃으며 크게 외쳤어요. "맞다!! 학교에서 뭘 배우냐? 왜 성장하냐? 퇴보하라! 퇴보하라!!!"

90점 넘으면 아는 거잖아요. 실수해서 한 문제 틀려도 실수한 거지 모르는 게 아니잖아요. 실수 하나로 등급을 나누고, 당락을 결정하는 게 아이를 위한 건가요? 교육적이며 인격적인가요? 정확하게, 실수하지 않고 100점 맞는 기술을 가르치는 것보다 친구와 협력하고, 스스로 압박을 이겨내고, 새로운 시도를 해보는 게 좋지 않나요?

좋은 대학에 보내겠다고 점수에 집착하다가 무얼 잃는지 생각해보아야 해요. 30년 만에 동네와 마을이 해체되어 아파트 단지로 바뀌었어요. 시대의 변화는 평생 직장을 무너뜨렸고 직장을 찾아 이리저리 옮겨 다니는 걸 자연스럽게 만들었어요. 우리가 믿던 것들이 계속 바뀝니다. 앞으로 대학 간판이 중요하지 않은 시대가 올 거예요. 갑자기 확 들이닥칠 거예요. 학생들이 공부를 힘들어 하는 건, 쓸데없다고 생각하는 짓(공부)을 해야만 하는 까닭이 마음에 받아들여지지 않기 때문이에요.

수능 시험 문제를 같이 풀어요

저는 학력고사 세대예요. 지식을 정확하게 기억해서 문제를 풀어야 했어요. 고등학생일 때 저는 책을 읽지 않았고, 생각이 좁았어요. 시험에서 국어를 3분의 1 넘게 틀렸어요. 영어도 그만큼 틀렸죠. 수학과 사회 점수 덕분에 대학에 갈 수 있었어요. 대학 시험이 수능으로 바뀐 뒤에도 가끔 국어와 영어 시험을 풀곤 했어요. 1년에 한 번씩 시험지만 풀었는데도 점점 점수가 높아졌어요. 책을 꾸준히 읽었기 때문이겠죠.

민하가 중 3일 때 처음으로 수능 국어 문제를 함께 풀었어요. 민하는 공부를 따로 하지 않았는데도 성적이 괜찮았어요. 문법 문제가 아니면 처음 읽는 내용도 답을 곧잘 맞혔지요. 첫해 성적은 아빠—민하—서진 순서였어요. 저는 국어 영역에서 66점(4등급)을 받았어요. 시 영역이 낯설어서였는지 시 문제를 거의 다 틀렸죠. 이듬해엔 민하—아빠—서진 순서로 바뀌었어요.

당시 수능 국어 31번이 공포의 문제였어요. 지문이 길고 내용이 어려워서 틀린 학생이 너무 많다고 방송마다 언급했어요. 이런 문제를 출제하지 말아야 한다는 논란이 거셌어요. 반면 우리 셋은 31번 문제를 제대로 풀었어요. 책을 많이 읽은 사람에겐 '배우지 않아도 푸는 문제'였지요. 다만 17, 26, 28, 42번은 셋 다 틀렸어요. 책 읽는 가족이 모두 틀렸다면 우리 가족의 약점을 보여주는 문제네요. 왜 틀렸는지 따져봐야 해요.

서진이는 실제 수능 시험에서 국어와 영어를 각각 한 문제씩 틀렸어요. 국어 문제를 다 풀고 시간이 남아서 검토하다가 한 문제를 바꿨는데 그것만 틀렸어요. 친구들이 학원 다니며 열심히 공부할 때 여유롭게 지내면서 하나만 틀렸으니 만족해요. 대학에 가서도 민하와 서진이는 책으로 리포트를 씁니다. 독서는 초중고를 지나 대학에서도, 나이가 들어서도 우리를 도와줍니다.

시험을 나타내는 영어 표현으로 'Test', 'Temptation', 'Try'가 있어요. 'Test'는 잘하는지 못하는지, 얼마나 아는지 평가하는 거예요. 'Temptation'은 '유혹'이라는 뜻으로 사람을 넘어뜨리려고 시험하는 거예요. 'Try'는 되는지 안 되는지 해본다는 뜻으로 노력한다는 뜻도 포함해요. 학생들이 치르는 시험(Test)은 노력(Try)으로 이어져야 해요. 시험을 치르고 부족한 부분을 공부해서 다시 노력하면 됩니다.

그러나 우리나라는 결과로 사람을 평가해요. 시험 점수가 곧 능력이라고 판단하죠. 공부만 잘하면 된다는 생각은 시험(Test)을 유혹(Temptation)으로 바꿉니다. 성적을 조금만 높이면 인생이 달라진다고 믿는 부모들이 자녀를 떠밀어요. 이건 아이들을 유혹으로 떠미는 것과 같아요. 시험 결과가 좋지 않으면 다시 하게 도와주어야 하잖아요. 시험 점수에 마음이 흔들리면 이웃 엄마 말에, 학원에 유혹당하고 맙니다.

부모와 자녀 관계를 망가뜨리며 점수에 매달리지 마세요. 아이를 닦달했다면 이른바 명문대라 부르는 대학에 진학했을지도 몰라요. 하지만 그랬다면 자녀가 힘들 때 저를 찾지 않았을 거예요. 목소리 듣고 싶어 그리워하는 사람이 되지도 않았을 거예요.

시험이 끝난 뒤

고등학교 첫 모의고사 결과가 나온 뒤에 학교에서 민하를 특별반으로 보냈어요. 특별반에 들어가면 전교에서 뽑힌 20명이 좋은 교실에서 11시까지 공부해야 했어요. 민하는 공부 잘하는 선배들 사이에서 공부하다가 석 달만에 특별반에서 나왔어요. 집에서 편안하게 책 읽으며 놀던 아이가 11시까지 꼼짝도 하지 않고 앉아서 문제만 푸는 걸 견디지 못했어요. 이듬해에 서진이도 특별반에 뽑혔지만 처음부터 거절했어요. 두 아이는 7~8시간씩 잤어요. 푹 자고 맑은 정신으로 선생님 설명을 집중해 듣는 게 나았어요.

시험이 끝나면 점수는 신경 쓰지 않아요. 이미 결정나 버린 일을 두고 '이렇게 했어야 한다. 다음에는 이렇게 하자.' 해도 소용없다고 생각했어요. 점수가 맘에 들지 않으면 더 공부해야겠다고 아이가 스스로 느껴요. 거기에 굳이 기름을 부을 필요가 없어요. 칭찬하고, 격려하고, 수고했다고 토닥이고, 정말 필요하다면 '다음엔 알지? 어떻게 해야 하는지.' 정도만 말해도 충분해요.

얼마 뒤에 독서반에서 마키아벨리의 『군주론』을 토론했어요. 서진이는 이탈리아 이야기라 좋긴 한데 카이사르가 한 쪽밖에 나오지 않아 싫다고 했어요. 어릴 때 공주 이야기를 좋아했던 서진이를 만족시키려면 살라딘이나 카이사르 정도는 되어야 해요. 최소한 왕 정도는 되어야 해요.

민하 : 『십자군 이야기』 줘 봐. 다시 읽어야겠어.

서진 : 난 『로마인 이야기』 읽어야지!

아빠 : 난 발리앙 이벨린 부분 읽어야겠어.

5부

아이를 기른다는 것

수능 시험을 3주 앞둔 일요일, 민하에게 물었다.

나	다음 주에 대학 면접인데 안 떨려?
민하	안 떨려요.
나	역시! 수능이 얼마 안 남았네. 공부는 하고 있어?
민하	공부하죠!

내가 생각하는 '공부하다'와 아이가 생각하는 '공부하다'가 다르다. 나는 공부하는 시간을 말했는데 아이는 집중도를 말하고 있다. 엄마가 옆에서 거든다.

엄마	면접 안내문 읽고, 이것도 보고, 저것도 보고…….
민하	안 봐도 돼요. 다 아는 내용이에요.
엄마	그래도 준비해야지.
민하	아빠랑 얘기하면 돼요.

엄마는 자잘하게 이렇게 저렇게 하라고 말한다. 하지만 민하는 그런 말을 잔소리로 듣는다. 대신 아빠가 이야기처럼 말하는 것을 더 좋아한다. 부모 마음이 이래도 되나 싶어 내가 말했다. 그 대학에 지원한 까닭, 대학에 가기 위해 학교에서 무얼 했는지 물을 거라고. 그리고 특히 너에겐 왜 학교를 그렇게 조용히 다녔는지 물을 수도 있겠다고. 다행히 민하는 내 말을 잔소리로 듣지 않는 것 같다. 고마웠다. 내가 민하를 믿는 것보다 민하가 나를 믿는 마음이 더 커 보인다. 대화를 마치고 우리는 함께 기도했다. 수능을 앞둔 민하가 민하답게 살아가게 해 달라고. 결과에 흔들리지 말고 두려움에 떠밀리지 않게 해 달라고.

| 14장 |

책을 좋아하는 아빠라서

저는 책을 좋아합니다. 이틀에 한 권, 해마다 5만 쪽을 읽습니다. 아이들과 책으로 놀고 책 이야기를 자주 해요. 성적 높이려고 책 냄새를 풍긴 건 아니에요. 책을 수단으로 삼아 아이를 어떻게 해보려는 마음은 없었어요. 그저 책이 좋아서, 책에 나온 문장이 좋아서 들려주었어요. 책에서 재미있는 부분을 들려주고, 이야기에 나오는 모습과 비슷한 곳을 만나면 반가워서 "여기, 그 책에 나오는 거기 같지 않아?" 했지요.

그러다 보니 제게서는 저절로 책 냄새가 났어요. 아이도 제게서 책 냄새를 맡으며 자랐어요. 저는 톨킨을 좋아해요. 『반지의 제왕』을 좋아해서 몇 번이나 읽었어요. 슬프고 괴로울 때 『호빗』을 꺼내요. 나무가 들어찬 숲에 들어가면 『반지의 제왕』에 나온 숲 로스로리엔이 떠오릅니다. 호수를 만나면 에스가르드에서 흘러나오는 물이 긴호수를 이루고 기리온의 군주가 그곳에 산다는 내용을 떠올려요. 이러고 살다 보니 아이들 삶에도 책이 스며들었어요.

요즘 아이들은 돈을 좋아해요. 아이들에게 꿈을 물어보면 직업이 아니라 연봉을 말합니다. 건물주를 꿈꾸고, 백억이나 천억을 갖고 즐기는 게 꿈이라고 해요. 의사나 약사를 말하는 아이도 돈 많이 벌기 때문이라네요. 몇몇 아이의 소원이 아니에요. 대부분의 아이들이 돈을 말해요. 초등학생, 중고등학생, 대학생 가리지 않고 인생의 목적을 돈에 둡니다. 왜 이렇게 아이들이 돈을 좋아할까요?

아이들의 가치관에 가장 큰 영향을 주는 건 부모님의 태도입니다. 부모님이 아이를 대하는 모습, 아이에게 하는 말, 부모님이 나누는 대화를 보고 아이가 판단의 기준을 만들어요. 부모가 아이와 시간을 많이 보내면 부모가 원하는 가치가 아이에게 전해지죠. 그럼 부모가 아이와 시간을 많이 보내지 않으면 어떻게 될까요? 아이가 부모를 아침저녁에 잠깐 볼 뿐이라면? 아이가 가족들 사이에서 혼자 보내는 시간이 많아진다면 어떻게 될까요?

톨킨은 우리 가족들의 대화에 자주 등장해요. 힐러리 매케이(『책벌레들의 책 없는 방학』), 로알드 달(『찰리와 초콜릿 공장』, 『마틸다』), 프랭크 바움(『오즈의 마법사』), 박경리, 황선미 작가도 자주 등장하는 작가들이지요. 제가 책과 작가를 대접하니 아이들도 책과 작가를 좋아했어요. 부모가 책과 작가를 자주 이야기하면 아이들은 책 이야기 속에서 살아갑니다. 돈보다 이야기를 좋아하고, 어려움을 만나면 책에서 지혜를 찾아 해결하지요.

제겐 책이 작품이에요. 아이도 작품이지요. 제가 좋아하는 두 작품이 만나면 얼마나 좋을까요! 그래서 아이라는 작품에 책이라는 작품을 채워주려 했어요. 이렇게 말하면 제가 선비 같다고 생각하시려나요? 그건 아닙니다. 학교에서 저는 이상한 교사였고 별난 사람이었습니다.

이상한 교사

저는 어릴 때 얌전하고 조용한 아이였어요. 떨려서 발표도 제대로 못 하는 순한 어린이였고 겁이 많았죠. 중학교에서는 초등학생처럼 살았고, 고등학교에서는 중학생 마음으로 지냈어요. 둔하고 어리숙한 사람이었어요. 그런데 나중에는 오히려 장점이 되었습니다. 교육대학에 진학했고, 교사가 아이를 사랑하고 돌보는 사람이라 생각했으니까요.

당연한 말 아니냐고요? 글쎄요. 교사라는 직업을 누군 그런 이유로 선호하는 건 아닙니다. 꼬박꼬박 월급 나오고 정년을 보장받는 공무원, 방학 동안 쉬는 꿀직업이라는 인식이 강해요. 교장이 되면 금상첨화, 더욱 편하게 지낸다고 생각하지요. 하지만 저는 그렇게 생각하지 않아요. 저는 교사가 공무원이 아니라 성직에 가깝다고 생각합니다. 아이를 돌보는 일이 얼마나 귀한가요. 한 아이를 잘 돌보고 가르치면 아이의 삶이 바뀌어요. 얼마나 소중한 일인가요!

저는 좋은 교사가 되고 싶었습니다. 아이들 마음에 담긴 생각이 글로 나오는 게 좋아서 다달이 문집을 만들어 글을 간직했어요. 아이들 데리고 산에 가고, 선배들이 눈치 주는데도 우리 반만 현장 학습을 갔어요. 아이 집에 찾아가고, 집에 데려다주고, 부모를 만났어요. 아이들 처지를 알수록 안타까워 안경 사주고, 생활비 주고, 교복 사주고 그랬어요. 어느새 이상한 교사로 불리게 됐어요.

수업도 이상하게 했습니다. 아이들이 직접 겪어야 한다고 생각했어요. 지렁이 굴이 어떻게 생겼는지 알아보려고 촛농 녹여 지렁이 굴에 부은 다음 살살 파냈지요. 수영장이 없는 곳에서 수영 가르치겠다고 아이들을 바다로 데려갔어요. 학교 텃밭에 치킨과 돼지 족발 먹고 나온 뼈를 묻어놓고 유물 발굴 수업을 했지요. 말만 해서는 아이들 마음을 사로잡지 못합니다. 아이들은 우주 곳곳, 공룡들이 뛰놀던 세상, 아름다운 왕궁을 꿈꾸거든요.

"책 읽어라, 책 읽으면 공부 잘한다." 아무리 말해도 소용없어요. 아이들은 말이 아니라 행동을 보고 배웁니다. 책 놀이를 하며 도서관을 뒤지고, 독서 런닝맨을 하며 책 찾아 학교 이곳저곳을 다녔지요. 자정 지나 2시까지 도서관에서 아이들과 책을 읽다가 도서관에서 자고, 다음날 도서관에서 컵라면을 아침으로 먹었어요. 이렇게 하면 책이 재미있다며 아이들이 또 하자고 졸랐어요. 주위 분들에게 욕도 먹고 칭찬도 들었지만 양편 모두에게서 이 말만은 똑같이 들었어요.

"저 사람, 이상하네!"

2020년에 3학년 여덟 명이 있는 반을 맡게 됐어요. 아파트에 사는 셋 빼고 다섯 명의 아이가 강원도 시골에 흩어져 살아요. 그중 네 아이는 베트남과 네팔에서 온 엄마, 베트남에서 자녀를 데리고 온 재혼 엄마와 함께 사는 다문화 가정 아이들이었어요. 할아버지하고만 사는 아이, 특수교육 대상 아이도 한 명씩 있었어요.

코로나 19 때문에 개학이 4월로 늦춰지자 저는 걱정이 되었어요. 이 아이들은 학교에 오지 않으면 계속 휴대 전화만 들여다보며 하루 종일 지낼 거예요. 낮에는 아이 혼자 집에 있게 되거든요. 안 되겠다 싶어 2월 마지막 주부터 아이들 집에 찾아갔어요. 담임 소개 편지와 함께 학교 도서관에서 골라온 책 다섯 권을 나눠주고 일 주일마다 찾아가서 책을 바꿔주었어요. 에세이 쓰는 방법을 알려주고 글을 쓰게 했어요. 2학년 수학 복습 문제를 숙제로 내주고 마당에서 공부를 가르쳤어요. 한 번 다닐 때마다 37킬로미터가 걸리는데 한 해 동안 열두 번이나 다녔어요.

처음에는 아이들이 당황해했어요. 마당에서 수학을 배웠으니까요. 저는 즐거웠어요. 빈집에서 혼자 게임하던 아이에게 책을 얼마나 읽었는지, 글을 어떻게 썼는지 묻고 수학을 가르치는 게 좋았어요. 가끔 한 아이를 다른 아이 집에 데려가서 같이 공부했어요. 아이들이 좋아했어요. 친구와 둘이 골목을 달리며 웃는 모습을 보면 교실에서 우두커니 혼자 기다리는 것보다 훨씬 나았지요. 복잡하게 생각하진 않았어요. 아이가 못 온다면 제가 가면 되지요.

저는 아이와 지내는 게 좋아요. 교장이 되려면 교감을 거쳐야 하는데, 제가 만난 교감 중에는 수업하는 사람이 거의 없었어요. 어떤 교장은 아이들 곁을 떠난 사람 같았어요. 교감, 교장이 되면 아이를 만나지 못하는구나 생각해서 승진하지 않겠다고 다짐했어요. 특히 아이가 쓴 글을 읽지 못하는 게 싫었어요. 선생님들과 회의하다가도 수업 시간이 되면 혼자 교실로 돌아왔어요. 교사는 아이들 곁에 있는 사람이라 생각했거든요.

학교에 근무하는 사람은 모두 아이들을 잘 돌보고 가르쳐야 한다고 생각해요. 교사가 아이들을 사랑하고 모범을 보이는 사람이라는 생각 외에는 중요하게 여기지 않았어요. 순진하게 이 원칙을 지키려고 노력했지요. 아이들을 이용하는 사람이 정말 싫었거든요. 순진한 사람이 원칙을 따르면 타협하지 않는 고집불통이 됩니다. 제가 그랬습니다.

별난 사람이 아이를 만나

우리는 좁은 땅에 모여 살아요. 도시화가 진행되면서 사람들이 점점 더 빽빽하게 모여들었죠. 서로 가깝게 살며 이웃과 영향을 많이 주고받습니다. 좁은 국토에서 침략을 많이 당하다 보니 누가 내 편인지 알아야 했고, 네 편 내 편 따지는 태도가 몸에 뱄다고 해요. 누가 무얼 했는지 관심이 많고, 저마다 이러쿵저러쿵 말합니다. 유행에 민감하고, 다른 사람과 비교하는 문화가 발달했습니다.

다른 사람을 통해 자신의 존재를 확인하는 경향이 강해요. 유명인을 따라 하거나 방송에 나온 맛집을 찾아가고, 자랑삼아 SNS에 올려요. 눈에 보이는 것이 자신을 증명한다는 생각이 커졌어요. 사는 곳(아파트 이름과 넓이), 타는 차, 입는 옷, 최신 유행에 따르는 모습이 중요해졌죠. 빨리 변하는 세상에서 가치를 증명하려면 다수를 따를 수밖에 없나 봐요. 자신의 의사와 상관없이 해야 하는 것들이 많아졌습니다.

문화는 흐름이에요. 그 흐름 안에서는 문화가 자신을 이끄는지, 자신이 문화를 선택했는지 가려내기 어렵습니다. 내가 입고 싶어서 산 옷인지, 사람들이 좋다고 한 말이 나로 하여금 옷을 사게 했는지, 기업이 방송에 내보낸 이미지가 내 생각을 사로잡아 옷을 살 수밖에 없는지 판가름하기 어렵습니다. 흐름을 따르다 보니 남과 다르게 보이면 힘들어합니다. 옆집 엄마가 하는 방식을 우리 아이에게도 해야 한다고 생각합니다. 자기를 찾기 어렵게 되었어요.

저는 무엇이 내 생각을 이끌어가는지 고민하는 사람이에요. 다른 사람이 무얼 입는지, 내가 입은 옷을 어떻게 보는지 신경 쓰지 않아요. 저는 생각을 살펴봅니다. 시대에 뒤떨어지는 사람이에요. 옷을 자주 사면 쓰레기가 늘어납니다. 비싼 차, 사람들이 멋지다 하는 차를 좋은 차라 생각하지 않아요. 텔레비전을 안 보고, 유행을 모르고, "그거 들어봤어?" 하는 이야기도 잘 몰라요. 대신 책을 읽고 아이들과 즐겁게 놀아요. 제 자녀와 우리 반 아이들은 산에 가자 하고,

책 읽자고 해요. 동화와 소설을 좋아합니다. 역사, 인문, 사회 분야도 꽤 읽어요. 과학, 환경 책도 읽고 『죽도록 즐기기』*80처럼 성찰 없는 미디어 세계를 비판하는 책도 좋아해요. 『교육의 종말』*81, 『생각의 시대』*82도 읽어요. 그래서 점점 유행처럼 흘러가는 문화와 거리가 멀어졌어요. 다들 자녀를 학원에 보낼 때 저는 '학원에 왜 가야 해? 꼭 가야 할까?' 생각해요. 선행 학습하고 학원에 다니며 여러 번 문제를 풀어야 공부 잘한다고 하기에 '정말 그럴까?' 따져보죠.

저는 저만의 가치관으로 삽니다. 옆집 부모를 따라 하지 않아요. 제가 사는 방식에 만족하고, 제 판단에 따른 결과를 받아들여요. 제가 결정하고 제가 책임집니다. 옆집 엄마가 소개하는 학원에 아이를 보내놓고 그 판단이 옳기를 기다리지 않아요. 많은 사람이 선택한다고 좋은 게 아니라고 생각해요. 모든 베스트셀러가 훌륭한 책이 아닌 것처럼요. 제가 좋아하는 책, 책을 많이 읽는 사람들이 좋아하는 책은 숨어 있어요.

아이는 상품이 아니라 작품이에요. 부모는 잘 팔리는 상품을 길러내는 사람이 아니에요. 다수가 선택했기 때문에 좋을 거라는 생각은 '작품'이 아니라 '상품'을 살 때나 필요합니다. 당대 사람들에게 고흐는 좋은 상품을 만드는 사람이 아니었어요. 고흐는 생전에 그림을 한 점밖에 팔지 못했어요. 고흐의 작품은 나중에 빛을 발했습니다. 아빠처럼 걷는 아이, 엄마처럼 웃는 아이를 아빠와 엄마의 생명이 낳은 작품으로 길러내는 게 교육입니다. 학원에 보내더라도 '내 아이에게 맞는 학원'을 찾아야지요. 학원이 아이에게 맞는지 생각하고 보내야지요.

"학원 자리 구하느라 힘들었어. 어렵게 구했단 말이야. 그러니까 네가 학원에 맞춰서 잘 버텨 봐!"

이렇게 말하며 다가가지 않아요. 아이는 소모품이 아닙니다. 요즘 아이들은 시켜도 잘 따르지 않아요. 아이는 저마다 독특한 작품으로 살아갑니다. 다른 사람이 한다고 따라 하지 않고, 아이를 인격으로 바라보고 판단해야지요. 그게 어른이고 부모 아닌가요?

이상한 교사, 별난 사람도 그냥 아빠랍니다

결혼하고 아이가 태어났어요. 아이는 아빠와 엄마가 함께 돌봐야 한다고 생각해요. 그런데 힘들어서 그런지, 엄마 일이라 생각하는지, 책임지기 싫어서인지는 모르겠지만 언제부터인지 아이를 기르는 일이 자연스럽게 엄마 일이 되었어요. 집안일은 아빠와 엄마가 같이 해도 교육은 엄마가 맡아요. 아이를 돌보던 아빠도 공부만은 엄마에게 맡깁니다.

학교 행사에도 주로 엄마들이 옵니다. 학부모 총회, 학부모 공개수업에 오는 아빠가 드물어요. 아빠는 운동회 날 달리기에 참여하면 아빠 역할을 모두 한 것 같아요. 초등 교사로 지내며 제가 만난 아이들 대부분 엄마 냄새는 나는데 아빠 냄새는 희미했어요. 부부가 같이 아이를 낳아 함께 자녀를 기르기 마련이잖아요. 그런데 아빠를 닮은 얼굴 외에는 아이에게서 아빠의 흔적이 보이지 않는 거예요.

3년 동안 두 아이 손잡고 학교에 갔어요. 사람들이 쳐다봐요. 보기 좋다고 말한 분들이 많은데 다르게 생각한 사람도 있을 거예요. 두 손 가득 아이를 채워서 학교에 데려가고 싶어서 그랬어요. 그걸로 충분해요. 아이는 아빠 손 잡고 학교 가는 걸 좋아했어요. 저는 아이 손 잡고 학교 가는 게 좋았어요. 그리고 집에 늦게 들어가는 일도 없게 하려 애썼어요. '얘들은 내 아이들이다. 내 아이는 내가 기른다.' 생각했지요.

담임으로 지낼 때도 그랬어요. 우리 반 아이들이 정말 소중했어요. 학교에서는 이상하게 하향 평준화를 원하는 듯했어요. 아이들에게 더 잘해주고 싶어도 다른 선생님을 배려해서 적당히 자제해야 하는 분위기였지요. 하지만 저는 그러지 않았어요. 옆 반 선생님은 당신이 잘하는 걸 하면 되고, 저는 제가 좋아하고 잘하는 걸 더 해주고 싶었어요. '제가 잘하는 걸로 최선을 다할 테니 다른 분도 당신이 잘하는 걸로 최선을 다해주세요!'라고 생각했지요. 그러면서 서로 보고 배우면 좋잖아요.

아이를 위해 헌신했다는 말은 아니에요. 아이 돌보는 일은 힘들었어요. 아이가 어릴 때는 아내가 저보다 훨씬 많이 돌봤습니다. 먹이고, 입히고, 재우고, 씻기는 일은 하고 또 해도 끝이 없었어요. 기저귀를 떼서 기뻤고, 두 시간마다 깨는 날이 끝나서 기뻤어요. 그때 저는 자녀교육에 대해 아무 생각도 하지 않았어요. 시간이 지나면 일어서고, 말하고, 책을 읽을 거라고 생각했어요. 아이가 자라서 저와 함께 책을 읽고 책으로 이야기할 날을 기다렸어요. 그때가 될 때까지는 그냥 놀았어요.

엄마는 달랐어요. 아이에게 뭔가를 해주어야 한대요. 일찍 영어 공부를 시키면 좋고, 사람을 불러서 특별한 공부를 시키고 싶어 했어요. 질 좋은 교구를 사고 선생님을 집에 불렀어요. 선생님이 교구를 갖고 아이와 노는 모습을 보니 여유가 생기는 것 같아 좋긴 했어요. 그렇지만 놀이와 학습을 프로그램으로 접근하는 게 싫었어요. 공부해야 할 때가 되면 저절로 할 텐데 굳이 어린아이에게 놀이와 공부를 '특별한' 활동으로 가르치는 게 싫었어요.

'아니, 이 작은 아이가 배우면 얼마나 배운다고 가르치려 할까? 그냥 놔두지!' 생각했어요. '교구를 꼭 저런 방식으로 갖고 놀아야 하나? 아이가 마음대로 만지고 쌓고 이야기를 만들면 더 좋은데.' 생각했어요. 아이에게는 놀이와 공부, 식사와 휴식이 따로 없어요. 먹다가 놀고, 놀다가 배우고, 쉬면서 먹고, 먹으면서 쉬어요. 아이가 자라면서 놀이 시간, 공부 시간, 식사 시간을 구분하라고 가르치지요. 당연히 그래야 합니다. 그러나 학교에서 시간을 정해 놓고 공부하거나 쉬는 방식이 좋은 방법은 아닙니다. 일정 장소에서 여러 사람을 교육하려면 시간을 정해 놓아야 효율적입니다. 군대, 교도소에서도 같은 방법을 써서 효율성을 높이죠. 그렇다고 해서 아이 하나하나에게 효과가 좋은 건 아니에요. 더구나 집은 학교와 다르잖아요. 놀다

보면 시간 가는 줄 몰라도 되는 곳, 공부할 때는 몇 시간이고 집중하는 장소가 집이잖아요. 공부를 잘하려면 공부와 놀이가 함께 이루어져야 해요. 노는 게 공부이고, 공부하는 걸 논다고 생각하면 아이가 공부를 잘하겠지요.

그냥 아이들과 놀았다는 말입니다. 엄마가 아이 데리고 놀면 제가 책 읽을 시간이 많아져서 좋았어요. 제가 아이를 데리고 놀 때는 아이가 웃는 모습이 예뻐서 저도 즐겁게 놀았어요. 아이가 아프면 '호' 해달라고 해요. '호~' 해주는 게 뭐 어렵겠어요? '호' 해주면 괜찮다고 하니 열심히 '호' 했지요. 어느날 아이가 거실 저쪽에서 울어요. 별것 아닌 일로 울 텐데 저기까지 가서 호 해주기 귀찮았어요. 양손을 모아 공 모양을 만들고 바람을 불어넣으며 공이 점점 커지게 했어요. 그러고는 "호~ 폭탄이다!" 하며 우는 아이 쪽에 던지는 시늉을 했어요. 그러면 아이는 아빠가 곁에서 '호~' 해준 것처럼 까르르 웃으며 좋아했어요. 아이를 기른 아빠들은 모두 이런 추억 한두 가지는 있을 거예요.

제가 다른 아빠와 다른 점이 있다면 일찍 퇴근해서 늘 아이 곁에 있었다는 겁니다. 아이에게 이야기를 들려줄 날을 기다리며 책을 읽었어요. 그래서 이 책을 쓰게 되었네요.

| 15장 |

입 노릇보다 귀 노릇

미혼모 몇 분에게 자녀 독서지도 방법을 강의할 기회가 생겼어요. '방법을 알려주면 이분들이 실천할까?' '무얼 얘기해야 할까?' 고민하고 고민하다가 강원도에서 엄마 없이 사는 아이들이 엄마를 그리워하며 쓴 글을 보여줘야겠다고 생각했어요. 엄마가 아이에게 정말 소중하다고 말해주고 싶었어요. 또한 『알사탕』*[83]을 읽어주고 아이가 부모와 다르게 생각한다고 알려주려 했어요.

강의에 미혼모의 어머니 두 분도 오셨어요. 한 분은 몇 번이나 한숨 쉬는 표정으로 딸을 보며 '우리 애가 이렇게 돼서……' 하고 말해요. 엄마가 딸을 걱정하며 한 말이지만 이 말이 귀에 거슬렸어요. 그 말을 딸이 어떻게 들을지는 신경쓰지 않는 거잖아요. 우리 아이가 이렇게 됐다고 한숨 쉬며 말하면 딸 마음이 좋지 않을 거예요.

『알사탕』에서 등장인물 동동이는 아빠와 둘이 살아요. 엄마는 나오지 않고 할머니는 돌아가셨어요. 아빠가 계속 잔소리를 해요.

한쪽 가득 잔소리를 써 놓았어요. 동동이가 잔소리를 정말 싫어했을 거예요. 들으면 들을수록 답답했을 거예요. 그런데 알사탕을 먹었더니 잔소리가 모두 "사랑해!"로 들려요. 잔소리가 '사랑해'로 바뀌는 모습을 보고 엄마 두 분이 놀라워했어요. "아빠가 하는 잔소리가 '사랑해'라는 뜻이죠!" 했더니 미혼모의 어머니 두 분이 고개를 끄덕였어요. 하지만 미혼모들은 잔소리라고 맞섰죠. 특히 '우리 애가 이렇게 돼서'라는 말을 들었던 딸은 "그게 어떻게 사랑한다는 말이에요? 그냥 잔소리지!"라고 해요. 그러면서 엄마가 어제도 잔소리했다고 말했어요. 이 말에 그 어머니가 다시 말해요.

"어제 아기 데리고 외출하는데 아기를 너무 춥게 입혀 나왔어요. 엄청 추운 날씨에 샌들 신기고 유모차에 태웠어요. 유모차 가지고 오지 말라고 문자 보냈는데 말이에요. 날씨가 얼마나 추웠는데 애를 그렇게……."

딸이 입을 꾹 다물어요. 그래서 따님도 말해보라고 했더니

"어제 법원에 갔어요. 법원이 멀어요. 유모차에 아이 태워서 지하철 타면 사람들이 쳐다봐요. 엘리베이터 타면 노인들이 자꾸 물어봐요. 힘든 줄은 알아요. 하지만 유모차 없이 멀리 가면 너무 힘들기 때문에 멀리 갈 때는 어쩔 수 없이 유모차 가져가요. 샌들은 아이가 발을 그냥 쑥 넣는 신발을 좋아해서 신겼어요. 대신 양말은 두꺼운 거 신겼고요."

엄마가 잔소리할 때 딸이 속으로 '저도 생각이 있어요. 이렇게

한 이유가 있어요!' 생각했을 거예요. 하지만 말해도 엄마가 듣지 않을 테니까 입을 다물어요. 딸 말이 끝나자마자 어머니가 이야기하는데 '우리 애가 이렇게 돼서'가 또 나와요.

저는 두 사람에게 새로운 이야기를 들려줬어요.

"샘이 있어요. 아주 좋은 물이 나와요. 몸에 좋은 약수, 생수가 솟아나와요. 자녀를 사랑하는 부모의 마음이라고 생각해도 돼요. 이 물은 컵에 담아 먹어요. 파이프를 통해 연결하기도 해요. 컵이 더러우면 어떨까요? 파이프가 썩으면 물이 깨끗할까요? 아무리 좋은 물이라 해도 물이 흘러가는 파이프가 썩으면 썩은 물이 나와요. 샘에 있는 진짜 좋은 물이 흘러가면서 오염되지요. 엄마는 딸을 아껴요. 사랑하죠. 그 사랑은 약수이고 생수예요. 사랑을 잔소리로 표현하면 어떨까요? 잘 되라고 하는 소리잖아요. 하지만 자녀는 잔소리라는 파이프를 거쳐 흘러나온 물에서 찌꺼기를 봐요. 썩은 물로 느껴요. 잔소리 듣는 자녀에겐 샘(엄마 마음)이 보이지 않아요. 말만 들리죠. 잔소리라는 파이프를 통해 흘러가잖아요. 자녀는 이 물을 마시지 않아요. 부모의 사랑이 전해지려면 파이프가 좋아야 해요. 따님이 좋게 느끼는 파이프가 필요해요!"

딸 표정이 밝아졌어요. 쉬는 시간에 어머니에게 '우리 애가 이렇게 돼서'라는 말은 하지 말라고 부탁했어요. 딸이 느끼는 마음을 설명했더니 가만히 듣긴 하지만 자신 없는 표정이에요.

아이에게 감정을 그대로 쏟아내면 아이가 받아들일까요? 부모가 입 노릇을 잘한다고 아이가 잘 자라는 게 아니에요. 아이가 잘 자라도록 알려주며 가르쳐야 하지만 귀 노릇도 잘해야 해요. 요즘 아이들은 자기 생각이 분명해요. 상대가 듣지 않으면 마음을 닫아 버려요. 자녀가 부모에게 기대를 접고 귀를 닫으면 부모와 자녀 모두 불행해요. 부모는 자녀가 고민을 말하는 상대가 되어야 해요.

강의 마무리하며 미혼모를 나쁘게 보지 않았으면 좋겠다고 했어요. '우리 애가 이렇게 돼서'로 보는 관점을 바꾸시라고 했어요. 누군가의 어려움이 어디에서도 피지 못하는 꽃이 되었다고, 좋은 뜻으로 생각을 바꾸고 행복하게 사시라고 말했어요. 아이 마음을 듣고 말하면 자녀가 더 잘 들어요. 특히 '우리 애가 이렇게 돼서'나 '앞으로 어떻게 살려고' 와 같은 식의 말은 절대 하지 말아야 해요. 표정으로도 보이지 않는 게 좋아요.

'벌컥'은 벌컥벌컥 삼키자

수능 시험 일 주일 전, 민하가 수능 보기 싫다고 말했어요. 두 곳에 수시 원서를 넣었지만 어떻게 될지 모르잖아요. 떨어질 때를 대비해야 할 텐데 갑자기 시험을 안 본다고 해요. 답답했어요. 공부하라고 닦달하지도 않았는데 갑자기 수능을 안 본다니요! 벌컥 화를 낼 상황이에요. 아이가 어릴 때 벌컥 화를 낸 적이 있어요. 영문도 모른 채 주눅 든 아이를 보며 다시는 버럭 화내지 않겠다고 다짐했어요. 주눅 든 저 자신을 보는 것 같았거든요.

수능을 안 보겠다는 말은 의지의 표현일까요, 감정의 표현일까요? 이미 결정하고 말하는 의지가 아니라 답답하다는 감정의 표현이에요. 인생을 단 한 번의 시험에 맡겨야 하는 현실에 화가 나고 불만인 거예요. 고 3으로 살아가는 자체가 갑갑해요. 감옥에 갇힌 것 같아요. 부모가 수능이 중요하다고 말할수록 자녀는 불안이 커져요. 자녀가 마음으로 말할 때는 부모도 마음으로 들어야 해요. 그래서 수능 안 봐도 된다고 했어요. 대학 안 가도 된다고, 아빠랑 글 쓰자고 말했어요.

"공부 별로 안 하고 편히 쉬면서 학교 다녔는데……."

"다른 애들에 비하면 얼마나 잘해 줬는데……."

이런 말은 하지 않았어요. 민하는 고등학교 다닐 때도 학교 다니기 싫다고 말한 적이 있어요. 그때도 1년 쉬어도 좋다고 했어요. 친구들과 같은 줄에 서서 같이 뛰어야 하는 건 아니라고, 평균 수명이 늘어나서 오래 사는 시대가 되었으니 천천히 공부해도 된다고 했어요. 물론 마음으로는 '휴학하지 말고 친구들과 같이 졸업해라, 제발.' 하며 빌었어요. 아이에게 천천히 공부해도 된다고 말하면서 나 자신을 설득했어요. 아이가 아니라 내 생각이 틀렸기를 바랐어요.

아이에겐 알려줘야 할 게 많아요. 아이도 몰라서 계속 질문해요. 책을 읽으며 알려주고 수업하듯 설명했어요. 자연 현상을 설명하고, 사람이 어떻게 생각하고 행동하는지, 뉴스나 역사에서 일어난 일이 왜 발생했는지 설명했어요. 아이가 어릴 때는 부모가 계속 말해야 해요. 아이가 모르는 내용을 친절하게 알려주는 사람이 되어야 해요.

자녀가 사춘기를 겪으면 부모가 태도를 바꾸어야 해요. 사춘기는 부모의 안내와 설명이 잔소리로 들리는 시기예요. 관계가 아무리 좋아도 사춘기 자녀는 부모 말을 듣기 싫어해요. 부모의 조언과 충고가 "나는 너를 인정하지 않는다. 너는 형편없다."라는 말로 들려요. 사춘기 땐 그냥 그래요. 결혼 연령이 높아지고 아이를 늦게 낳으면서 자녀의 사춘기와 부모의 갱년기가 겹치게 되었어요. 부모도 힘들고 짜증이 늘어난 상황에서 자녀가 말을 듣지 않으면 벌컥 분노가 치솟아요.

민하가 대학에 입학하고 얼마 뒤에 이렇게 말했어요.

"아빠, 제가 고등학교 다닐 때 휴학하고 싶다고 했잖아요. 그때 왜 휴학 안 하고 계속 다녔는지 알아요?"

"고등학교 계속 다닌 이유가 있었나? 왜?"

"아빠가 휴학해도 된다고 해서 계속 다닐 마음이 생겼어요. 그때 휴학하지 말라고 했으면 정말 다니기 싫었을 거예요."

공부를 잘하든 못하든 중고등학생은 모두 힘들어요. 내신 등급, 모의고사 등급으로 끊임없이 비교를 당하잖아요. 끔찍해요. 등급 낮은 아이는 원하는 대학에 들어가지 못해서 불안하고, 등급 높은 아이는 등급이 떨어질 것 같고 실수할 것 같아서 불안해요. 선생님들은 계속 수능 성적이 인생을 결정한다고 압박해요. 점점 스트레스가 심해지고 초조해져요. 그런 걸 견디는 아이에게 버럭 화내면 저에 대한 믿음을 잃을 거예요. 생각만 해도 끔찍해요. 부모를 믿지 못하는 자녀라니요!

휴학하겠다는 딸에게 그러라고 했을 때도 사실 벌컥 튀어나오는 말을 참았던 거예요. 그때뿐만이 아니에요. 아이에게 하려던 말을 삼킬 때가 여러 번이었어요. 아이에게 한 마디 하려고 나섰다가 얼굴 보고 말을 삼킨 적도 얼마나 많은지 몰라요. 화도 나고 답답하기도 했지만 말하는 게 과연 지혜로운 행동일까 생각하고는 참았어요. 하고 싶은 말을 못 하고 가만히 지켜보기만 하자니 힘들었어요. 답답할 때면 혼자 산을 걸었어요.

한참 시간이 지나 화가 가라앉으면 아이가 하는 말에 담긴 마음이 보였어요. 시간이 지날수록 아이 마음이 느껴지며 화 안 내기 잘했다고 생각했어요. 이런 일을 여러 번 겪으면서 '버럭'과 '벌컥'을 잘 삼키게 됐지요. 제가 아이를 기르며 잘한 걸 꼽으라면 벌컥 튀어나오려는 말을 끝까지 삼킨 거예요. 아이를 불안하게 하는 말을 삼킨 것만으로도 좋은 아빠가 됐어요. 아이가 책과 글을 좋아하도록 안내한 것도 좋지만 아빠를 믿고 고민과 불안을 이야기하는 관계를 유지한 게 더 좋아요.

자녀가 잘못하고, 어리석게 생각하고, 부모와 다르게 생각하면 답답하고 화가 나요. 이럴 때 참아야 해요. '그렇구나! 너는 그렇게 생각하는구나!' 하며 아이 생각을 존중해야 해요. 물론 생각을 바꿔주려고 노력해요. 아이가 꼭 들어야 할 말은 해야죠. 이때도 아이를 존중해요. 잔소리가 아니라 굵은 소리로 말해요. 기껍, 진지하게, 화내지 말고, 천천히 말해요. 아이가 중요하게 받아들이도록 말해요. 그러면 아이가 들어요. 제가 아이 생각을 들으면 아이도 제 생각을 들어요.

말은 씨앗이에요. 한 번 말하면 비슷한 말이 줄줄이 딸려나와요. 화를 내면 계속 내게 되고, 한 번 참으면 또 참게 돼요. 제가 참지 않고 덜컥 말했다면 '너 그렇게 살면 안 돼.'라는 말을 끝없이 해대는 사람이 되었을 거예요. 그럼 아이는 '전 부모가 말하는 대로 살지 않을 거예요.' 하겠지요.

기다리는 연습

해마다 반 아이들에게 '잔소리'를 주제로 글을 쓰라고 해요. 글쓰기 힘들어하는 아이도 잔소리에 대해서는 할 말이 많아요.

"자꾸 야단치세요. 저도 바보가 아니니까 가르쳐 주면 배울 수 있는데 가르쳐 주지도 않고 모른다고 야단치니까 속상해요."

한 아이가 이렇게 썼어요. 죽여버리겠다고 말하는 부모는 예외라고 하더라도, 대부분 부모가 알려주지 않고 화부터 낸대요.

부모도 할 말이 있어요. 몇 번이나 말했는데도 아이가 듣지 않아요. 금방 말했는데도 몰랐다고 하면 화가 나죠. 어른인 부모와 아이인 자녀는 받아들이는 시간이 달라요. 어른은 금방 알아듣지만 아이는 잘 몰라요. 수업 시작하기 전에 책을 꺼내라고 말하면 학생들 중 4분의 1만 꺼내요. 칠판에 써놓고 알려주면 책 꺼내는 아이가 배로 늘어요. 시간표를 보고 다음 시간에 무얼 공부하는지 확인한 다음, 사물함에서 책을 꺼내 책상 위에 올려놓는 모습을 직접 보이면서 연습을 시키면 4분의 1이 실천해요. 아이를 가르치려면 여러 가지 방법을 알려주고 맞는 방법을 찾을 때까지 기다려야 해요.

초등학교 5~6학년 때의 이야기다. 나는 서재에서 바퀴가 달린 컴퓨터 의자에 앉아 뒹굴거리고 있었다. 의자에 엎드렸다가, 누웠다가, 의자를 탄 채로 서재를 한 바퀴 돌기도 하면서 놀았다. 심심해진 나는 널브러진 상태 그대로 책 제목들을 읽어 내렸다. 아빠가 좋은 책이라고 했던 『앵무새 죽이기』*84가 보였다. 두껍기도 하고 아빠에게 들었던 이야기 때문에 무거운 인상이 박혀서 별로 읽고 싶지 않았다. 계속 책장을 살피다가 『잡초는 없다』*85라는 책을 발견했다. 왜 잡초가 없다는 건지 궁금해졌다. 무엇을 의미할까? 왜 이렇게 단호하게 말하지? 궁금증을 불러일으키는 제목이 마음에 들었다. 책을 뽑아 들고 '농사 이야기구나!' 깨달았다.

나는 『어진이의 농장 일기』라는 책을 좋아했다. 주말농장을 꾸리는 이야기인데, 농사를 짓는 과정을 상상하며 보는 게 재미있었다. 『잡초는 없다』도 농사에 관한 이야기라서 흥미가 갔다.

평일 오후 부모님은 집에 없었고 동생은 적어도 서재 주변에 있지는 않았다. 집이 고요했던 걸 생각해보면 아마 혼자 있었을 거다. 그건 다행이었다. 나는 쓸데없는 걱정을 많이 하고 이상한 데서 소심해지기 때문이다. 아빠가 갑자기 서재에 와서 날 볼 수도 있는 상황이었다면 (사실 별일은 없었겠지만) 책을 들지 못했을 거다. 초등학생이었던 나에게 서재의 책들은 내 책이 아니라 아빠 책이었고, 거기서 책 하나 꺼내기가 무서웠다.

사람은 혼자 있을 때 두려워하던 일을 할 용기가 생기기도 한다. 그렇게 책을 끝까지 읽어버렸다. 바닥에 앉아서 의자를 책상 삼아 팔을 기댄 채로. 북향이라 햇빛이 들지 않는 서재에서 책을 읽느라 바빴다. 어두워서 글씨가 잘 안 보인다고 생각하면서도 밝은 곳으로 옮겨가거나 불을 켜지도 않았다. 지금 생각하면 이건 후회스럽다. 내 시력이 얼마나 나빠졌는지를 생각하면 말이다.

그 당시의 나에게 나름대로 이유가 있긴 했다. 내가 혼자 있어서 책을 뽑아 들 용기가 생기긴 했지만, 책을 당당히 볼 정도의 용기는 없었다. 나는 그 과정이 비밀스러워야 한다고 생각했다. 언제든지 책을 제자리에 꽂아놓고 빠져나올 수 있어야 했다. 나는 책을 본 흔적이 남지 않도록, 책을 너무 넓게 펼치지 않게 조심했다. 그때 나는 굉장히 치밀하다고 생각했지만, 지금 돌아보니 엄청나게 소심했구나 싶다. 지금의 나라면 '내가 이런 책을 읽고 있어요!' 하고 자랑하고 싶을 텐데.

어릴 적 나는 책 읽는 모습을 남에게 보여주기 싫어했다. 원래 많이 읽던 책은 괜찮았다. 새로운 책에 도전하는 모습을 들키고 싶지 않았다. 새로운 책은 나에게 역경, 도전이었다. 안전한 책이 아니라 어떤 결과를 가져올지 모르는 책이었다. 내가 미지의 책과 맞서 싸우는 걸 누군가 지켜보지 않았으면 했다. 한편으로 그건 검증 절차였다. 내 기준을 만족시키면 안전한 책으로 분류해서 거실에서 당당하게 읽는다. 그렇지 못하면 더 읽지 않을 책으로 분류한다.

누군가는 나를 이상하게 생각할지도 모른다. 엄마와 동생은 내 이야기를 듣고 왜 그러는지 이해를 못 하겠다고 했다. 분명히 말하는데, 그건 내 마음대로 어떻게 조절할 수 있는 일이 아니다. 나는 책을 읽을 때 사람들이 내게 관심을 가지는 게 싫다. 사람들이 책을 가지고 말을 걸지 말았으면 한다. 책 이야기는 재미있지만, 같은 책을 읽은 사람들끼리 이야기할 때만 그렇다. 나만 아는 책에 대해 떠드는 것은 영 재미가 없다.

책을 혼자 읽어야 마음이 편한 사람이 있다. 책을 읽고 있으면 질문을 받을까 봐 책장에 손을 대지 못하기도 한다. 아빠는 "그 책이 좋니? 무슨 내용이니, 어디가 재미있니?" 하면서 골치 아픈 질문을 했다. 엄마는 "뭐 저런 책을 읽느냐, 더 도움이 되는 책을 읽어라, 공부를 해라!" 하면서 기분 상하는 말을 했다. 그러니까 내가 숨어서 책을 읽는 거다. 내가 먼저 입을 열 때까지 기다려 줬으면 한다.

_ 권민하, 〈가만히 내버려 두세요〉

부모가 아이를 믿지 않으면 아이도 자기를 믿지 못해요. 그럼 불안하고 힘겹고 혼자 내동댕이쳐진 기분이 들어요. 기다리는 게 믿는 거예요. 자녀에게 알려준 뒤에 가만히 지켜보세요. 지켜본 시간을 가진 뒤에 다시 말하세요. 물론 그때그때 대놓고 말해야 하는 아이도 있어요. 서진이는 자기에게 계속 잔소리해 달라고 했어요. 그래서 씩 웃으며 "숙제를 잊지 마세요!" 하거나 아이 앞에서 한 바퀴 돌며 "일어날 시간이에요!" 했어요. 그런 뒤에 기다렸어요. 믿음은 기다림에서 나와요. 기다리는 시간이 곧 믿음이에요. 자녀를 믿고 기다려 주세요.

| 16장 |

불안, 욕심, 조급함

부모를 보물을 찾는 사람에 비유하면 보물은 자녀의 성공, 보물 지도는 자녀교육법이나 양육법이에요. 좋은 대학 보내기 지도, 논술 성공 지도, 대화법 지도를 그대로 따르면 보물을 가질 수 있대요. 과연 부모는 보물을 손에 쥘 자녀교육법과 대화법을 실행해 낼까요? 저자나 강사가 이룬 성공을 비슷하게라도 이루어 낼까요? 어렵죠. 그래서 부모를 대신할 학원을 알아봅니다.

정확한 지도를 보여주어도 자기만의 방식으로 다르게 읽어요. 유명 저자나 강사에게 배운다고 해도 대부분 자기 방식으로 받아들여요. 책을 읽고 강의를 듣고도 저자가 쓴 대로 실천하는 사람은 적어요. 같은 책을 읽고 같은 강의를 듣고도 서로 다르게 생각합니다. 잘해보려고 책 모임에 나오고 독서 강의 들으러 온 사람들의 공통점이었어요. '자녀와 대화를 많이 하라'는 말을 듣고 자기 방식으로 대화를 시도해요. 서서히 예전 습관으로 돌아가죠.

지도를 찾는 것도 중요하지만 지도를 바르게 읽는 능력이 있어야 해요. 지도를 잘못 읽으면 원하는 결과가 나오지 않아요. 잠시 되는 것 같다가도 역시 잘 안 됩니다. 화가 나죠. '우리 애는 왜 안 될까?' 하다가 '이렇게 된 건 누구 때문이야!' 하며 원망해요. 이런 일이 반복되면 실패해요. 실패가 누적되면 조급해지고 책임을 떠넘겨요. 책 저자, 자기 자신, 아이, 가족이나 학교…….

『후아유』*86에서 아이가 엄마에게 말해요.

"엄마, 우린 바구니를 안고 시소를 타고 있는 것 같아. 내 바구니가 무거워서 엄마한테 그 안에 있는 물건을 던지면 엄마 바구니가 무거워지고, 그러면 엄마는 또 나한테 물건을 던져서 내 바구니가 무거워지고……."

엄마와 아이가 던지는 게 뭘까요? 그건 실패에 대한 책임, 불만, 불안이에요.

부모의 조급함이 관계를 무너뜨려요

우리는 빠른 걸 좋아해요. 아이가 또래보다 빨리 일어서거나 걸으면 설레요. 누구에게든 자랑하고 싶어지죠. 글씨를 읽거나 글을 쓰거나 구구단을 외우는 일도 빨리 해야 한다고 생각해요. 아이를 경기에 내보낸 감독 같아요. 옆집 아이와 비교하고 할 일을 지시해요. 등수와 등급을 따지다 보면 자연스럽게 찾아오는 것이 있어요. 바로 안달과 전전긍긍이에요.

이겨야 하는 경기에서 불안해 하는 것은 앞선 선수예요. 어쩔 수 없는 인간의 심리예요. 뒤따르는 선수가 불안해 할 것 같지만 그렇지 않아요. 그런데 단거리 경기는 조금만 뛰어도 결과가 바로 보이죠. 앞서 달리는 선수는 자신 있게 치고나가서 경기를 끝내요. 불안해 할 새도 없이 경기가 끝나는 거예요. 하지만 장거리 경기는 달라요. 지금 앞서가더라도 언제 따라잡힐지 몰라 불안해요. 경기 끝나려면 멀었거든요.

학생들이 하는 공부는 장거리 경기와 같아요. 어떤 아이는 유치원 때부터 달리기 시작해요. 중학생이 되면 더 열심히 달리라(공부해라)는 소리를 들어요. 고등학생이 되면 전속력으로 달려야 할 것 같아요. 극소수만 1등급이 되고 그 뒤로 수많은 아이들이 늘어섰어요. 뒤에서 따라오는 선수가 넘쳐나니 앞에서 달려도 불안해요. 앞에 따라잡아야 하는 선수가 많으면 불안해요. 공부해도 불안, 공부 안 해도 불안해요. 이때 부모가 조급해서 안달하면 불난 집에 부채질하는 거예요.

민하가 초등 2학년이 되었을 때였어요. 구구단을 벌써 외운 친구들이 있어요. 학원 다니는 친구들은 곱셈 배우기 한 달 전에 구구단을 다 외웠어요. 민하가 구구단을 못 외우면 초등 교사인 아빠 얼굴에 먹칠하는 걸까요? 학원을 다니든 아니든 구구단 정도는 미리 외우는 게 당연할까요?

저는 구구단을 외우기보다는 같은 수를 더해서 계산하는 방식으로 곱셈을 시작하는 게 낫다고 생각해요. 제 생각이 틀렸을지도 몰라요. 다만 안달이나 전전긍긍으로 이어지지 않는 게 중요해요. 그래서 외워서 풀지 말고 같은 수를 더하면서(등수 누가의 원리) 규칙을 생각해보라고 했어요. 처음에는 천천히 더해 나가겠지만, 시간이 지날수록 빨라지겠죠.

민하는 곱셈 시험지에 7단과 8단을 더해서 써 놓고 시험을 봤어요. 점점 덧셈 속도가 빨라져서, 나중에 구구단 외우기 시험에서는 즉석에서 수를 더하며 대답했어요. 7×8은 얼마인지 물어보면 7×5=35에 7을 세 번 더하거나, 7×5=35에 7×3=21을 재빨리 더해서 대답했지요. 서진이도 마찬가지였어요. 중학생이 되서도 구구단 대신 같은 수를 더하는 원리로 문제를 풀었어요. 시험지 가장자리에 구구단을 써 놓고 풀기도 했지요.

구구단을 외워 푸는 아이들보다 버벅대고 느리게 보일 수 있어요. 하지만 저는 구구단 못 외워도 된다고 했어요. 이 말은 저 자신도 안심시켰고 아이들이 전전긍긍하지 않게 했어요. 곱셈을 어려워해서 계산 원리를 60번이나 설명해야 했던 아이에게도 저는 계속 괜찮다고 말했어요. 괜찮다고, 너는 학생이니까 배우는 거고, 나는 가르치는 사람이니까 계속 가르칠 거라고 했어요.

제가 아이를 압박했다면 아이는 답답하고 조마조마해서 더 힘들었을 거예요. 천천히, 압박하지 않고 가르치면 아이는 더 잘 배울 수 있어요.

종이 한 장에 3×3으로 총 아홉 개의 표가 있고, 9단까지의 구구단이 적혀 있다. 공간이 작고 글씨는 빽빽하다. 규칙적으로 반복되는 숫자들이 늘어서서 아름다운 문양이 된다. 자세히 들여다보면 그건 일련의 숫자 덩어리들이 아니라 서로 연결된 하나의 그림이 된다. 구구단을 외우라고 나누어준 그 종이에서 내가 발견한 것은, 외워야만 하는 정보 조각들이 아니었다. 첫째로는 내가 도저히 외울 수 없을 정도로 방대한 글자 무더기를 보았고, 둘째로는 재미있는 그림과 문양을 발견했다.

나는 단순암기에 약하다. 1×1=1 같은 식이 9개 있는 표가 9개나 들어 있어서 숫자가 최소 3×9×9=243개나 적혀 있는 종이 같은 걸 외울 수 있을 리 없었다. 구구단을 외워야 하는 건 끔찍했다. 조금씩 나눠서 외우는 것도 싫었다. 그래서 나는 구구단을 외우지 않았다. 솔직히 말해서, 별로 외워야 한다고 생각하지도 않았다. 어쨌든 구구단은 곱셈을 좀 빨리 하게 도와주는 도구일 뿐이지 않은가? 구구단을 몰라도 곱셈을 얼마든지 할 수 있다. 3×6? 3을 6번 더하면 된다. 4×9? 4를 9번 더하면 된다. 9번이나 더하는 게 귀찮다면 9를 4번 더하면 된다. 그래서 나는 수학시간에 곱셈을 할 때마다 덧셈 연습을 하게 되었다. 처음에는 정말, 진짜 엄청 오래 걸렸다. 하지만 곧 익숙해졌고, 금방 어떻게 더하고 빼야 빨리 계산할 수 있는지 깨달았다. 4×9? 4×10에서 4를 빼면 된다! 구구단만 외워서는 이런 계산을 할 수 없다. 일일이 더하면서 끙끙거려야만 배울 수 있다.

어떻게 보면 이거야말로 진정한 의미의 곱셈이다. 곱셈의 정의가 뭐라고 생각하는가? 곱셈은 더하기다! 곱셈을 배웠다고 생각하겠지만, 사실 아무것도 배우지 않은 것이다!

나는 구구단을 외우기 싫었다. 구구단을 외우는 것은 패배처럼 느껴졌다. 내가 곱셈을 못하는 것도 아닌데, 왜 구구단을 외워야 하는가? 구구단을 외우는 건 '나는 곱셈하는 법을 모른다.' 라는 선언 아닌가? 오해할까봐 말해두자면, 나는 구구단을 외우는 친구들을 보고 곱셈하는 법도 모르는 애라고 생각하지 않았다. 하지만 '나는 구구단 없이 곱셈하지!' 라고 우쭐댔던 적은 있다.

나는 중학교 입학할 때까지 구구단을 외우지 못한 상태였다. 중학교 문제를 풀면서도 숫자를 일일이 더해서 곱셈을 풀었다. 물론 예전보다 능숙해져서 모든 구구단을 3초 안에 답할 수 있을 정도로 빨라졌다. 중학교에 들어가고 계산을 엄청 많이 하다 보니 구구단이 저절로 외워져서, 그 뒤로 더해서 곱셈을 하는 일은 없어졌다.

구구단을 잘 외운다고 수학을 잘하는 것은 아니다. 내가 중학교에 들어갔을 때 거의 모든 친구들이 나보다 구구단을 더 잘 외웠지만, 그 중에 나보다 수학 성적이 더 좋은 친구는 몇 명 없었다. 곱셈이 무엇인지 나처럼 깊이 이해한 사람도, 별로 없었을 것이다. 그렇다! 곱셈은 더하기다.

_ 권민하, 〈구구단〉

불안은 믿음을 무너뜨려요

어딘가에는 분명 재미없는 책이 존재한다. 내가 재미없어한 책은 생각보다 많다. 가끔은 들여다보기도 싫은 책이 있다. 나한테는 『만세전』이 그랬다. 그 책을 얼마나 싫어했는지 독서감상문 쓴 것만 해도 티가 난다.

> 내가 왜 이런 책들을 싫어하는지 이유를 다섯 가지 정도 말할 수 있지만, 굳이 그러지 않겠다. 그 이유들을 하나하나 쓰다간 내가 너무 화가 날 것이다. 그러면 더 이상 아무 생각도 안 날 거고, 글이고 뭐고 그냥 다 때려치울 게 뻔하다. 머리에 온갖 생각이 떠오르고, 그다음엔 내가 왜 이런 내용을 글로 써서 나 자신을 힘들게 하냐는 생각이 들 것이다.

『만세전』에 나타난 일제강점기의 답답한 현실이 너무 짜증 나서 독서감상문을 이렇게 썼다. 글을 쓰면서 점점 더 구체적으로 화가 났지만, 화를 다 종이에 옮겨 놓고선 마음이 편안해졌다. 사회의 부조리함을 소설에 담는 건 필요한 일이지만, 그걸 너무 중점적으로 보여주지 않았으면 한다. 그런 책을 읽으면 머리가 어질어질하고 심장이 쿵쿵 뛰어서 기분이 나빠진다. 『만세전』을 읽는 내내 슬프고 어지러웠다. 대다수의 한국 문학이 날 그렇게 만든다. 바닥에 떨어뜨리고 싶을 만큼 현실적이다.

지금 그 책을 읽으면 그때처럼 화가 나지는 않을지도 모른다. 『만세전』을 읽었을 때 나는 고 1이었고 내 인생 최고로 화가 많았다. 언제나 전투태세를 갖추고 다닌 거나 마찬가지였다. 누구 하나라도 교육이나 성적 얘기하면 "아닌데요?" 하면서 덤벼들 준비가 되어 있었다. 야자를 하면서 '이따위 교육제도를 당장 뒤엎어야 하는 이유' 따위의 글을 마음속으로 줄줄이 써내려가던 시기였다. 사춘기랄까. 비판과 반대를 사명처럼 여기던 나는, 『만세전』이 싫다는 글을 쓰고 아빠한테 이렇게 써도 된다는 말을 들은 다음에 뿌듯해했다. 지금 생각하면 약간 이상했던 것 같다.

『걸리버 여행기』 독서감상문은 더 심하다. 첫 문단은 이렇다. "다른 사람에게는 아닐지도 모르겠지만 나는 이 책을 읽는 것은 시간 낭비며 아무 쓸모도 없다고 생각한다." 또 마지막 문단은 이렇다. "물론, 걸리버가 저렇게 된 것은 걸리버의 탓이 아니라 작가 탓이다. 이 모든 일의 진범은 작가이다! 사회풍자니 어쩌니 하면서 있지도 않은 세계를 만들어서 말도 안 되게 네 번이나 어디 섬에 던져놓고 가고 정말 나쁜 사람이다." 이렇게 쓰며 아주 뿌듯했던 기억이 난다. 진짜 성격이 좀 이상했던 것 같다. 어찌나 불만이 많았던지.

이 이야기를 꺼낸 이유는 간단하다. 우리에게는 책을 싫어할 권리가 있다. 이 책이 바보 같다고, 읽으면 화가 난다고, 시간 낭비라고 투덜거릴 수 있다. 물론 작가 앞에서 욕을 하면 안 되지만. 독서감상문에 그 책을 읽지 말아야 한다고 주장하거나 내가 얼마나 화났는지 하소연해도 괜찮다. 책이 재미없다고 말해도 되고, 도저히 못 읽겠으면 책을 다 읽지 않고 중간에 덮어도 상관없다. (그래도 일단 끝까지 읽어보는 게 어떨까. 그러면 더 효과적으로 불평할 수 있다.)

나는 보통 책이 재미있다고 느끼고, 책을 좋아한다. 하지만 가끔 싫어하는 책들이 나오는 건 어쩔 수 없다. 사람마다 재미있다고 느끼는 기준은 다르고, 그 기준도 시간이 지나면 변한다. 재미없는 책을 굳이 붙잡고 있을 이유가 없다. 책은 세상에 많고, 재미있는 책도 널려 있다. 책이 아니더라도 할 일이 참 많지 않은가. 다른 사람들이 많이 읽는다고 따라 읽을 필요가 없다. 당당히 난 이 책이 싫다고 말하는 사람이 되자. 참고로 나는 『걸리버 여행기』가 정말 싫다.

_ 권민하, 〈책을 싫어할 권리〉

민하는 사춘기를 이렇게 겪었어요. 내성적인 아이가 마음에 담아 두기만 하면 무슨 일이 생길지 몰라요. 불안해져요. 하지만 불안을 겉으로 드러내진 않았어요. '사춘기를 겪는구나! 은근슬쩍 아이를 인정해 줘야겠구나!' 생각했어요. 『만세전』과 『걸리버 여행기』에 관한 평가를 들으면서 '이 책에는 네가 생각한 것보다 훨씬 많은 게 담겨 있단다!' 생각만 했어요. 제가 읽은 관점을 설명하고 싶었지만, 이땐 조용히 기다릴 때였지요.

저는 아이 마음을 살펴요. 아이 마음의 변화를 보며 불안을 느낄 때가 있어요. 그럴 때는 조심해요. 아이 앞에서 살살 다니며 조심

조심 말하는 건 아니에요. 실없는 농담을 던지고 큰 소리로 낄낄대기도 해요. 다만 마음에 닿는 말을 할 때는 조심했어요. 다른 부모들도 불안을 느꼈어요. 하지만 제가 느끼는 불안과는 다른 종류의 불안이었죠. 아이의 미래를 위해 지금 해야 한다고 생각하는 걸 자녀가 하지 않아서 불안해 했어요.

불안하면 조급해져요. 조급하면 더 불안해요. 아이의 미래가 불안해 보이면 조급해지는 건 당연하지만 둘 중 하나를 끊어야 해요. 저는 조급한 마음이 들 때마다 불안으로 이어지지 않게 하려고 노력했어요. 불안할수록 아이를 좋게 보려고 애썼지요. 글 속에서 장점을 찾고 사랑스러운 모습을 발견했어요. 자기 생각을 솔직하게 표현하는 건 좋은 거잖아요. 아빠가 자기 글을 읽는 줄 알면서도 당당하게 썼으니 좋을 수밖에요.

고등학생이 되면 학교 분위기가 불안을 높여요. 자녀가 안심하도록 부모가 도와주어야 해요. 공감이 가장 좋아요. 부모의 생각을 강요하는 건 좋지 않아요. 효과도 없어요. 아이의 미래가 마치 벼랑 끝에 매달린 것처럼 압박하며 흔들지 마세요. 아무 생각 없이 사는 것처럼 보여도 대부분의 아이들은 자신의 미래를 고민해요. 부모가 불안할까 봐 걱정하며 애써 담담한 척하는 아이가 많아요. 사실 고등학생에게 뻔한 결론을 내세우며 공부하라고 해도 귀에 들어가지 않아요.

불안은 전염돼요. 부모가 불안하면 자녀도 불안해져요. 자녀가 불안한 모습을 보이면 부모도 조급해져요. 그러면 부모와 자녀 사이의 믿음이 깨지죠. 불안해도 믿으세요. 불안하더라도 겉으로는 담담한 모습을 보이며 아이를 믿어주세요. 부모가 마음을 다스리지 못하면서 아이에게 마음을 다스리라 하면 모순이에요. 부모는 자녀 앞에서 어른이 되어야 해요. 불안해도 불안하다 말하지 않고, 외로워도 자녀에게는 든든한 모습을 보여주세요. 우린 부모잖아요.

욕심이 가치관을 무너뜨린다

민하는 책을 꼼꼼하게 읽는 편이라 어려운 내용도 잘 알았고 서진이는 이야기를 잘했어요. '대한민국 독서토론논술대회'에 참여하면 상을 받을 정도의 실력이 되었죠. 학교에서 제가 가르친 아이들 중 이 대회에서 초등부 금상을 받은 아이가 있었어요. 주말 독서토론 모임에 참여한 중고등학생들도 꾸준히 대회에 나가 상을 받았지요. 가르친 학생들이 상을 받으니까 욕심이 생겼어요. 민하와 서진이도 대회에 나가기만 하면 상을 받을 거예요. 그래서 참여해보자고 제안했어요. 민하는 거절했고 서진이는 가겠다고 했어요.

대회를 준비하면서 책을 대하는 마음이 달라진 걸 느꼈어요. 집에서 책으로 이야기를 나눌 땐 그저 즐거웠어요. 그런데 대회 준비를 하면서부터는 '기왕 하는 거 좋은 결과를 내야지!' 하는 욕심이 생겼어요. 그리고 민하는 좋은 능력을 썩히는 것 같아 안타까운 마음, 서진이는 솜씨를 보여주리라 기대하는 마음을 갖게 됐어요. 경험 삼아 가 보자던 마음이 사라지고 점점 욕심이 커졌어요. 교사로 지내면서 "기왕 하는 거 잘해보자." 이런 말로 아이를 닦달하는 걸 정말 싫어했어요. 그런데 어느새 제가 은근히 아이를 압박하고 있었던 걸 알게 됐어요.

부모는 아이가 무언가를 잘하면 얼마나 잘하는지 확인하고 싶어져요. 자연스러운 마음이에요. 내 아이가 잘하면 나 자신이 잘하는 것처럼 느끼잖아요. 아이를 잘 길렀다는 말을 듣고, 날 닮은 아이가 상을 받으면 기분이 좋아요. 문제는 그다음입니다. 잘하는지 확인하면 다음에는 더 잘하기를 바라게 돼요. 그래서 위험해요. 시간이 지날수록 '확인'이 확인으로 끝나지 않을 거라는 생각이 커졌어요. 아이를 밀어붙이다가 책을 싫어하게 만들 거라고 생각했지요. 그래서 딱 한 번 대회에 참가한 뒤로 다시는 참가하지 않았어요.

민하가 고등학생이 되면서 특별반에 뽑혔어요. 성적 좋은 아이들이 특별 교실에서 밤 늦게까지 공부하는 반이에요. 처음에는 학원에 가지 않고 책만 읽어도 특별반에 뽑힐 만큼 공부를 잘할 수 있다는 생각을 증명한 것 같아 기뻤어요. 이제 조금만 더 공부 열심히 하면 원하는 대학에 갈 수 있을 거라 기대했어요. 그래서 밤 11시가 넘어 아이를 데리러 가는 일도 괜찮았어요. 기대가 있었거든요. 자녀에 대한 기대는 부모가 아무리 힘든 일도 견디게 해줘요. 언젠가 노력과 인내의 결과가 좋은 결과로 나타날 거라 믿기 때문이죠.

석 달 뒤에 민하는 특별반에서 '탈출'했어요. 몇 시간이나 꼼짝 않고 앉아서 공부만 하는 분위기였다고 해요. 민하는 서로를 옥죄며 긴장하는 분위기가 너무 힘들었대요. 이렇게 하면 반짝 성적이 오를 수도 있겠지만 차츰차츰 마음에 금이 갈 거예요. 특별반을 떠나고 싶다는 말을 들었을 때 '조금만 더 참으면…….' 하는 마음이 들었어요. 제가 욕심을 부리는 줄 알았지만 욕심을 내고 싶었어요.

어릴 때는 지식이 아니라 태도를 가르쳐야 해요. 배려하는 태도만이 아니에요. 책 읽는 태도, 사물에 관심을 가지는 태도, 관심을 가진 대상을 알아가는 태도, 자신의 삶을 스스로 만들어가는 태도 말이에요. 느리고 답답하고 어리석어 보여도 부모는 자녀를 기다려야 해요. 강압이 아니라 격려와 인내로 가르치고 안내해야 좋은 태도가 길러집니다. 이걸 알면서도 욕심에 짓눌려 그동안 보였던 태도와 정반대로 행동했어요.

제가 계속 욕심을 부렸다면 민하는 달라진 아빠의 태도에 혼란스러웠을 거예요. 부모가 혼란을 일으키면 안 되겠지요. 부모와 자녀는 믿음이 흔들리는 순간을 계속 겪습니다. 서로 이해하지 못해서 답답해 해요. 말이 통하지 않으면 입을 다물지요. 상대가 이해해주기를 기다리다 끝나 버려요. 많은 소설이 작은 일로 오해가 생긴 두 사람이 오랫동안 상대가 먼저 다가오기를 기다리는 이야기예요. '오만과 편견'은 부모와 자식 사이를 갈라놓습니다.

민하는 특별반을 떠나고 다시 행복해졌어요. 주말마다 독서 모임에서 즐겁게 이야기하고 글을 썼어요. 이듬해 서진이가 특별반이 되었을 때는 처음부터 보내지 않았어요. 학원도 과외도 하지 않으면서 특별 학급까지 거부했으니 학교에서는 이상하게 생각했을 거예요. 하지만 가족의 가치관과 어긋난다면 거절해야죠. 특별반에서 짓눌려 공부만 하는 것보다 독서 모임에서 자유롭게 이야기하는 게 성적 향상에도, 살아가는 데도 좋았어요.

"하지 마라" 하지 말고 "하라!" 하세요

아이들이 초등학생일 때 『마법 천자문』*87이 인기를 끌었어요. 방송을 타고 시작된 열풍 덕분에 도서관에서 책 대출이 불가능할 정도였어요. 『WHY』*88 시리즈도 입소문을 타면서 만화 열풍이 불었어요. 제 아이들도 만화에 빠져들었지요.

만화는 부모를 진퇴양난의 위기에 빠뜨려요. 만화를 주면 다른 책을 읽지 않고 만화만 봐요. 만화를 못 읽게 하면 아예 책을 안 읽죠. 책 한 권을 읽고 나면 다른 책을 읽어야 하는데 만화는 다른 책에 관심을 끊게 만들어요. 그러다 보니 어쩔 수 없이 만화를 주면서도 부모 마음이 편치 않아요. 한 마디 해야 할 것 같아요. 다 읽고 다른 책도 읽으라고, 만화 좀 그만 보라고, 처음엔 차분하게 이야기하지만 점점 목소리가 커져요. 하지만 소용없어요. 만화는 재미있고, 아이는 재미있는 것에 빠지기 마련이거든요.

도서관에 가서 만화책을 왕창 빌렸어요. 만화로 된 천자문도 샀어요. 집에 있는 만화책들도 모두 꺼내 놓고 말했어요.

"지금부터 만화 주간이다! 이제부터는 만화만 읽는다. 다른 책은 놔두고 계속 만화만 읽자! 왜냐하면 만화 주간이니까."

아이는 아빠가 재미난 이벤트를 준비했다고 생각하며 좋아해요. 더구나 만화만 읽는다고 하니 얼마나 좋아요! 만화 읽으면 아빠가 잘한다고, 만화 주간을 충실하게 보내고 있다고, 역시 책벌레 딸이라고 칭찬해요. 빌려온 책을 다 읽으면 다른 만화책으로 바꿔줘요. 아이는 원하는 만화책을 실컷 읽었고 저는 아이가 원하는 걸 해주는 아빠가 됐어요.

물론 이렇게 끝내진 않아요. 2주일간의 만화 주간이 끝나면 동화책 주간이 시작됐다고 알려요. 만화 주간은 또 다시 돌아오지만 지금은 동화책 주간이니 동화책을 읽어야 한다고 말해요. 아이가 원하는 것을 채워주었으니 부모 뜻을 따르게 하는 거예요. 책을 좋아하는 아이는 만화를 읽다가도 즉시 동화책으로 눈을 돌려요. 역사를 읽다가, 과학으로 갔다가 경제를 돌아 만화로 와요. 이러면서 책을 계속 읽어요.

아이는 '하지 말라'로 가르치지 못해요. '이걸 하자. 저것도 해 보자'고 해야 해요. 아이에겐 이것저것 해보려는 마음을 심어주어야 해요. 불안하면 조급해지고, 조급해지면 부정적인 말이 먼저 나와요. 아이는 이것도 안 되고 저것도 못 하면 도대체 무얼 하라는 건지 몰라서 힘들어 해요. 한 사람이 살아가는 인생에서 가장 힘차고 밝고 활발할 때가 어린 시절이잖아요. 어릴 때는 자꾸 무언가 하자고 해야 배워요. 그만하라고 하면서 대신 무얼 할지 알려주지 않으면 아이는 재미있었던 걸 하고 싶어 해요. 그것밖에 모르니까요.

이때 일관된 태도를 보이는 것이 중요해요. 기분 좋은 날에는 "시험 점수가 전부는 아니다. 괜찮다!" 하다가 기분 나쁜 날에는 화를 내며 "점수가 이게 뭐야? 힘들게 일하는 게 다 너 때문인데, 너 하나 보고 고생하는데 이렇게 해서 되겠어?" 라고 말하면, 아이는 도대체 어떻게 하라는 건지 몰라 당황해요. 이건 흔들리는 판 위에 아이를 세워 놓고 똑바로 서라고 하는 것과 같아요.

생각을 바꾸세요. '너를 위해 참는다'거나 '언젠가 내 마음을 알 거야!' 하지 말고 그냥 생각을 바꾸세요. '나는 부모다. 너는 내 작품이다. 나는 너를 위해 존재한다. 네가 사랑받은 아이로 자라게 하겠다.' 하는 마음을 가지세요. 인간은 의지보다 습관의 지배를 받아요. 습관을 바꾸려면 먼저 생각을 바꿔야 해요. 인간은 기계가 아니에요. 어떻게 생각하느냐가 태도를 결정해요.

| 17장 |

당당히 자기 삶을 즐기는 부모

가정 방문을 해야 할 때가 있습니다. 다문화 가정, 한부모 가정, 조손 가정은 3월에 가정 방문을 하려고 노력해요. 아이가 사는 집을 보면 아이가 어떻게 지내는지, 무얼 도와주어야 하는지 보이거든요.

베트남에서 온 30대 엄마, 일용직 노동자인 50대 아빠와 사는 아이 집에 찾아갔어요. 가장 가까운 가게가 8.5킬로미터 떨어진 산골 집이에요. 방에 들어가려면 창호지가 발린 옛날식 방문을 열고, 성인 무릎 높이의 콘크리트에 올라서서, 그보다 더 높은 마루에 또 올라가야 해요. 40년 전에나 보았던 옛날 집에서 3학년 아이가 동생과 살고 있어요. 마을에는 노인만 열 명쯤 살 뿐 아이도 청년도 거의 없어요. 젊음이 사라진 곳에서 아이 둘이 종일 엄마를 기다려요. 좁고 구불구불한 길을 한참 올라가서 다시 좁은 콘크리트 길을 따라가야 나오는 집이에요. 비가 오면 산에서 내려온 물이 도로를 타고 흘러내려요. 비가 많이 오거나 눈이 오면 학교에 못 올 것 같아요.

"비 오면 어떠해? 신발 젖지 않아?"

"엄마가 우산 사줬어요. 신발은 젖어요."

아이는 유치원 때까지 거의 말을 하지 않았어요. 지금은 조금씩, 천천히 말해요. 학교 다니면서 말이 많이 늘었어요.

처음 집에 갔을 때 가장 먼저 눈에 들어온 건 집 앞에 덩그러니 선, 40년쯤 된 둥근 사일로(곡물 저장소)와 사방에 널린 쓰레기들이에요. 산 중턱, 문풍지 바른 작은 집, 쓰레기 널린 집에서 초 3 아이가 초 1 동생을 데리고 부모를 기다리는 모습이 눈에 들어와요.

엄마는 오전 8시에 일하러 나가서 저녁 6시에 들어와요. 아빠는 짧게는 2~3일, 길게는 일 주일씩 외부로 일하러 갔다가 집에 돌아와요. 가정 방문 간다고 미리 연락했지만 부모를 집에서 만날 수는 없었어요.

마당 구석에 망고 껍질이 여러 개 널렸어요. 엄마가 고국을 그리워하며 이곳에서 얼마나 울었을까 생각하니 슬퍼요. 아이는 또 얼마나 힘들까 생각도 들어요. 이런 상황에서 엄마가 두 아들을 사랑할 힘이 있을까요? 두 아이는 열심히 공부하라는 말, 숙제 없느냐는 말, 시험 몇 점이냐는 말조차 들어보지 못했을 거예요. 마당 한구석에서 외롭게 망고 껍질을 까던 엄마에겐 자녀의 미래보다 이야기를 나눌 사람이 더욱 절실하겠지요.

아이를 기를 힘, 나 자신

아이가 태어날 때 부모는 얼마나 준비가 되어 있을까요? 제대로 준비하지 않고 아이를 만나는 부모가 훨씬 많아요. 아이가 생긴 뒤에 아기용품을 사고, 아기 안는 방법, 예방주사 맞는 시기, 아이에게 해줘야 할 것과 하지 말아야 할 걸 배워요. 아이를 사랑할 힘이 있으면 잘 몰라도, 힘들어도 견뎌요. 순간순간 즐거움을 느껴요. 사랑은 많은 것을 견디게 해요. 아이를 기르려면 사랑할 힘이 있어야 해요.

사랑할 힘이란 게 뭘까요? 사랑은 의지나 책임감으로 나타나기도 해요. 제겐 사랑이 많았을까요? 아니에요. 저는 아이를 기르는 저만의 방식을 사랑한 것 같아요. 저는 다수의 의견을 따르기 전에 논리적 타당성을 먼저 따져요. 책을 읽은 영향도 있지만 다른 사람들에게 대놓고 말하지 못하는 성향 때문이에요. 저는 소심해서 말을 제대로 못 했어요. 뒤늦게 혼자 '이렇게 말했으면 어떨까?', '저렇게 대답했어야 하는데…….' 생각했지요. 상황이 끝난 뒤에라도 상대를 논리로 꺾고 싶었나 봐요.

사람들 앞에서 강하게 말할 때도 속으로는 떨었어요. 집에 돌아와서는 제가 강하게 말한 대상이 저를 찾아오면 어떻게 말할까 또 생각했어요. 생각만으로 논리를 세웠기 때문에 나이와 경력, 전통이나 일반 상식, 다수의 지지에 제한받지 않았어요. 논리를 세우고, 저만의 생각에 갇힌 논리인지 따져 물었어요. '올바로 판단하는' 사람이 되고 싶었어요.

아이가 태어나면서 높임말을 썼어요. 말을 처음 배우는 아이에게 계속 반말하면서 아이가 높임말로 대답하기를 바라는 게 논리에 맞지 않다고 생각했거든요. 아이에게 반말하면서 말끝에 '요'를 붙이라고 시키는 건 올바른 가르침이 아니에요. 아이는 그렇게 배우지 않아요. 교사는 학생에게 "이렇게 하세요!" 보여주며 따라 하라고 가르쳐요. "나는 옆으로 걷지만 너는 똑바로 걸어라!" 하면 아이들은 받아들이지 않아요. 아이들은 듣고 배우는 기능보다 보고 배우는 기능이 훨씬 발달했거든요.

제가 높임말을 쓰자 아이들도 자연스럽게 높임말을 썼어요. 학원에 안 보낸 것도 논리적인 결론이었어요. 학원에 가는 것은 공부에 도움을 받기 위해서고, 책을 읽는 것이 공부에 도움이 된다면 학원에 안 가도 된다는 논리였지요. 그래서 친구와 비교하며 잔소리하지 않았어요. 부모의 잔소리는 아이에 대한 사랑에서 나와요. 하지만 아이는 잔소리를 사랑으로 받아들이지 않아요. 부모가 원하는 모습으로 자녀가 자라게 하려면 잔소리가 아니라 다른 방법을 찾아야 한다고 판단했어요. 학교에서 아이들을 가르치면서 '비교'가 좋은 결과를 가져오는 걸 별로 보지 못했어요.

물론 비교하지 않는 건 힘들어요. "말처럼 쉽다면 누구나 하죠! 답답해서 잔소리가 나오는 걸 어떡해요?" 이렇게 말하는 분이 많죠. 제가 차가운 사람이라 가능했던 것 같아요. 아이와 저를 분리해서 객관적으로 바라볼 정도로 저는 마음이 차가운 사람이었어요. 그래서 다른 사람 말에 흔들리지 않고 제 방식으로 아이를 기를 수 있었어요.

사람은 자기만의 색깔과 속도를 갖고 있어요. 더딘 아이가 있고 빠른 아이가 있어요. 누구는 소나무이고 누구는 사과나무예요. 누구는 키 큰 소나무가 되고, 누구는 열매 맺는 사과나무가 되죠. 저는 사과나무처럼 자란 소나무, 소나무처럼 자란 사과나무를 바라지 않았어요. 저만의 자존감이에요. 그래서 소나무인 아이에게 사과나무가 되라고 요구하지 않았고, 열매 맺는 사과나무에게 더 높이 자라라고 재촉하지 않았어요. 사람은 자신에게 맞는 모습으로 살아야 한다고 생각해요. 그래서 책으로 아이를 길렀어요.

아이를 기를 힘, 가치관

서진이는 교사가 되고 싶어 교육대학에 갔습니다. 대학교에 낸 자기소개서 중 일부입니다.

> 1학년 여름방학 때 진로 체험으로 초등학교 독서캠프에 도우미로 참여했습니다. 저는 독서와 토론, 글짓기로 이어지는 엄격한 캠프를 상상했습니다. 하지만 선생님께서는 낱말 맞추기나 퀴즈, 책으로 탑 쌓기 같은 다양한 활동을 많이 진행하셨습니다. 선생님께서 지루하다고만 여기는 일에 관심을 유도하는 게 중요하다고, 책

과 친해지는 과정이 필요하다고 얘기하셨습니다. 무언가를 강요하면 오히려 더 멀어질 뿐이라며 평소 관심사나 좋아하는 것을 이용해 천천히 다가가야 한다고 하셨습니다. 그걸 듣고 아이들 스스로 배움을 택하도록 이끌어 가는 수업이 필요하다고 느꼈습니다. 아이들에게 더 높은 단계로 올라가라 강요하지 말고 서서히 나아가도록 도와주어야 한다는 생각이 들었습니다.

제가 교사가 된다면 특별하진 않더라도 소소하고 행복한 기억을 남겨주는 사람이 되고 싶습니다. 제 어린 시절을 돌아보면 정확히 기억나지는 않아도 무척 행복했었습니다. 제가 그랬듯이 저와 함께할 아이들도 저와 함께한 시간을 되돌아보면서 웃으면 좋겠습니다. 그러기 위해서 아이들에게 강요하지 않는 교사가 되고 싶습니다. 아이들 스스로 하고 싶다고 느끼게 해주고, 그렇게 나아가 이루어낸 성취 하나하나를 칭찬해주는 교사가 되고 싶습니다.

서진이가 대학생일 때 노자의 『도덕경』에 나오는 문장을 좋아했어요.

"좋은 지도자는 일을 마쳤을 때 사람들이 '우리가 했다.' 말하게 하는 사람이다."

서진이의 자기소개서엔 아빠인 저의 가치관이 담겼어요. 저도 강요하지 않고, 같이 하면서 조금씩 나아가도록 도와주려고 했어요. 행복한 기억이 최고의 선물이라 생각해요. 서진이가 자기소개서를 이렇게 쓴 건 자녀의 삶에 부모의 가치관이 영향을 주기 때문이지요. 아이는 부모의 가치관에서 나온 열매입니다. 좋은 가치관이 좋은 열매를 맺어요. 부모가 왜곡된 생각으로 자녀를 기르면 아이도 비슷한 왜곡에 빠지거나, 부모처럼 되지 않겠다고 반발하며 자라요.

시골 마을에서 대학 진학을 준비하는 제자들이 자기소개서 작성을 도와달라고 했어요. 2022년까지는 배려, 나눔, 협력, 갈등 관리와 관련한 경험을 쓰라는 항목이 있었고, 이후에는 고등학교 재학 중 타인과 공동체를 위해 노력한 경험과 이를 통해 배운 점을 쓰게 되어 있어요. 찾아온 제자들에게 물었어요.

"안전하게 남들처럼 쓸래? 아니면 너만의 이야기를 써서 모험해 볼래?"

처음 만나는 학생들은 안전을 선택했어요. 가치관이 드러나지 않는 두루뭉술한 글을 썼어요. 교내 활동(동아리, 축제, 조별 활동 등)하면서 갈등이 생겼는데 양보하거나 배려해서 결과가 좋았다는 내용이었죠. 독서토론에 참여했던 제자들은 모험을 선택했어요. 자신의 가치관이 담긴 글을 썼지요. 민하도 그랬어요.

나는 조용히 지내는 편이다. 친구들과 이야기하기보다 친구들 모습을 지켜본다. 그래서 친구들 사이의 갈등이나 다툼에서 비켜서 있었다. 누가 사이가 나쁜지, 분위기가 어떤지 잘 몰랐다. 친구가 어떤 사람인지 제대로 모르기 때문에 친구들을 똑같이 대했다. 평판이 나쁘건 좋건 웃으며 친절하게 말했다. 그러다가 친하게 지내는 친구에 대한 나쁜 이야기를 들으니 이상했다. 좋은 친구라 생각한 사람이 누군가에게 욕을 먹기 때문이다. 그 친구 이야기를 들으며 양쪽 처지를 모두 이해하게 되었다. 그리고 친구가 잘못한 게 맞지만 서로 해결했으니 더 이상 흉보지는 말아야 한다고 생각했다. 그래도 왠지 껄끄러운 기분이 들었다. 달라진 건 아무것도 없었는데도 우리 사이에 벽이 생긴 느낌이었다.

협동에 대한 글을 썼었다. 각자 자신의 역할을 하며 세상을 이루는 사람들에게, 협동의 미덕이 있다고 썼다. 친구들도 똑같다. 친구들에게 무슨 일이 있었는지 알게 되었지만 누구도 그 친구를 따돌리거나 부당하게 대하지 않았다. 친구를 싫어하더라도 배려해주었다. 서로를 이해하며 갈등이 생기지 않도록 노력했다. 나는 벽을 느끼면서도 웃으며 인사했다.

모두가 서로 배려하고 이해하는 것이 진짜 협력이고 갈등 관리라고 믿는다. 우리 중 누가 배려심이 많아서, 또는 중재를 잘해서 갈등이 해결된 게 아니다. 오히려 한 명이라도 친구를 이해하지 않았다면 문제가 계속되었을 것이다. 이 경험에 눈에 띄는 갈등은 없다. 사실 학교생활 전체가 그렇다. 교지를 만들 때 협력하고, 조별 활동을 할 때 배려하는 건 당연하다. 오히려 기억에 남는 무언가가 있다면, 그건 무언가 어긋났다는 뜻이다. 나는 어긋난 것을 고치려고 노력하기보다 처음부터 어긋나지 않게 조심한다. 배려하고 나누면서 갈등이 생기지 않게 협력하는 것 말이다. 별것 아닌 것처럼 보이는 일이 가장 어려운 법이다. 앞으로도 조용히 상황을 지켜보며 내 자리를 지킬 것이다. 갈등이 일어나지 않도록, 누군가에게 상처 주는 일이 없도록 말이다.

민하는 기억에 남는 무언가가 있다면 어긋났다는 거라고 썼어요. 갈등을 겪지 않았고, 조용히 상황을 지켜보며 지냈다고 했어요. 마음에 들었어요. 진짜 갈등 관리는 자기 자리를 지키며 각자 해야 할 일을 하는 거라는 생각은 제 가치관이기도 해요. 물 흐르듯 자연스럽게 사는 모습이에요. 물론 저와 민하는 사람들과 생각이 달라서 튀어요. 사람들과 어울려 자연스럽게 살기 어려워 보이죠. 그렇지만 저는 민하가 자기만의 물길을 따라 자연스럽게 흐르는 걸 존중해요. 자기 삶은 자신이 결정하는 거잖아요. 저도 그렇게 살아요.

자기 삶을 사세요

민하가 대학 입학 면접을 보게 됐어요. 면접 전날 아내가 대한민국 엄마표 이야기를 시작해요. 인사 잘하고, 자신감 있는 목소리로, 또박또박……. 안 해도 될 말이에요. 고 3이면 면접 때 어떻게 해야 하는지 정도는 다 알아요. 부모가 불안하니 말을 덧붙이는 거죠. 전 불안하지 않았어요. 면접관 질문에 어떻게 대답할진 모르지만 제가 잔소리한다고 달라지지 않는다고 생각했어요. 아이가 안심하게 해주면 된다고 생각했지요. 저는 이렇게 말했어요.

"면접 대충 해라. 실력 다 발휘하면 면접 담당자 쓰러진다, 놀라서!"

이렇게 말하니 좋아해요. 안심이 됐나 봐요.

면접 시작 한 시간 전 대학교에 도착했어요. 전혀 긴장이 안 됐어요. 민하도 긴장이 안 된다고 해요. 그래서 아내만 아이와 함께 대기실로 갔어요. 저는 건물 앞 주차장에서 왔다 갔다 걸으며 책을 읽었어요. 조용한 게 책 읽기 딱 좋아요. 30분쯤 지나니 학생들이 줄지어 지나가기 시작해요. 그 모습을 힐끔 보고 계속 책을 읽었어요. 책이 재미있었거든요. 민하가 나올 때 딱 보고 웃어줘야지 했는데 그만 책 보다가 놓쳐버렸어요. 잠깐 고개를 들어보니 저기 민하 뒷모습이 보여요. 면접을 마치고 나온 민하가 미소를 지었어요. 대학 참 좋다고 해요. 질문을 열 개쯤 받았는데 자연스럽게 대답했대요. 자기는 면접 체질이라며, 면접 또 보고 싶다고 해요. 교수님이 교내 수상 중 하나를 어떻게 준비했는지 묻기에 평소 실력으로 그냥 참가했다고 대답했대요. 평소에 어떻게 했냐고 다시 물어서 책을 읽었다고 대답했대요.

"들어가면서 아빠 봤어? 아빠가 책 읽고 있었는데."

"봤어요. 아빠가 책 읽고 있어서 좋았어요."

책 읽는 모습을 보여주는 게 책벌레 아빠가 주는 응원이에요. 책벌레 딸은 아빠가 책 읽느라 자기를 못 봐도 괜찮아요. 아빠가 책 읽는 거 보면 힘이 나는 아이니까. 참, 그때 제가 읽은 책은 『아름다운 아이』*[89]예요. 책에 제가 좋아하는 이야기가 세 개나 나와요. 『엘리펀트맨』*[90], <사자와 마녀와 옷장>, 그리고 『호빗』 이야기예요.

저는 책을 좋아해요. 잠에서 깨면 읽고 써요. 학교에서 아이들과 읽고 써요. 집에 돌아오면 또 읽고 써요. 장난삼아 한 일이지만 바이킹 타면서도 책을 읽었고 스케이트 타면서도 책을 읽었어요. 저는 제 삶을 살아요. 아이와 함께 책을 읽고 작가들 집을 찾아 여행하지만 아이에게 매달리지 않아요. 아이들은 제가 저만의 공간에서 즐겁게 읽고 쓰는 걸 보고 자랐어요. 아이가 찾아오면 제 공간을 내주지만, 아빠의 공간이라는 걸 아이도 알아요.

부모가 자기 인생을 살아야 해요. 자신의 삶을 어떻게 살지 스스로 결정하고, 자기 문제를 자신이 해결하는 거예요. "너를 위해 나는 하고 싶은 거 다 포기했어!"라는 말은 자녀와 부모 모두에게 안 좋아요. 하고 싶은 걸 다 하고 살 순 없지만, 아빠와 엄마도 자기만의 장소에서 자기 삶을 누려야 해요. 그래야 아이들도 자기 몫의 삶을 삽니다. 부모 세대는 남들 보기에 번듯한 무언가를 이루는 게 목표였어요. 가난에서 벗어나 집 사고 차 사서 남 보기 부럽잖게 살고 싶어 했어요. 삶의 목표가 외부로 향하면 내부에 빈 곳이 생겨요. 독서 모임, 글쓰기 모임에 오신 분들은 대부분 마음이 흔들려서 고민해요. 영점을 맞추지 못해 흔들리는 저울 같아서 무언가를 올려놓을 수 없대요. 만나는 사람에 따라 흔들리고, 마음을 정하지 못해 혼자서도 흔들리고, 흔들리는지 아닌지 몰라서 흔들리고……. 자신을 이해하고 내면을 건강하게 하려면 상처, 용서, 화해에 대해 생각해야 하는데 그러지 못했어요. 외형은 어른이지만 내면은 어린아이라 조화를 이루지 못했지요.

부모 뜻에 맞춰 공부하고, 점수에 맞춰 학교와 직업을 선택하고, 조건에 맞춰 배우자를 만나 결혼하고 자녀를 낳아 살아갑니다. 다른 사람 생각에 맞춰 살다가 그 생각이 짐이 돼서 짓눌려요. 짐이 점점 무거워져서 자신이 누구이고 무얼 가졌는지 모르게 돼요. 생각을 저당 잡혀서 자신의 주인이 누군지 잊은 것 같아요. 자신의 삶을 살지 못하는데 자녀의 삶을 이끌어야 하고, 그렇다고 자신이 원하는 대로 자녀가 행동하지도 않고…….

다니엘 고틀립은 자폐증 손자 『샘에게 보내는 편지』*91에서 "부모가 자기 영혼을 저당 잡히면 그 이자는 고스란히 자녀들이 갚아야 할 빚이 되고 만다."고 말해요. 돈 벌려고, 친구가 좋아서, 일에 매여서, 자녀의 성공을 위해 삶을 바치다가 자기 삶을 살지 못하면 자녀가 더 큰 짐을 감당하게 될 거예요. 자기 삶을 사세요. 다만 부모가 살아가는 모습을 자녀가 보고 배운다는 걸 잊지 마세요.

존재 자체로 사랑해요

한 달에 한 번씩 집에서 독서 모임을 해요. 다양한 직업을 가진 30~50대가 모여요. 코로나19 때문에 2년 만에 다시 모였어요. 노자의 도덕경 81장을 '가르침과 배움'으로 풀어 쓴 책인 『배움의 도』[*92]를 나누었어요. 참석자 한 분이 책을 읽고 좋아서 친구에게 선물했더니 친구가 '뜬구름 잡는 이야기'라고 했대요. 자기계발서를 좋아하는 친구에겐 『배움의 도』가 뜬구름 잡는 이야기로 보이겠지요.

민하는 독서 모임에 고 1부터 참여했고 이때 고 3이었어요. 책 내용이 마음에 든대요. 그러나 현실에서 이루어지긴 어려울 거라고 해요. 『배움의 도』를 가르치는 사람, 이렇게 이끄는 사람이 없다고 안타까워했어요. 이렇게 가르쳐도 받아들일 사람이 거의 없을 거라 했어요. 고 3에게 배움의 도를 말하는 교사는 없잖아요. 그런 건 수능 끝나고 생각하라고, 지금은 한 문제라도 더 풀어서 점수를 올려야 할 때라고 말하죠.

함께한 분들이 민하에게 이런 사람을 만난 적이 있는지 물었어요. 그러자 두 손으로 저를 가리켰어요. 『배움의 도』를 나누면서 민하 눈을 바라보고 싶을 때가 많았어요. 그때마다 민하도 저를 바라봤죠. 가끔은 눈물이 맺힌 채 저를 보았어요. 저는 저 자신으로 살았어요. 민하도 세상의 흐름을 따라가는 10대들 사이에서 '자기 자신'으로 살았어요. 책을 읽고 싶을 때 읽게 했고, 시험 기간에 글 쓰려고 고민해도 응원했어요.

좋은 아빠가 되려고 노력했어요. 아이가 자기 자신으로 살기 바랐어요. 우리나라는 다른 사람을 보며 살아가라고 해요. 눈치를 보건 경쟁 상대로 보건 상대를 의식하고 살게 만들어요. 저는 자기

길을 걸으라고 했어요. 민하는 책을 천천히 읽어요. 서진이는 빨리 읽어요. 민하는 읽다 생각하다 하는데, 읽는 시간보다 생각하는 시간이 더 많아요. 서진이는 벌써 다 읽고 종알대요. 그 말이 우릴 웃게 만들죠. 민하는 민하라서 좋고 서진이는 서진이라서 좋아요.

저도 민하와 서진이에게 바라는 게 있어요. 이렇게 하면, 저것도 해주면 좋겠다고 생각해요. 그러나 무엇보다 민하가 민하 자신으로, 서진이가 서진이 자신으로 살기 바라는 마음이 커요. 어릴 때는 '이리로 가라!' 하면서 안내했지만, 이제는 '그리로 가는구나!' 하면서 바라봐요. 더 빨리, 더 좋은 길로, 내 마음에 맞게 가면 좋겠지만 그런 욕심이 아이를 망치는 줄 알기에 지켜봐요. 안타까운 마음을 감추고 한 가지만 보여주려 해요.

"난 너를 존재 자체로 사랑한단다!"

실제로는 존재 자체를 사랑하지 못하지만 그러려고 노력해요.

나를 알고 나 자신으로 살아야 해요. 나를 모를 때는 내가 잘하는 일을 하면서 우쭐댔고, 내가 못 하는 일을 만나면 좌절했어요. 다른 사람과 비교하며, 가지 않아도 되는 길을 걸었어요. 학부모가 보는 나, 동료 교사가 보는 나, 하나님이 보는 나로 살아가려 했지만 그들이 나의 어떤 모습을 보는지는 내가 결정했어요. 사람들과 다르게 사는 것 같지만, 내가 기준을 정하고, 그 기준에서 다른 사람보다 앞서려고 발버둥친 건 똑같다는 사실을 알았어요.

하나님 앞에서 살아가려는 노력조차 온전한 내가 아니었어요.

하나님 앞에서라는 이름으로 나를 내세우려는 시도였죠. 정말 자기 자신으로 살면 다른 사람을 의식하는 마음이 줄어요. 내 생각, 내 기준을 의식하는 마음도 희미해져요. 언젠가 하나님 앞에서 살아간다는 생각도 신경 쓰지 않고 자연스럽게 살고 싶어요.

지금은 누군가를 의식하는 태도가 많이 줄었어요. 아이들과 자연스럽게 어울리고, 독서 모임을 인도할 때 제 역할을 해야 한다고 부담을 가지지 않아요. 몸에 밴 습관이 드러나서 신경을 쓰기도 하지만 점점 자연스럽게 호흡해요. 저 자신으로 살아가요. 제가 잘하는 일을 하면서 우쭐대지 않고, 못 하는 일을 해도 실망하거나 좌절하지 않으려 해요. 여러분도 여러분 자신으로 살아가세요. 무엇보다 자녀를 존재 자체로 사랑하세요. 저도 계속 그러려고 노력할게요.

Full your life !

수록도서 목록

본문에서 소개한 도서 중 저작권자와 출판사를 명기할 필요가 있는 것들은 색자로 번호를 표시하고 이 지면에 모아 수록하였다. 본문에 언급된 시점을 기준으로 작성한 것이며, 일부는 2024년 기준 절판되거나 개정판이 출간되어 출판사명과 출간 연도가 변경된 경우가 있음을 일러둔다.

1 『왜 자본주의가 문제일까?』 김세연 지음, 반니, 2017년

2 『다수를 위한 소수의 희생은 정당한가?』 표창원 • 이희수 지음, 철수와영희, 2016년

3 『꼭 안아주세요』 이경림 지음, 규장, 2021년

4 『나니아 연대기』 C. S. 루이스 지음, 햇살과나무꾼 옮김, 시공주니어, 2005년 / 전 7권의 판타지 소설 시리즈로 <사자와 마녀와 옷장>(2권), <말과 소년>(3권), <캐스피언 왕자>(4권) 등의 이야기를 담고 있다. 나니아(Narnia)는 말하는 동물과 신화적 존재들이 사는 땅으로 선한 사자 아슬란(Aslan)과 사악한 백설 여왕(Jadis) 사이의 싸움이 주요 줄거리를 이룬다.

5 『사과가 쿵!』 다다 히로시 지음, 보림, 1996년

6 『강아지똥』 권정생 글, 정승각 그림, 길벗어린이, 1996년

7 『멋진 여우씨』 로알드 달 글, 퀸틴 블레이크 그림, 햇살과나무꾼 옮김, 논장, 2017년

8 『백석 동화시』 백석 지음, 느낌표교육, 2007년

9 『팥죽 할머니와 호랑이』 조대인 글, 최숙희 그림, 보림, 1997년

10 『하하호호 공생 티격태격 천적』 서찬석 지음, 정인출판사, 2009년

11 『찰리와 초콜릿 공장』 로알드 달 지음, 시공주니어, 2000년

12 『마틸다』 로알드 달 글, 퀸틴 블레이크 그림, 김난령 옮김, 시공주니어, 2000년

13 『샬롯의 거미줄』 엘윈 브룩스 화이트 글, 가스 윌리엄즈 그림, 김화곤 옮김, 시공주니어, 2000년

14 『내 이름은 삐삐 롱스타킹』 아스트리드 린드그렌 지음, 햇살과나무꾼 옮김, 시공주니어, 2000년

15 『사자왕 형제의 모험』 아스트리드 린드그렌 지음, 김경희 옮김, 창비, 2000년

16 『미오 나의 미오』 아스트리드 린드그렌 글, 일론 비클란트 그림, 김서정 옮김, 우리교육, 2002년

17 『황금 열쇠』 조지 맥도널드 지음, 이수영 옮김, 우리교육, 2006년

18 『가방 들어주는 아이』 고정욱 글, 백남원 그림, 사계절, 2014년

19 『갯벌에 뭐가 사나 볼래요』 도토리 기획, 이원우 그림, 보리, 2002년

20 『까막눈 삼디기』 원유순 지음, 웅진주니어, 2003년

21 『꽃이 들려주는 동화』 박철민 지음, 문공사, 2001년

22 『동화 밖으로 나온 10분 과학』 김현태 지음, 큰나, 2008년

23 『마법의 설탕 두 조각』 미하엘 엔데 글, 진드라 케펙 그림, 소년한길, 2001년

24 『소피가 학교 가는 날』 딕 킹 스미스 지음, 엄혜숙 옮김, 웅진주니어, 2004년

25 『숨쉬는 도시 꾸리찌바』 안순혜 지음, 파란자전거, 2004년

26 『우체부가 사라졌어요』 클레르 프라네크 지음, 김혜정 옮김, 키다리, 2008년

27 『어진이의 농장일기』 신혜원 지음, 창비, 2000년

28 『역사를 만든 여왕 리더십』 시리즈, 북스(VOOXS)

29 『오즈의 마법사』 시리즈, L.프랭크 바움 지음, 김석희 옮김, 시공주니어, 2005년

30 『해리 포터』 J.K. 롤링 지음, 강동혁 옮김, 문학수첩

31 『로마인 이야기』 시리즈, 시오노 나나미 지음, 김석희 옮김, 한길사, 1995년

32 『(어린이) 살아 있는 세계사 교과서』 시리즈, 휴머니스트, 2009년

33 『100년 전 아이는 어떻게 살았을까?』 손재수 지음, 진선출판사, 2002년

34 『창경궁 동무』 배유안 글, 이철민 그림, 푸른숲주니어, 2015년

35 『식탁 위의 세계사』 이영숙 지음, 창비, 2012년

36 『체를 통과하는 물』 케빈 베일스, 베키 코넬 지음, 송재영 옮김, 동산사, 2013년

37 『오이디푸스 왕, 안티고네 외』 소포클레스 지음, 천병희 옮김, 문예출판사, 2001년

38 『카이사르 내전기』 가이우스 율리우스 카이사르 지음, 사이, 2005년

39 『호모 데우스』 유발 하라리 지음, 김명주 옮김, 김영사, 2017년

40 『어린이를 위한 레미제라블』 소정 엮음, 이소형 그림, 아테나, 2009년

41 『엘로이즈』 시리즈, 케이 톰슨 글, 힐러리 나이트 그림, 예꿈, 2007년

42 『하늘을 나는 마지막 돼지』 벤자민 파커 지음, 김영숙 옮김, 재미마주, 2012년

43 『키다리 아저씨』 진 웹스터 지음, 공경희 옮김, 비룡소, 2004년

44 『작은 아씨들』 루이자 메이 올콧 지음, 공경희 옮김, 시공주니어, 2007년

45 『공주와 고블린』 조지 맥도널드 지음, 정회성 옮김, 웅진주니어, 2002년

46 『토지』 박경리 지음, 마로니에북스, 2012년

47 어린이 동화 『토지』 박경리 원작, 토지문학연구회 엮음, 허구 그림, 이룸, 2007년

48 청소년 『토지』 박경리 지음, 자음과모음(이룸), 2003년

49 『반지의 제왕』 J.R.R 톨킨 지음, 김보원 외 옮김, 씨앗을뿌리는사람들, 2010년

50 『룬의 아이들』 시리즈, 전민희 지음, 제우미디어, 2004년

51 『타라 덩컨』 시리즈, 소피 오두인 마미코니안 지음, 소담출판사, 2006년

52 『세월의 돌』 시리즈, 전민희 지음, 제우미디어, 2015년

53 『그림자의 제국』 막심 샤탕 지음, 이세진 옮김, 노블마인, 2011년

54 『초원의 집』 시리즈, 로라 잉걸스 와일더 지음, 김석희 옮김, 비룡소, 2005년

55 『빨간 머리 앤』 시리즈, 루시 M. 몽고메리 지음, 김경미 옮김, 시공주니어, 2002년

56 『물구나무 과학』 전용훈 지음, 문학과지성사, 2000년

57 『초록맨 스퍼드, 지구를 구해 줘!』 자일스 색스턴 글, 나이절 베인즈 그림, 이현주 옮김, 비룡소, 2011년

58 『수요일의 전쟁』 게리 D. 슈미트 지음, 김영선 옮김, 주니어 RHK, 2017년

59 『내 영혼이 따뜻했던 날들』 포리스트 카터 지음, 조경숙 옮김, 아름드리미디어, 2010년

60 『십자군 이야기』 시오노 나나미 지음, 송태욱 옮김, 문학동네, 2012년

61 『책벌레들의 책 없는 방학』 힐러리 매케이 지음, 지혜연 옮김, 시공주니어, 2011년

62 『시간의 주름』 매들렌 렝글 지음, 심혜경 옮김, 이숲, 2014년

63 『우리 선생님이 최고야!』 케빈 헹크스 지음, 이경혜 옮김, 비룡소, 2001년

64 『호빗』 J.R.R 톨킨 지음, 이미애 옮김, 씨앗을뿌리는사람들, 2010년

65 『아버지의 편지』 정약용 지음, 한문희 엮음, 함께읽는책, 2004년

66 『정약용 아저씨의 책 읽는 밥상』 김선희 글, 박해남 그림, 주니어김영사, 2013년

67 『실학의 꽃 정약용』 우승미 지음, 이룸, 2007년

68 『우리 역사의 수수께끼』 시리즈, 이덕일 이희근 지음, 김영사 2000년

69 『노빈손』 시리즈, 이우일 그림, 뜨인돌

70 『맛있게 읽는 독서 요리』 전국독서새물결모임 지음, 정인출판사

71 『아몬드』 손원평 지음, 창비, 2017년

72 『벼가 자란다』 보리 글, 김시영 그림, 보리, 2021년

73 『모락모락 맛있는 밥이 되는 벼』 도토리나무 글, 김윤경 그림, 글뿌리, 2016

74 『하하호호 공생 티격태격 천적』 서찬석 지음, 정인출판사, 2009년

75 『큰 숲 속의 작은 집』 로라 잉걸스 와이더 글, 가스 윌리엄즈 그림, 시공주니어, 2000년

76 『스토리텔링 초등 한국사 교과서』 시리즈, 이정화 지음, 북멘토, 2014년

77 『행복한 한국사 초등학교』 시리즈, 전국역사교사모임 지음, 휴먼어린이, 2010년

78 『숲은 어떻게 만들어지는가?』 윌리엄 재스퍼슨 글, 척 에카르트 그림, 이은주 옮김, 비룡소, 2000년

79 『물리학 클래식』 이종필 지음, 사이언스북스, 2012년

80 『죽도록 즐기기』 닐 포스트먼 지음, 홍윤선 옮김, 굿인포메이션, 2009년

81 『교육의 종말』 앤서니 T. 크론먼 지음, 한창호 옮김, 모티브북, 2009년

82 『생각의 시대』 김용규 지음, 김영사, 2020년

83 『알사탕』 백희나 글 그림, 책읽는곰, 2017년

84 『앵무새 죽이기』 하퍼 리 지음, 김욱동 옮김, 열린책들, 2015년

85 『잡초는 없다』 윤구병 지음, 보리, 1998년

86 『후아유』 이향규 지음, 창비교육, 2018년

87 『마법 천자문』 시리즈, 아울북

88 『WHY』 시리즈, 예림당

89 『아름다운 아이』 R.J.팔라시오 지음, 천미나 옮김, 책과콩나무, 2013년

90 『엘리펀트맨』 크리스틴 스팍스 지음, 성귀수 옮김, 작가정신, 2006년

91 『샘에게 보내는 편지』 대니얼 고틀립 지음, 이문재 옮김, 문학동네, 2007년

92 『배움의 도』 파멜라 메츠 엮음, 이현주 옮김, 민들레, 2003년

사교육으로는 절대 해결할 수 없는 자기주도학습의 비결

제대로독서 진짜공부

2024년 12월 5일 초판 1쇄 발행

펴낸이 최진희
펴낸곳 도서출판 라이브리안
책임편집 에듀툰
디자인 FOLIO DESIGN

출판등록 2019년 8월 20일 | 제2019-000109호
주소 서울특별시 서초구 서초대로 248, 673호
전화 02-2135-2106
팩스 0303-3445-3556
이메일 librianbooks@naver.com
인스타그램 instagram.com/librianbooks

ISBN 979-11-94136-04-0 (03370)